Ihre Lebensgeschichte, unsere Literaturgeschichte. Brigitte Fischer wurde 1905 als Tochter des Verlegerehepaars Hedwig und Samuel Fischer in Berlin geboren. In ihrem Elternhaus verkehrten die einflussreichsten Autoren jener Zeit, darunter Gerhart Hauptmann, Arthur Schnitzler, Rainer Maria Rilke, Thomas Mann. Zu ihrem neunten Geburtstag bekam Brigitte »Tutti« Fischer ihr erstes Poesiealbum geschenkt, die Autoren schrieben hinein. 1934 übernahm sie zusammen mit ihrem Ehemann Gottfried Bermann Fischer die Leitung des elterlichen Verlags. Es folgten Jahre des Exils, die Rückkehr nach Deutschland 1948. Ab 1965 lebte das Ehepaar in der Toskana, wo Brigitte Bermann Fischer 1991 starb. Zeit ihres Lebens stand sie in brieflichem Kontakt mit den befreundeten Autoren. Dieses Buch versammelt persönliche Erinnerungen, Fotos und Briefe.

Weitere Informationen, auch zu E-Book-Ausgaben, finden Sie bei
www.fischerverlage.de

BRIGITTE B. FISCHER

Sie schrieben mir

oder
was aus meinem
Poesiealbum wurde

FISCHER Klassik

Erschienen bei FISCHER Taschenbuch
Frankfurt am Main, August 2015

© S. Fischer Verlag GmbH, Frankfurt am Main 2001

Die vorliegende Ausgabe folgt der Erstausgabe,
erschienen 1978 im Werner Classen Verlag, Zürich.
Der Textstand wurde nicht revidiert.
Die Faksimile-Schriften mußten aus technischen Gründen
verkleinert werden.

Satz: Dörlemann Satz, Lemförde
Druck und Bindung: CPI books GmbH, Leck
Printed in Germany

Unsere Adressen im Internet:
www.fischerverlage.de
www.fischer-klassik.de
ISBN 978-3-596-90597-3

MEINEN TÖCHTERN
UND MEINEN ENKELN
GEWIDMET

Ich gehöre zu den Menschen, den altmodischen,
die den Brief noch für ein Mittel des Umgangs halten,
der schönsten und ergiebigsten eines.

Rainer Maria Rilke

Der ist der glücklichste Mensch,
der das Ende seines Lebens mit dem Anfang
in Verbindung setzen kann.

Goethe

Ich danke allen meinen Autorenfreunden
und deren Rechtsnachfolgern für ihre freundliche Genehmigung
für den Abdruck der hier veröffentlichten Briefe und Gedichte.

Mein besonderer Dank
gilt Professor Walther Killy und Albrecht Goes
für ihre freundschaftliche Beratung.

Brigitte B. Fischer

Inhalt

Vorspruch

Zu meinem neunten Geburtstag, man schrieb das Jahr 1914, gaben mir meine Eltern ein »Poesiealbum«. Diese »Stammbücher«, wie sie auch genannt wurden, sind heute schon etwas aus der Mode gekommen. Damals aber bekam sie fast ein jedes Kind, damit seine Schulfreunde ihre Verse »zum ewigen Gedenken« hineinschreiben konnten.

In das meine aber schrieben die Dichter.

Für das kleine Mädchen waren diese Menschen fremdartige Gestalten, bestenfalls quasi »Onkel« und »Tanten«, – für die heranwachsende Tochter des Hauses, die bereits mit ihrem Wirken und Schaffen vertraut zu werden begann, angeschwärmte und verehrte Genien, – und in den späteren Jahren meines Lebens nahe, schicksalsverbundene Freunde. Sie schrieben mir in dieses Poesiealbum einen Gruß, eine Erinnerung an gemeinsam erlebte Stunden, einen eigenen Vers. Mit den Jahren aber reichte mein kleines Stammbuch nicht mehr aus für das, was man sich zu sagen hatte. Man begann, sich Briefe zu schreiben, die allmählich zu einem ständigen Gedankenaustausch führten und sich in manchem Falle zu einer Zwiesprache über das Leben inmitten unserer in Umwälzung begriffenen Welt entwickelten. Das Album aber wurde ein Band in meiner Bibliothek, wie viele andere – halb vergessen.

Es fiel mir in die Hände, als ich die aus dem Wirbel der Nazijahre geretteten Briefe meiner Freunde wieder durchlas und bemerkte, daß das, was in dem kleinen Poesiealbum begonnen, sich durch sechzig Jahre hindurch in diesen Briefen fortgesetzt hatte.

ERSTER TEIL *Wie ich zum Leben erwachte*

1
Wie ich in meinem Elternhaus, Berlin-Grunewald, Erdenerstraße 8, meine Kindheit erlebte.

Daß ich aus meinem Schlafzimmer ausquartiert wurde und im Dachgeschoß, im »Fremdenzimmer«, übernachten mußte, wo es ein wenig nach Mottenpulver und nach alten Zeiten roch und wo man sich in die urzeitlichen Betten der Großeltern verkriechen konnte, war etwas ganz Ungewöhnliches.

Erst später, als ich größer war, erfuhr ich, daß damals meine Eltern zu einem Fest geladen hatten, um die Uraufführung des ›Rosenkavalier‹ zu feiern, der eine Woche zuvor in Dresden unter großem Jubel aus der Taufe gehoben worden war.

»Es war im Winter 1911«, schreibt meine Mutter in ihren Erinnerungen, »daß wir der Uraufführung der Oper in Dresden unter der Regie von Max Reinhardt beiwohnten, einem Ereignis, zu dem die ganze Kunst- und Musikwelt sich versammelt hatte. Der Text von Hugo von Hofmannsthal und die Musik von Richard Strauss erregten dasselbe Entzücken wie die wunderbare Aufführung, und als der Walzer im II. Akt verklungen war, brauste lauter Beifall durch das Haus. Alle waren hingerissen. Was Dichter und Komponist vorgeschwebt hatte, diese Mischung von Ernst, Heiterkeit und Poesie, hatte hier ihren vollen Ausdruck gefunden. Von Dresden aus kamen Hofmannsthals nach Berlin, und wir veranstalteten ihnen zu Ehren ein Fest in unserem Haus, bei dem zum ersten Mal nach den Klängen des Rosenkavalierwalzers getanzt wurde.«

Ich saß versteckt hinter der alten Truhe oben auf dem Umgang, von dem man auf die durch zwei Stockwerke gehende Halle unseres Hauses blicken konnte, von deren Decke der alte holländische Kronleuchter mit seinen festlich brennenden Kerzen hing. Ich staunte über die elegante Gesellschaft, die sich da unten versammelt hatte. Die langen, wallenden Abendkleider und die blitzenden Juwelen der Damen sowie die Frackschöße der Herren ließen mich kaum einen der gewohnten Freunde meiner Eltern erkennen, jedoch der Duft der Parfums, die Heiterkeit der festlichen Stimmung und der goldene Glanz der Kerzen drangen zu mir herauf und umgaben mich wie ein Zauber. Später, oben im altmodisch-hohen Bett vergraben, konnte ich noch von ferne den bald so berühmt gewordenen Rosenkavalier-Walzer hören, denn meine Mutter führte die Gäste in einer Polonaise nach seinen Klängen am Arm des Freundes Julius Meier-Graefe durchs ganze Haus.

Das »Rosenkavalier-Fest« im Haus in der Erdenerstraße blieb noch für lange Zeiten ein Markstein der Erinnerung in den Berliner Künstlerkreisen.

»Leute« kamen oft und viele in mein Elternhaus, in die schöne und helle, weitläufige Villa im Grunewald. An ihrer Außenwand zeigte sie das S. Fischer-Signet, den Fischer mit dem Netz, als Relief. Jeden Winkel, jede Ecke vom Keller bis zum Boden kannte ich darin und hatte sie mit allen meinen Sinnen in mich aufgenommen. Im Untergeschoß lag die große, offene Küche, in deren Mitte der Herd stand und an die eine wohlduftende Speisekammer grenzte, die oft von mir besucht wurde. Es roch da unten nach Bügelzimmer, aber auch nach Äpfeln aus dem Obstkeller, dessen Holzstände immer voll gefüllt waren. Von der Küche ging eine kleine Treppe hinauf zur Anrichte, wo auch der Aufzug aus der Küche landete. Von hier wurden die Speisen in das lange Eßzimmer getragen, das von meinem Vater mit einer gewölbten Kassettendecke versehen worden war. Das Eßzimmer hatte fünf große, bis zum Boden gehende Fenster, an den Wänden standen alte holländische Barockbuffets mit silbernen Leuchtern und in der Mitte der behäbige Eßtisch aus dem gleichen Walnußholz, umgeben von hochlehnigen Lederstühlen, auf denen der Fischer mit dem Netz eingeprägt war. Die Glastüren nach dem kleinen, zierlichen, mit hellem Kirschholz paneelierten Teezimmer und seinem runden Biedermeier-Tisch, -Sofa und -Stühlen, die mit grünweiß gestreifter Seide bespannt waren, und den Biedermeier-Glasschränken an den Wänden, standen immer offen. Von da aus ging man auf die gedeckte Terrasse und hinaus in den Garten. Etwas Sonntägliches atmete in diesen Räumen, und man hatte immer wieder eine freudige Überraschung, wenn man vom Haupteingang, an dessen Wänden die Abgüsse der beiden Seitenreliefs des griechischen Altars ›Geburt der Venus‹ eingelassen waren, durch die Garderobe in die große offene Halle trat. Es war ein festliches Haus, darauf eingestellt, die anwachsende Autorenfamilie und den großen Berliner Künstlerkreis zu empfangen und zu bewirten.

Felix Salten, damals Feuilleton-Redakteur der Wiener Zeitung ›Zeit‹, einer der nächsten Freunde meiner Eltern, beschrieb unser Haus im Jahre 1910 in seinem Aufsatz ›Spaziergang in Berlin‹. »Das Gitter ist weiß, und das Haus ist weiß, mit weiß lackierten Türen. Und weiße leuchtende Kieswege laufen als helle Streifen durch den grünen Rasen des Gartens. Wenn ich nach Berlin komme, bin ich gern in diesem Haus. Abends, wenn die Lichter brennen. Oder nachmittags, wenn auf der Terrasse Tee getrunken wird, oder vormittags zum Tennis. Es hat einen unvergleichlichen Reiz, als bummelnder oder als geschäftiger Fremder in der Stadt drin zu wohnen, in der Stadt umherzulaufen, sich umklirren und umdröhnen zu lassen von dem siedenden Tumult dieses Lebens, dann aber mit einem Automobil blitzschnell hinauszurasen, zu dem Haus im Grunewald, und dort still zu sitzen. Es ist, wie wenn man unter dem Wasser geschwommen wäre, bis es einem in den Ohren braust, bis einem die Schläfen hämmern und ein eherner Druck einem die Brust umpreßt. Dann aber taucht man auf, und die Luft streicht einem beschwichtigend über die Wangen, und man hat das himmlische Glück der tiefen Atemzüge.

In der Halle hängt ein alter Kronleuchter aus holländischem Messing. Eine weiße Treppe schwingt sich anmutig zum Stockwerk hinauf, und oben führt eine offene Galerie die Reihe der Schlafzimmer entlang. Diese Halle ist wie ein kleines Fest. Anstoßend daran gibt es noch ein paar andere kleine Feste. Dies Bibliothekszimmer mit den dunklen Schränken und dem niedrigen, mit weißen Tüllvorhängen appetitlich geschmückten Erker. Dann der Salon mit dem alten niederländischen Sekretär, mit dem zierlichen Glaskästchen und den zierlichen Nymphenburger Porzellanpüppchen, und mit der Flügeltür, die nach der Gartenterrasse offen steht. Es ist eine sanfte Festlichkeit über all diese Räume gebreitet, etwas Sauberes und Blinkendes, etwas Sonntagsmäßiges. Deshalb sind mir alle Gegenstände hier so sympathisch, so vertraut und angenehm, beinahe wie lebendige Freunde. Wenn ich komme, begrüße ich sie alle. Den Kronleuchter, und die Nymphenburger Figürchen, und den ›Erasmus‹ von Holbein in der Bibliothek, und die ›Reiter am Meer‹ von Liebermann im Salon, und das Stilleben von Cézanne, ›Die Kastanien‹ von van Gogh und den ›Quai d'Orsay‹ von Pissarro … Hier ist alles so bis in die verborgensten Ecken blank. Hier ist alles jung und von einer inneren Sauberkeit. Hier ist nichts verstaubt, nichts vom Schutt und vom Gerümpel vieler Vergangenheiten durchsetzt und beengt. Hier ist alles so geworden wie die prangenden Rhododendron im Tiergarten: dem dürren Boden abgerungen. Deshalb überströmt mich hier so viel Zuversicht und Lust am Schaffen und Sonntagsfreude. Dies ist das Haus im Grunewald.«

Wenn ich die »geschwungene« Treppe hinaufsprang, verweilte ich oft auf dem Treppenabsatz in der Mitte, wo zwei Bronzefiguren, Adam und Eva, standen. An der gegenüberliegenden Wand, über dem offenen Kamin der Halle, lief eine Bilderbogenserie, ein Fries, entlang, der mir immer neue Rätsel aufgab. Es waren dunkelgrüne Ovale, in jedem sah man in wechselvoller Umgebung Kinder und Erwachsene in altertümlicher Kleidung, manche in Gärten unter Bäumen sich ergehend, an einem See, in dem ein Schwan seinen langen Hals reckte, im Reisewagen oder in ärmlicher Bude mit eisernem Ofen und langer, gewundener Ofenröhre. Ein fahrender Geselle spielte auf seiner Laute, ein Mädchen in weiter Krinoline winkte einem Jüngling, und auf grünem Hügel, unter tief hängenden Weiden, brannte ein Feuer auf hohem Altar, auf den eine vermummte Gestalt an der Hand einer schlanken Frau zuschritt. Was sollte das wohl alles bedeuten? Immer wieder stand ich da oben und starrte auf die Figuren, die sich zu bewegen schienen, deren Gesten mir aber so unnatürlich vorkamen, so daß das Ganze etwas Geheimnisvolles an sich hatte. Später konnte ich dann schließlich die Unterschriften unter jedem Bild entziffern: Der Schwan – Die Freundschaft – Der fahrende Sänger – Die erste Reise – Die Begegnung – Die unglückliche Liebe – Das Gedicht – In der Noth – Die Unsterblichkeit. Das Ganze hieß ›Ein Dichterleben‹ und war ein Biedermeierfresko von Karl Walser, mit dem er die Halle des Verlegerhauses geschmückt hatte.

Da oben an der Brüstung des Umgangs stand ich, von wo man alles sehen, beobachten und hören konnte, ohne gehört oder gesehen zu werden. Wenn Mama sang, wenn Gäste kamen oder wenn es gar ein Hauskonzert meines Bruders gab – immer war die Diele der Mittelpunkt, und ich hockte hinter der Galerie im Verborgenen und nahm auf meine Weise am Leben da unten teil. Hier im ersten Stock waren die Schlafzimmer meiner Eltern und das meinige, verbunden mit meinem sehr geliebten Spielzimmer.

Zum zweiten Stock gelangte man von der Galerie über eine schmale Hintertreppe. Dort roch es ganz anders als im übrigen Haus. Dort waren die Fremdenzimmer, kleine, niedrige Dachzimmer mit abgeschrägten Wänden, und ein aus Großvater-Zeiten stammendes Badezimmer, dessen wohl für Riesen gebaute Wanne aus blütenweißem Porzellan auf geschwungenen eisernen Füßen stand. Und dort gab es auch den Boden, einen großen Boden, in dem man sich verlieren konnte, und einen Oberboden, zu dem man auf einer Leiter anstieg und aus dessen Dachluken man einen herrlichen Blick auf den ganzen Grunewald hatte. Dieser Oberboden war voller Geheimnis: da standen Kisten mit alten Briefen, dort fand man alte Hausgegenstände aller Art und seltsame Möbel der Urahnen. Der Boden war ein verbotenes Niemandsland und eigentlich immer verriegelt; es war ein Glücksfall, wenn man da einmal hineinschlüpfen konnte, und er blieb für mich der von Geheimnissen umwitterte Ort des Hauses. Nach dem letzten Krieg ging bei den Nachbarn das Gerücht um, daß die Totenmaske meines Vaters, die man während der Hitlerzeit dort versteckt hatte, das Haus vor den Bomben der Luftangriffe bewahrt hätte, während fast alle umliegenden Häuser schwer beschädigt oder völlig vernichtet worden waren.

Im Garten, wo die behäbigen Platanen standen, konnte man so gut um das Rasenrondell herumradeln. Durch einen Laubengang kam man zum Tennisplatz, der für mich und meine Freunde später ein wichtiger Treffpunkt und Kampfplatz wurde. Auf der anderen Seite des Hauses lag der Spielplatz mit vielen Turngeräten und einer Laube, wo ich im Sommer immer mein Abendbrot verzehrte. Hier fanden sich täglich meine Freunde ein, und hier wurden die Krokettpartien gespielt, die zuweilen mit wildem Krach endeten, so daß mein Freund Peter sich, über den Zaun kletternd, vor meinen Angriffen mit dem Krokettschläger retten mußte. Mit meinen beiden Nachbarsfreunden Esther und Peter tat ich meine ersten Schritte ins Leben, vom Spiel mit den Puppen bis zu langen Diskussionen über Religion und Politik.

Obwohl ich zwei ganz normale Namen von meinen Eltern bekommen hatte, »Brigitte« und »Eva«, nannten mich alle »Tutti«. Wie ich zu diesem Namen gekommen bin, der mir seit meiner frühesten Kindheit anhängt, habe ich niemals herausfinden können. Ich mußte mich also damit zufriedengeben, »Tutti« zu heißen, was im Italienischen »alle« bedeutet, womit mich Alfred Kerr später neckte und mich fragte, wie es sei, wenn »tutti« ein »solo« singt?

Mein Spielzimmer mit dem runden Marmortisch in der Mitte und der großen Hängelampe darüber war das Zentrum meiner Kinderjahre. Ich liebte seine Wärme und Geborgenheit. Hier entwuchs ich allmählich meinen ersten Spielsachen, wie meinem Leierkasten, auf den man gelochte Platten legen und dann die Kurbel drehen mußte, um die Musik zu hören. Von dem Choral ›Lobe den Herren‹ konnte ich nie genug bekommen, ich mußte ihn immer wieder hören und erkannte die Platte an der Anordnung der Löcher. Mit mir lebte da auch die Puppe Butzi im weißen Matrosenanzug, die mich überall hin begleitete, zusammen mit dem getreuen Dackel Pitt, der mich schon im Kinderwagen behütet hatte.

Das Puppenhaus, das einen Teil des Spielzimmers einnahm, war jahrelang der Mittelpunkt meiner Spiele. Es war so groß, daß man durch eine Tür hineingehen konnte; es hatte richtige Fensterscheiben mit Fensterbrettern, und drinnen war es mit Tisch und Stühlen eingerichtet, so daß ich meine Freunde mit auf dem Puppenherd selbstgekochten Speisen bewirten konnte.

Daß die »Leute«, die Erwachsenen, die zu meinen Eltern kamen, meist Künstler, Dichter, Schriftsteller und Musiker waren, wurde mir erst viel später bewußt. Ich lernte sie allmählich unterscheiden und lieben oder auch nur höflich achten – je nachdem. Es vergingen noch Jahre, bis ich abends bei Tisch sitzen durfte, wenn solche »Leute« eingeladen waren, und ich war froh, wenn man mich nicht holte, denn ich blieb viel lieber in der Abgeschiedenheit meines Spielzimmers und aß am runden Tisch unter der Hängelampe mein Abendbrot – wie herrlich schmeckte der Grießbrei, besonders wenn Schokolade darauf gerieben war und »die Lau« dazu vorlas.

Ja, »die Lau«! In Wirklichkeit hieß sie Bertha Seele. Ihr Name hätte von keinem Dichter besser erfunden werden können. Sie war da, seit ich denken konnte; ihre äußere Erscheinung aber war so unscheinbar, daß ich mich an Einzelheiten ihres Gesichts nicht zu erinnern vermag, wohl aber an ihre liebevolle Güte. Sie war ein Teil dieser warmen Geborgenheit meiner Kindheit. Sie schützte mich vor allem Furchterregenden, und wenn ich sie des Abends nebenan mit der Teppich-Maschine hantieren hörte, konnte ich beruhigt einschlafen. Sie war die Harmonie an sich, immer in gleicher Weise gut, in ihrer Nähe gab es keine Aufregung oder Nervosität. Auch mein elf Jahre älterer Bruder Gerhart liebte sie, und sie verstand es gut mit ihm, der oft jähzornig und schwierig sein konnte. Am Abend unterrichtete er sie zuweilen. Denn er fand es skandalös, daß nicht allen Menschen die gleichen Erziehungsmöglichkeiten geboten wurden. Und sie ließ es sich mit unendlicher Geduld gefallen. Ja, sie war die Geduld selbst. Später hat sie auch meine Kinder noch betreut und blieb bis zu ihrem Tode mit uns verbunden.

Wir hatten auch ein Puppentheater. Es war ein aus Holz geschnitzter großer Kasten mit einer richtigen Bühne, auf der man die Dekorationen wechseln konnte. Es gab dort ein Schloßzimmer mit eleganten Wandmalereien – oder eine wilde Waldesschlucht. Die Hauptsache aber war der buntbemalte Vorhang, den man nach dem Klingelzeichen aufzog. Die Figuren waren auch aus Holz geschnitzt und trugen prächtige Biedermeierkostüme. Man konnte sie an langen Drähten bewegen. Mein Bruder benutzte das Theater für seine eigenen Opernentwürfe und führte mit mir und meinem älteren Freund Benvenuto, Gerhart Hauptmanns jüngstem Sohn, Szenen auf, die oft sehr dramatisch im verdunkelten Zimmer mit künstlichem Sturm und Regen endeten. Ich wurde meist als Geräuschemacher verwendet. Wenn es gar zu wüst wurde, brach die Lau in diese Wildheit ein und machte dem Drama ein Ende.

Zu meinen Geburtstagen gab es gewöhnlich eine Kindergesellschaft. Da durften wir an der langen Tafel unten im Eßzimmer sitzen, es gab viel Kuchen und Kakao und vor allem Knallbonbons und kleine Geschenke, die man mit allerlei Spielen gewinnen mußte, und zum Schluß einen Umzug durchs ganze Haus, den meine Mutter auf dem Klavier begleitete. Meine Kinderfreunde fragten immer ängstlich: »Wird der Butzi Hauptmann etwa auch zur Kindergesellschaft eingeladen?« Seine Phantasie, furchterregende Störungen zu entfesseln, war unerschöpflich. Die elektrischen Sicherungen auszudrehen und das ganze Haus in Dunkelheit zu tauchen, war eine seiner beliebten Taten, die uns in Angst und Schrecken versetzten.

Aus dem Spielzimmer der Kindheit zog ich aus, als ich elf Jahre alt war, denn in diesem Jahr, 1916, wurde meine Schwester geboren, und mit ihrem Dasein wurden die Kinderzimmer des Hauses mit neuem Leben erfüllt.

Ihre Geburt war natürlich ein großes und freudiges Ereignis für das ganze Haus und veränderte jedes Familienmitglied auf seine Weise. Nach dem Tode meines Bruders Gerhart, den ich drei Jahre zuvor verloren hatte, war ich nun nicht mehr das einzige Kind im Hause, von meinen Eltern bis dahin zu sehr umsorgt. Ich fühlte mich freier, erwachsener, unabhängiger, und ich nahm mit Freude die wachsende Verantwortung für die kleine Schwester auf mich. Meine Eltern schienen heiterer und jünger geworden zu sein mit dem Erscheinen des neuen Kindes, das ihnen täglich neue Freuden bereitete.

In meiner winzig kleinen Arbeitsklause, die ich nun bezog, hatte ich alles versammelt, was mir wichtig war, hier konnte ich ungestört lesen, studieren und nachdenken. Hier hatte ich meine eigene, langsam angesammelte Bibliothek mit den Klassikern der Literatur und Philosophie, für die ich mich besonders interessierte. Laotse, Konfuzius und die Upanishaden waren damals wichtige Stationen für mich. Hier stand mein eigenes Klavier. In meinen Klavierstunden spielte ich am liebsten Bach und studierte das ›Wohltemperierte Klavier‹ und seine Suiten. Auch begann ich meine Mutter zu begleiten. Mit ihrer schönen Altstimme sang sie die Lieder von Schubert, Schumann, Brahms und Hugo Wolf, und mit besonderer Liebe Mahlers ›Lieder eines fahrenden Gesellen‹ und sein ›Lied von der Erde‹. Sie war eine geborene Musikerin und hatte ein einzigartiges Gedächtnis für Musik. Mit ihrer Liebe zur Musik erfüllte sie das Haus, und diese Liebe zur Musik hat sie auf mich übertragen.

Sehr bald entdeckte ich die Kammermusik, die von da an mein ganzes Leben bis zum heutigen Tage bereichert hat. Ich fand junge Musikerfreunde, die sich zum Trio, Quartett und Quintett zusammenschlossen, und zuweilen hatten wir auch ein kleines Kammerorchester, mit dem ich Bachs Klavierkonzerte spielte.

Sogar mit Albert Einstein – bekanntlich keine große musikalische Kapazität – habe ich manchmal musiziert. Er war ein großer

Musikliebhaber und leidenschaftlicher Geiger, vertrug aber keine Kritik an seinem Geigenspiel und konnte in Zorn geraten, wenn ihm etwas mißlang.

Als er eines Tages zusammen mit einer hervorragenden Berufsgeigerin, der Schwiegertochter Gerhart Hauptmanns, und mit mir am Klavier, das Doppelkonzert von Bach spielte, unterbrach er plötzlich und schrie seine Partnerin, deren großer Ton ihn überspielte, zornig an: »Spielen Sie doch nicht so laut!« Ich glaube, er regte sich dabei mehr auf, als er es je in einem wissenschaftlichen Disput getan hätte.

Erst allmählich gewöhnte ich mich daran, an den »höheren« Gesprächen meiner Eltern mit ihren Freunden teilzunehmen und ihnen zuzuhören. Heute weiß ich, daß sich manches Wichtige damals in mir aufgespeichert hat.

2
Meine Schule im Elternhaus.
Erste Freunde.

Mein Schulunterricht fand in unserem Haus im Dachgeschoß neben den geheimnisvollen Fremdenzimmern statt. Unsere Klasse bestand meist aus vier bis sechs Kindern der Nachbarschaft. Wir liebten unsere höchst vitale, ältere Lehrerin mit dem französischen Namen Leviseur. Sie war klug und hatte Humor und eine seltsame Art und Weise, im sozusagen beschleunigten Tempo zu unterrichten. Ihre ersten Fragen an uns stellte sie bereits auf der letzten Treppenstufe, noch ehe sie die lange Nadel aus ihrem Hut zog und das Klassenzimmer betrat, und so ging es dann fort, die ganze Stunde lang, so daß man kaum zu Atem kam. Wir lernten auf diese Weise schnell und viel und langweilten uns nie dabei. Später, als wir älter wurden und sie den immer größer werdenden Stundenplan nicht mehr allein bewältigen konnte, hatten wir schließlich fünf verschiedene Lehrer. Hier wurde es geschätzt, wenn man einen Aufsatz schrieb, der etwas Eigenes zu sagen hatte, was nicht unbedingt der Meinung des Lehrers entsprach und eigene Gedanken entwickelte, die man miteinander diskutierte. Das war in den Staatsschulen nicht möglich; sie waren noch auf die Ideologie des kaiserlich-preußischen Staates ausgerichtet, und wer auch nur ein wenig anders dachte, als diese Ideologie es voraussetzte, und seine eigenen Vorstellungen verfechten wollte, wurde verlacht oder – schlimmer noch – in seinem Fortkommen in der Schule behindert.

In eine solche Schule kam ich für meine zwei letzten Schuljahre. Ich konnte schließlich ihre muffige Atmosphäre, ihren Kasernengeist nicht mehr ertragen und rang meinen Eltern die Erlaubnis ab, in die zum Abitur vorbereitende Privatschule von Professor Auerbach einzutreten. Hier fand ich die Lehrerin, die mich begeisterte. Von der Literatur, aber vor allem von Goethe besessen, den sie geradezu auswendig kannte, öffnete sie mir Ohren und Sinn für Poesie. Mit ihr Goethes ›Divan‹ zu lesen, war ein Erlebnis. Ich »hörte« beim Lesen zum ersten Mal und begriff, daß Sprache Musik sein kann. Das war für mich der Zugang zu einer neuen Welt. Gleichzeitig nahm ich teil an einem Einführungskurs in Philosophie und begann, Nietzsche und Kant zu studieren. Vor allem aber faszinierte mich immer wieder die Philosophie des Ostens, Chinas und Indiens. Das gleiche erlebe ich heute mit meinen Enkelkindern, für die der ferne Osten die Welt der Sehnsüchte geworden ist, da ihre eigene Umwelt sich gegenwärtig im Zustand konfuser Selbstvernichtung befindet.

Leider waren mir ein paar Jahre ruhigen Studiums, fern von zu Hause, nicht gegönnt. So unabhängig und frei ich in meinem Elternhaus aufwuchs, so »egoistisch« bestanden meine Eltern später darauf, mich nicht von zu Hause weggehen zu lassen, um zu studieren. Ich mußte meine Neugierde nach dem Leben »draußen« bezwingen und meinen Wissensdurst durch Bücherlesen einstweilen stillen und mich damit begnügen, daß mir ein halbes Jahr praktische Arbeit an einer Art von Haushaltsschule erlaubt wurde. Sie befand sich auf einem alten Gut des Bankiers Eduard Arnold in der Mark Brandenburg. Ich mochte die karge, flache, sandige Landschaft mit den herrlichen Wäldern und liebte das Landleben.

Damals, im Jahre 1923, bestand die Nachkriegsernährung in Deutschland vor allem aus Kohlrüben und Kartoffeln, daher konnte es mit den Kochkünsten, die ich mir dort erwerben sollte, nicht sehr weit her sein. All das, was ich dort zu tun hatte, war im Grunde unwichtig für mich. Wichtig und voller Abenteuer dagegen waren die Radtouren durch Felder, Wiesen und Wälder, die wir unternahmen, und die Entdeckung des Landlebens, der alten Dörfer ringsum, wo man in Heuschobern übernachtete. Eines Tages entdeckte ich, daß Moritz Heimann, der nicht nur naher Freund meiner Eltern, sondern auch mir ein väterlicher Freund geworden war, ganz in meiner Nähe wohnte. Sein Heimatdorf Kagel lag mitten in den Sandoasen der märkischen Wälder versteckt. Sein kleines, freundliches Bauernhaus, sein Elternhaus, in dem er aufgewachsen war, hatte etwas Anheimelndes für mich mit seinen gescheuerten Holzböden und seinen schönen einfachen, alten Möbeln. Er nahm mich wie seine Tochter auf und hatte immer Zeit für Gespräche über alles, was für einen jungen Menschen wichtig war. Da gab es keine Scheu: man konnte ihn über alles ausfragen und seinen Rat hören – über das Verhältnis zu den Eltern, über Fragen der Religion und wie man das Leben anfassen soll. Diese Stunden bei ihm, diesem gütigen und weisen Manne, wurden für mich wichtiger als alles andere um mich herum. Er kannte mich seit meiner Geburt. Nun aber nahm er mich sozusagen »ans Herz« und führte mich. Sein Denken war klar und unsentimental. In ihm hatte sich jahrtausendealtes, jüdisches Wissen um den Menschen angesammelt. Er war ein Leidender, nicht nur physisch, sondern ich fühlte, wie er die Welt und ihre Unbarmherzigkeit erlitt. Darum war er so offen für die Nöte seiner Mitmenschen, darum konnte er so vielen jungen Menschen, Künstlern, Dichtern und Schriftstellern, die zu ihm kamen, das richtige Wort sagen, um sie von ihren Zweifeln zu befreien und ihnen weiterzuhelfen. Er war ein großer Zuhörer, seine Ohren waren von ungewöhnlicher Dimension. Mit ihnen hörte er mit einer Hingegebenheit zu, die sein Gegenüber umschloß und zugleich ermutigte, sich ihm ganz zu eröffnen. Man hatte dabei den Eindruck, daß es für ihn im Augenblick niemand anderen auf der Welt gab als man selbst.

Zu meinem fünften Geburtstag hatte er mir einen kleinen Reim geschrieben, den er mir auf einer Postkarte zu Ostern nach Rom sandte:

Leg' das Ohr an, horch genau:
Die Osterkätzchen schrein miau,
Sie ringeln ihre Schwänzchen.
Und wenn die Sonne lustig scheint,
Und wenn der Wind es auch so meint,
Dann machen sie ein Tänzchen.
Es kommen alle Blumen vor,
Die ganze Erde steht im Flor
Und lacht im neuen Frühlingslicht
Und ist so dumm wie dies Gedicht.
Und dumm und lustig muß man sein,
Denn so sind auch die Engelein.
Nun hör' ich auf, der Platz ist aus,
Ich grüße Dich, komm bald nach Haus!

Welche schönen Kinderverse konnte Onkel Heimann dichten! Ich hatte sie so gern und konnte sie auswendig hersagen, auch ein zweites, schon ein wenig ernsteres Frühlingsgedicht, das er mir zu meinem neunten Geburtstag im März 1914 in mein Poesiealbum schrieb:

Murmeln trägt ein Jung in seinem Hut,
Alle Eisenbahnen riechen gut,
Alle Kindermädchen haben Zeit
Und die Kutscher tun mir nicht mehr leid.

Bald, ach bald
Machen sieben Bäume einen Wald,
Aus der grünen Wolke wird es dringen,
Wird auch durch die blauen Lüfte springen:
Eingeschlungen in die Himmelskette,
Sing' ich schon mit Lerchen um die Wette.

Wie erwachsen er mit mir als Zehnjähriger schon umging, zeigt sein Brief vom 12.6.1915:

»Meine liebe Freundin Tutti, Dein Bild hat mich herzlich gefreut. Ich wünsche Dir immer Blumen in den Korb. Ja wenn ich nicht schon eine etwas herbstliche Landschaft wäre, so wollte ich Dir mein Bild dagegen schenken. Wenn Fritz* kommt, soll er doch mal versuchen, mich ›bitte recht freundlich‹ abzuphotographieren, dann kriegst Du mich, weil Du mich schon hast, als Deinen Freund, mit vielen Grüßen,   Moritz Heimann«

---

* Sohn Moritz Heimanns.

3

Mein Bruder Gerhart.
Sein kurzes Leben
und sein früher Tod.

Ich hatte einen großen Bruder. Er hieß Gerhart und war elf Jahre älter als ich. Er war eine Idealgestalt für mich. Wir liebten uns, ich liebte und verehrte ihn. Alles Zukünftige schien mir in ihm schon vollendet zu sein. Er war mir so nahe, so verwandt, und doch umgab ihn eine fremdartige Welt, von der ich bis dahin nichts geahnt hatte. Er neckte mich viel und konnte sehr ausgelassen mit mir spielen, wobei er gewöhnlich in großes Gelächter ausbrach. Ich mochte seine Wildheit und das Miteinandertoben und -albern, denn ich war leider noch viel zu klein, um ein Partner für ihn sein zu können. Aber wenn er ab und zu mit seinen Freunden aus seinem Schulheim, der »Freien Schulgemeinde Wickersdorf«, die mein Vater mitbegründet hatte, zu den Ferien nach Hause kam, dann war das für mich die erste Berührung mit der geheimnisvollen Welt des Mannes. Er und seine Freunde, die voll wilden Temperaments und fröhlicher Lebenslust waren, erschienen mir als etwas Unerreichbares.

Zu meinem ersten Geburtstag schrieb er mir ein ›Schlaflied‹.

Schlaflied für meine Schwester Brigitte Eva
von ihrem Bruder Gerhart
Grunewald, den 5. März 1906

Schläfst Du, Evchen, mein Kind?
Hörst Du, wie draußen tobet der Wind?
Wie er fährt über die Häuser und Dächer dahin?
Ja, er hat keinen freundlichen Sinn.
Jauchzet nicht und lallt nicht freudig wie Du –
Schlafe Evchen, in süßer Ruh!

Schläfst Du, träumst Du von besseren Tagen,
Frei von allen Sorgen und Plagen?
Wo Du in schöner Frühlingsluft
Atmest der Blumen würzigen Duft?

Schlafe und träume in süßer Ruh
Schließe Deine Äuglein zu
Und öffne Dir des Traumes Pracht,
Daß er mit seiner Liebe Macht
Gesegnete Strahlen auf Dich sende
Und Dich tröste – bis an Dein Ende!

Das waren reife und wehmütige Verse für einen zwölfjährigen Jungen.

Als ich acht Jahre alt war und er gerade neunzehn, verlor ich ihn. Er war an der Adria an Typhus erkrankt und traf schon in sehr schlechtem Zustand bei meinen Eltern ein, die mit mir ihre Sommerferien am Lido bei Venedig verbrachten. Ich erinnere mich an jene strahlenden Augustwochen, an den breiten Sandstrand des »Hôtel des Bains«, der mit Badezelten und Liegestühlen sehr komfortabel hergerichtet war, und an die vielen Freunde – Beer-Hofmanns, Schnitzlers und Peter Altenberg –, die mit uns waren. Das Entsetzen meiner Eltern über die Erkrankung des Sohnes zerstörte diese Sommeridylle; sie beschlossen, sofort den

Lido zu verlassen und nach Berlin heimzukehren. Die Nachtfahrt nach Venedig in der schwankenden Gondel mit dem Todkranken dauerte, wie mir schien, unendlich. Blitzende Lichter inmitten der Schwärze des nächtlichen Meeres, das plätschernde Eintauchen des langen Ruders und die langgedehnten unheimlichen Rufe der Gondoliere, die Angst in den Gesichtern meiner Eltern, all das hat sich in mich eingegraben seit dieser gespenstischen Nacht.

Mein Bruder wurde nach Hause gebracht; aber trotz aller ärztlicher Bemühungen und trotz der unermüdlichen Pflege meiner Mutter, die sein Lager Tag und Nacht nicht verließ, starb er nach zehn Tagen schrecklichen Leidens.

In meine bis dahin so behütete und beschützte Kinderwelt brach dieser Schicksalsschlag wie ein Blitz des Unheils ein und verwandelte meine kindliche Traumwelt. Sein Sterben, an dem ich, wenn auch wie von weiter Ferne, im Hause teilnahm, war für mich eine unheimliche und grausame Gegenwart und eine fremde Macht, der ich mich hilflos ausgesetzt fühlte. Niemals werde ich sein Flehen um Hilfe vergessen. Die Ärzte waren machtlos, da es damals noch keine Heilmittel gegen diese Krankheit gab. Durch seinen Tod erlebte ich zum ersten Mal das Unausweichliche des Schicksals und das Gefühl tiefer Trauer. Vor meinen Eltern aber versuchte ich, meine Gefühle zu verbergen, und zeigte ihnen meist Heiterkeit und Ausgelassenheit, so daß sie sich wundern mochten, ob ich von diesem bitteren Tod schon etwas »verstand«. Ich verstand ihn auf meine Weise – so ganz allein gelassen –, und ich versuchte, mich an die Einsamkeit rings um mich zu gewöhnen.

Für drei Jahre blieb ich das einzige Kind im Hause, bis meine Schwester geboren wurde.

Mein Bruder hatte schon als Kind zu komponieren und Verse zu schreiben begonnen. Er spielte Klavier und studierte später an der Musikhochschule in Berlin. Er schrieb Lieder, Klavierstücke, Orchesterstücke und begann, an verschiedenen Opernstoffen nach eigenen Texten zu arbeiten. Mit seinen Schulfreunden hatte er ein kleines Kammerorchester zusammengestellt, das er dirigierte und mit dem er auch seine eigenen Kompositionen aufführte. Zu seinen besten Freunden in diesem musikalischen Kreis gehörten die nachbarlichen Humperdincks, die Kinder des großen Komponisten; Wolfram dirigierte oft das Kammerorchester und Senta sang Gerharts Lieder. Es kam zu festlichen Abendkonzerten, zu denen meine Eltern Freunde und sogar bisweilen befreundete Musikkritiker einluden. Es wurde sehr ernsthaft musiziert und lange probiert, und die Programme enthielten neben Uraufführungen von Gerharts Kompositionen Bachs Brandenburgische und andere seiner Konzerte. Sonst saß mein Bruder meist komponierend am Klavier oder er spielte Brahms, den er über alles liebte.

Gerhart war schon als Junge eine ausgeprägte Persönlichkeit. Ich las später, nach seinem Tode, in seinen Tagebüchern, die er schon mit zehn Jahren zu schreiben begonnen hatte, und staunte über seine Reife. Die Auseinandersetzungen mit sich selbst, seine Eindrücke von Werken der Kunst und der Musik nahmen einen immer breiteren Raum ein und rundeten sich zu geschlossenen Aufsätzen wie ›Über das Salzburger Mozartfest‹, ›Einiges über Brahms‹, ›Eindrücke von Tristan‹, ›Über Verdis Othello‹ und über Gustav Mahlers ›Lied von der Erde‹. Es ist erstaunlich, wie heutig seine Stimme zu diesem Werk klingt. Die folgende Tagebucheintragung des damals Achtzehnjährigen stammt aus dem Jahre 1912: »In den Gedichten hat sich Mahler für die Äußerung seiner eigenen Natur eine ihm sehr adäquate Grundlage geschaffen, so daß er aus seinen vollsten Quellen schöpfen kann. Vor allem schwelgt das Ohr in einem üppigen, bis ins kleinste gestalteten Orchesterkolorit, der diese stimmungsreiche Lyrik mit strömender Farbenfülle durchdringt und mit wirklich visionärem Blick gestaltet. Was aus allen diesen Stimmen hervordringt, ist eine edle, warm empfindende Seele mit einer oft trostlosen, oft lächelnden Melancholie und einer von der Liebe zur Natur getragenen reinen Sinnlichkeit.«

Sich in Musik auszusprechen, mitzuteilen, war Gerharts angeborene Begabung, und bald hatten auch äußere Erlebnisse an seiner musikalischen Entwicklung Anteil. So hat ihn eine italienische Reise im Jahre 1910 zu einer Rhapsodie in drei Teilen inspiriert: der erste, eine Elegie auf dem Pincio, der zweite, eine

Karfreitags-Prozession in Sorrent, der dritte, als Scherzo, das Treiben auf dem Rialto von Venedig.

Aber was mich ganz besonders bei ihm berührte, das war seine Güte anderen Menschen gegenüber und sein soziales Verantwortungsgefühl. Das war so stark bei ihm ausgebildet, daß er sich vor denjenigen schämte, die auf einer tieferen Erziehungsstufe standen. Wie sehr ihn soziale Unterschiede beschäftigten, kann man seinen Tagebüchern entnehmen. Im Jahre 1913 schreibt er mit dem Titel ›Über die sozialen Pflichten des Menschen‹: »Das ist nach meiner Meinung der Hauptpunkt: das, was jeder in guten Verhältnissen und guter Erziehung aufgewachsene Mensch vor anderen voraus hat, ist nur eine Verpflichtung, ein Gutschein, es den anderen zugute kommen zu lassen, und es ist gänzlich wertlos, wenn er nicht zur Förderung der anderen davon Gebrauch macht und ihnen in gütiger Art zu geben versucht, was ihnen fehlt. Diese Pflicht würde für jeden eine Beruhigung sein, der sich erstaunt fragt, ob er wohl durch Geburt oder Gunst des Schicksals ein besserer Mensch sei und ein besseres Leben verdiene als jedes Kind aus minder glücklichen Umständen. Ich weiß gewiß, wieviel Befürchtungen und Hindernisse sich dem in uns entgegenstellen und wie schwer es ist, in uns wurzelnde Vorurteile zu überwinden, aber ich glaube doch, daß wir das jeden Tag wieder von neuem tun müssen. Jakob Wassermann benennt seinen Roman mit den schönen Worten ›Die Trägheit des Herzens‹. Diese ziehen wir geflissentlich in uns groß, soweit sie uns überhaupt bewußt ist … Ich bin weit davon entfernt zu glauben, daß man alle Standesunterschiede aufheben könnte, ohne in ein vollkommenes Chaos zu verfallen, aber ich glaube, daß unsere menschlichen Beziehungen erweitert werden sollten. Ich glaube, daß mehr Licht von den einen zu den anderen dringen könnte und beide Teile einander mehr geben und helfen könnten, als es heute geschieht. Dazu könnte jeder Einzelne beitragen, der gründlich und stets von neuem mit seinen erworbenen und eingewurzelten Vorurteilen aufräumt und keinen anderen Unterschied zwischen sich und anderen anerkennt als einen menschlichen …«

Als er starb, nahm der ganze Freundes- und Autorenkreis an dem furchtbaren Verlust, den meine im Innersten getroffenen Eltern erlitten hatten, teil. Die Stimmen der Dichterfreunde sprachen ihnen Trost zu. Richard Dehmel schrieb auf meines Bruders Tod hin einen Text zu einem seiner Lieder und widmete ihn meiner Mutter:

Fremdlinge sind wir, laßt uns nicht weinen
Seht wie die Sterne über uns scheinen
Aus ihrem Schimmer stammt unser Blut
Mitten in Finsternissen
Träumt sich's gut.
Mutterhaus, Glück, Geburtstagsstunden,
Fern liegt ihr, fern,
Seitdem ich heimgefunden.
Oh, wieviel Lichter sind hoch um mich her!
Mutter, Geschwisterchen klagt nicht mehr!

Moritz Heimann sprach an Gerharts Grab: »... er fühlte die Verantwortung des Lebens – nicht die kleine, die jedem Menschen in seinem Geschäfte unerlassen bleibt, sondern die große, schwermütige Verantwortung, die außerhalb bürgerlicher Pflicht der edleren Natur auferlegt ist. Er wollte nicht in den Tag hinein leben, so ging er in die zu frühe Nacht. Zu früh nach unserem Begriff und Wissen. Wenn wir aber des höheren Wissens je fähig sind, so ist es dann, wenn ein Toter uns lehrt. Ich sah diesem jungen Menschenkind, als es verblichen war, in sein friedvolles und strenges Gesicht, und ich fühlte, daß er vollendet hatte und vollendet war ...« Für den Gedenkstein des Grabes von Gerhart schrieb Heimann die Verse:

Er wollte singen und wurde Gesang,
Wir hören ihn unser Leben lang.

Und ein Jahr später schrieb Heimann an meine Mutter zu ihrem Geburtstag, der zugleich der Todestag Gerharts war: »Es ist natürlich Ihr kleines Mädchen, das ich im Sinne habe, und wenn ich Ihnen jetzt Glück wünsche, so weiß ich, darf ich es in Freude tun, denn Sie müssen es nun in Freude annehmen. Und so gratuliere ich Ihnen und Ihrem Mann und Tutti, daß Sie drei in Ihrer liebevollen und vorbildlichen Gemeinschaft an dem neuen jungen Licht in Ihrem Hause des unvergänglichen Lichtes in der eigenen

Seele froh seien. Wohl weiß ich, daß der Schatten nicht weichen kann, der in Ihr Leben gefallen ist, aber wie jeder Schatten die Farben, die Zeugnisse von Licht, nur tiefer und charaktervoller macht, so auch dieser. Möge alles gedeihen, was zu Ihnen gehört.«

Der Schriftsteller Max Dauthendey, Freund meiner Eltern, besuchte sie einige Monate nach dem Tode meines Bruders in unserem Haus im Grunewald, dessen Räume noch von dem Todeshauch des Verschiedenen erfüllt waren, so daß sich ihm diese Atmosphäre zu seiner Novelle verdichtete, die er ›Zwei Reiter am Meer‹* nannte:

»Die weitgeöffneten Türen in die erleuchteten Nebenräume, in das Musikzimmer, in den Speisesaal und in das Teezimmer, in denen überall sanftes Licht und eine unendliche Ruhe sich ausbreiteten, hatten meine Gedanken immer weiter von mir fortgezogen, und es war mir, als stünde mein Stuhl nicht im Bibliothekszimmer eines vornehmen Landhauses am Rande einer Weltstadt, sondern am Rande eines Weltteils stand ich und sah auf ein Weltmeer, auf einen grauen Ozean, dessen Wasserlinie in der Ferne zu Himmelswolken wurde, zu Nebelbrodem, und nur in weiten Abständen warf manches Mal eine langgezogene Strandwelle eine weiße Sprühschaumwolke in die Luft … Dieses Bild, das ich so lebendig sah, das Bild der zwei Reiter am Meer**, hing im nächsten Zimmer, im Musiksaal, in goldenem Rahmen über dem Flügel. Es stand eine weite, gedämpfte Festlichkeit um mich, von der ich mich halb nicht trennen konnte, und halb wieder getrennt fühlte, da diese Festlichkeit nicht mir gehörte. Es war die Festlichkeit der Schmerz und Freude ausgleichenden Todesstunde, die aus den Zimmern dieses Hauses noch nicht gewichen war, die den Alltagsräumen eine höhere Verklärung hatte geben können, als es sonst hier laute Feste vermocht hatten.

Der Gestorbene war ein junger Musiker gewesen. Drüben am Flügel hatten Mutter und Sohn oft Stunden verbracht, wenn sie

---

  * Diese Novelle erschien, mit anderen zusammen, im Verlag Albert Langen, München, unter dem Titel ›Geschichten aus den vier Winden‹.
 ** Gemälde von Max Liebermann.

sang, was der junge Mann erdacht, wenn er ihr vorspielte, was die Stimme seiner Jünglingsgefühle, seines Jünglingsernstes und seiner Jünglingseinsamkeit auftönen lassen mußte.

Damals waren beider Herzen, das der Mutter und das des Sohnes, wie die zwei Reiter am Meer gewesen, deren Pferde im gleichen Takt schritten, und die melodisch vor der Unendlichkeit des Himmels und des Meeres, vor der Zukunft und vor der Vergangenheit hinzogen …

Nun waren Monate vergangen. Niemals hatte die Mutter den Flügel im Musikzimmer öffnen können. Sie hatte den Sohn immer noch begraben müssen, den Gestorbenen immer wieder begraben. Sie hatte noch nicht die Kraft gehabt, den Sohn verklärt vor sich auferstehen zu lassen. Aber alles Abschiednehmen muß von einem Wiederkommen abgelöst werden. Auf die Trennung, die das Sterben bringt, folgt die Wiederkehr, die Stunde der Auferstehung. Das Leben läßt sich nicht bis ins Unendliche begraben, auch das tote Leben nicht. Auch im Tod ist ein Wellenschlag und auch das vergangene Leben hat sein Gehen und Wiederkehren.

An diesem Abend war mir unbewußt klargeworden: der Tote war zu seiner Mutter und zu seinem Vater verklärt wiedergekehrt. Er war wieder auferstanden in den Räumen des Hauses … Seine Todeswelle, raumloser als die räumlichen Wellen, die wir Lebenden fühlen, wollte sich vor uns verkörpern.

Ich wagte unter dem Bann dieser Stimmung die Frage an die trauernde Mutter, ob sie nicht ein Lied ihres verstorbenen Sohnes singen oder ein Musikstück von ihm spielen möchte …

Als die Trauernde sich zwischen die zwei hellen verschleierten Lampen an den schwarzglänzenden Flügel setzte und ihre schwarz eingehüllten schmalen Schultern sich von den schneeweißen Tüllvorhängen abhoben, die senkrecht vor den Fenstern hinter ihr herabhingen, da war es mir noch nicht gewiß, ob Leben aus dem Flügel erwachen würde …

Aber sie war reif zum Empfang des Zurückkehrenden. Mit einem wunderbaren Mut, als überschritte sie selbst freudig die Schwelle zum Tod, entlockte sie dem Flügel die alten Wohllaute …

Und als sie eines der letzten seiner Lieder sang, geschah vor meinen Augen das Wunderbare: die reife, schöne Frau sang sich an den jugendlichen Weisen ihres Sohnes zur eigenen frühesten Jugend zurück. Und ihr Frauengesicht wurde mädchenhaft, aller Enttäuschungen bar … Und ich sah Mutter und Sohn auf zwei großen, überweltlich großen jugendlichen Rossen, von denen jedes die Verkörperung eines Schicksals zu sein schien, am Meer der Unendlichkeit hinreiten.

So sehe ich beide dort heute noch und in Ewigkeit als zwei Reiter am ungeheuren Meer am Rand der Welt.«

4
Meine Mutter. Mein Vater.

Meine Eltern hatten im Jahre 1893 in Berlin geheiratet. Meine Mutter war damals ein Mädchen von zweiundzwanzig Jahren, aus wohlhabender Kaufmannsfamilie, das seine Jugend in Stettin verbracht hatte. Die Welt meines Vaters, der mit seinem neu gegründeten Verlag inmitten der sozialen, politischen und künstlerischen Umwälzungen stand, war ihr vollkommen fremd. Sie hatte keine Ahnung, was sie da erwartete und was ihr bevorstand. Sie muß sich aber in dem neuen Leben sogleich zurechtgefunden haben, und sie gehörte sofort mit Leib und Seele ganz und gar dazu.

Meine Großmutter war Sängerin, nicht von Beruf, das war damals in ihren Kreisen verpönt, aber sie war eine musikalisch vollkommen ausgebildete Sopranistin, die, wie mir meine Mutter oftmals erzählte, mit ihrer schönen Stimme, ihrer graziösen Gestalt und ihrem großen Charme eine ideale Mozart-Interpretin war. Großmama muß schön gewesen sein. Mit fünfundzwanzig Jahren schon hatte sie schneeweißes Haar, das ihr anmutiges und kluges Gesicht umrahmte. Die köstlichsten Geschichten wurden von ihr erzählt, die bei all ihrer mütterlichen Traulichkeit ihre kindliche Naivität zeigen. Mein Vater beschreibt sie an ihrem Geburtstag in einem Brief an meine Mutter: »... heute früh großer Festtrubel ... Rührend waren ja wirklich Mutters Wünsche: ein Bouillon-Kochtopf, eine Bratschüssel, ein Zuckerhut, Scheuerlappen und was dergleichen Küchenpoesie mehr ist ...«

Großmama war es, die die Musik in die Familie gebracht hat. In den großen Oratorien unter Siegfried Ochs in der Berliner Singakademie sang sie die Sopransoli, das war ihr erlaubt, das war noch gerade »standesgemäß«! Zu den Proben dieser Konzerte nahm sie ihre Kinder, meine Mutter und deren Geschwister, immer mit, so daß diese schon von klein auf ihre erste musikalische Erziehung bekamen.

Diese Liebe und Begeisterung für die Musik hat auch das Leben meiner Mutter beherrscht. Schon als junges Mädchen ging sie viel in Konzerte, sie hörte den großen russischen Pianisten Anton Rubinstein unter Hans von Bülow spielen und nahm teil an Bülows denkwürdigem Abend, da er Beethovens ›Neunte‹ gleich zweimal hintereinander dirigierte. Ihr größtes musikalisches Erlebnis jedoch, von dem sie immer wieder sprach, muß die Uraufführung von Gustav Mahlers Achter Symphonie im Jahre 1910 unter seiner Leitung gewesen sein. Da erlebte sie den Einbruch einer neuen Welt, der von den Zuhörern mit Ergriffenheit und ungeheuren Ovationen für Mahler aufgenommen wurde.

Meine Mutter war eine einzigartige Mischung von naiver Kindlichkeit und reifer Klugheit. Sie hatte einen guten Spürsinn für Menschen, denen sie mit glaubensvoller Offenheit entgegentrat. Es hatte etwas Entwaffnendes, wie sie Menschen begegnete.

»Zitternd unterm Schicksalsjoch / Ganz in Gott geborgen doch«, dichtete ihr Freund und Verehrer Jakob Wassermann, und »die unschuldigste Frau, die er kenne« nannte sie ihr Freund Felix Salten. Jedoch unser Freund Hans Reisiger kannte sie noch aus tieferem Herzen: »Nicht als ob sie jemals ungütig gewesen wäre, aber gerade aus Liebe zu den Menschen hatte sie gottlob – starke Antipathien. Man kann nicht einem Haus und einem bedeutenden Lebensbereich fraulich und mütterlich vorstehen, ohne auch die Stirn runzeln zu können, wenn es nottut. Sie war ja überhaupt sehr bewegt, passioniert, geistig empfindsam, wobei ich das ›Geistige‹ gleichsetze mit dem ›Schönen‹, das das höchste Geistige ist ... Für eine Frau wie sie, in der das Weibliche mit dem Musischen, das Gastfreundliche mit dem Geistesfreundlichen so natür-

lich zusammenklang, war der Platz an der Seite eines großen Verlegers vorwiegend dichterischen Schrifttums durchaus der gemäße … Daß der Verlag eine Heimat für seine Autoren war, eine
warme, häusliche Welt, in der jedem wohl zumute wurde, der sie
betrat, das wäre ohne das liebe und edle Frauentum ›Mammis‹
nicht so gewesen, wäre nicht so gewesen ohne das Anregende, das,
weniger vom Intellekt als von ihrem Wesen her, von ihr ausging.«

Der baltische Schriftsteller Eduard Graf Keyserling, der um
1900 Verlagsautor wurde und dessen Bücher meine Mutter sehr
liebte, sagte von Mamas Anteil an der Gestalt des Verlages, daß
ein Manuskript von Fischer erst wirklich und wahrhaftig angenommen sei, wenn aus Frau Hedwigs Auge eine Träne darauf gefallen ist.

Hatte sie sich von der Aufrichtigkeit und dem Wert des anderen überzeugt, so machte sie ihn sich zum Freund. Freundschaft
war ihr Lebenselement, etwas Unbedingtes und für alle Zeiten
Feststehendes. Sie war immer da für ihre Freunde, mit aller Fürsorge und Hingabe, genau wie für ihren Mann und für ihre Kinder. Sie hielt den Kontakt mit ihren Freunden immer aufrecht.
Man sagt, daß sie etwa 50000 Briefe in ihrem Leben geschrieben
hat.

Unsere Weihnachtsfeier mit dem großen geschmückten Baum
am Fenster des Eßzimmers mit der schön gewölbten Decke wurde
jedes Jahr zu einem strahlenden Fest. Der große Eßtisch, in ganzer
Länge ausgezogen, war mit Geschenken für alle Hausbewohner
bedeckt. Köchin, Stubenmädchen, Chauffeurfamilie, die »Lau«
und wir hatten auf diesem Tisch unsere angestammten Plätze,
alle nebeneinander, und bei keinem fehlte der wohlduftende
»bunte« Teller mit allerlei Pfefferkuchen und Marzipan. Mama
sang vor der Bescherung mit uns Weihnachtslieder, am liebsten
hatte sie die von Cornelius, und dann fand ein jeder etwas für ihn
speziell Ausgesuchtes. Denn sie war ein Genie des Schenkens.
Alle Freunde wurden mit bunt verpackten Paketen bedacht. Wie
sie das alles bewältigen konnte, war schwer zu verstehen. Denn
dieser Freundesdienst hörte ja keinen Moment auf.

Durch viele Jahre hindurch stand sie als Herz des großen Verlages im Zentrum des geistigen und künstlerischen Lebens in Berlin. Ihr Wirken und ihre persönliche Ausstrahlung mag der der berühmten Frauen der Romantik, die für sie vorbildhaft lebendig waren, ähnlich gewesen sein. Unser Haus in der Erdenerstraße wurde so die Heimstatt der Autorenfamilie.

Aber seltsam, – wenn ich jetzt darüber nachdenke, denn damals tat ich es nicht – sie widmete ihren eigenen Kindern weniger Zeit. Daß sie aufwuchsen, war etwas Selbstverständliches, über das man sich nicht unnötig Gedanken macht. So war ihr Verhältnis zu mir. Sie hat sich zwar gesorgt, wenn mir etwas fehlte, und mich liebevoll umpflegt; aber im täglichen Leben hat sie nie gefragt, was ich tue, was ich arbeite, was ich denke. Daß ich musikalische Fortschritte machte, hat sie gefreut, und sie war stolz, als ich sie zu ihrem Gesang begleiten konnte. Aber sie hat nie versucht, mich in irgendeiner Richtung zu leiten. Als ich mich auf die Mitarbeit im Verlag auf dem Gebiet der Buchherstellung vorbereitete, hat sie das nicht sehr ernst genommen.

Meine Mutter war eine Optimistin von Natur aus, was sie zur idealen Gefährtin meines Vaters machte, der oft unter Depressionen litt. Sie glaubte einfach daran, daß sich alles zum Besten wenden würde. Als viel später ihre Welt zusammenbrach und die Nazis ihr nach dem Leben trachteten, stand sie sprachlos vor dem nackten Bösen, das sie umgab. Ihr naiver Glaube an das Gute im Menschen ließ sie die eminente Gefahr nicht sehen, in der sie schwebte. Freunde wie Joachim Maass, der sich im Jahre 1938 noch in Deutschland aufhielt und sie treulich besuchte, bekamen es angesichts ihrer Ahnungslosigkeit mit der Angst zu tun. Irgendein guter Stern muß sie behütet haben, denn die Gefahren umlauerten sie täglich, bis sie sich endlich, unter unserem ständigen Drängen, entschloß, ihr Haus, Berlin und Deutschland unter Zurücklassung ihres gesamten Besitzes und sogar ihrer Tagebücher, des Gästebuchs und des gesamten Verlagsarchivs zu verlassen und uns ins Exil nach Stockholm zu folgen.

Meine Mutter hatte noch fromme jüdische Großeltern. Ihre Eltern jedoch waren in ihrem Denken und Fühlen im Deutschtum aufgegangen. Sie schreibt darüber in ihren in der Emigration verfaßten Jugenderinnerungen: »Es gab damals wohl mannigfaltige soziale, kulturelle und künstlerische Kämpfe, aber man wußte nichts von Rassenhaß und kaum etwas von Judenhaß. Wenigstens sind mir in unserem Lebenskreis nur selten Spuren davon begegnet. Selbst von dem ›gemäßigten‹ Antisemitismus haben wir in unserem Hause und im Verlag wenig oder nichts gespürt. In unserer Familie sowie in unserer Bekanntschaft waren die Mischehen an der Tagesordnung, und es waren meistens nicht die schlechtesten …«

Als der Nazismus über Deutschland hereinbrach, konnte sie nicht begreifen, daß man ihr ihre alte Heimat, ihr Land, ihre Zugehörigkeit nehmen wollte, sie als Jüdin ausstieß, ihres Besitzes beraubte und sie und ihresgleichen umbringen wollte. Die Überzeugung ihres ganzen Lebens, daß es keine Juden und Christen, sondern nur Menschen gibt, wurde zunichte gemacht. Sie war von alledem so zuinnerst getroffen, daß sie in den Emigrationsjahren in Amerika nur noch wie ein Schatten ihrer selbst dahinlebte. Sie wurde gegen alle mißtrauisch und konnte sich nicht mehr im Leben zurechtfinden. Nur ihre Enkelkinder haben ihr noch Freude zu geben vermocht.

Das Leben hatte meinen Vater gelehrt, von sich das Äußerste zu verlangen. Nur so ist es ihm gelungen, vom Nichts her das Höchste anstrebend, seinen Verlag aufzubauen. Dabei war er von Natur aus zurückhaltend, sich selbst immer in Frage stellend und sich kritisch prüfend.

»Alles was geschieht, was ich höre und sehe, dient mir nur als Maßstab für mein eigenes Ich – gibt mir Klarheit über dumpf schlummernde Kräfte in mir, über Können und Wollen, über Werth und Unwerth meines Wesens.« So steht es in den wenigen Skizzen, die er im Jahre 1907 tagebuchartig begann und leider später niemals fortsetzte. »Meine Werthe schätze ich nicht zu hoch, weil ich sie an den Besten unserer Zeit messe, mit denen zusammengetroffen zu sein der Werth meines Lebens ist. Ich habe noch nie Zeit und innere Sammlung gefunden, um eine Bilanz meiner Kräfte aufzustellen, um abzuwägen, wie ich da zu verschwenden und dort zu sparen habe, um schwache Anlagen in mir zu entwickeln und innerhalb meiner Wesensmöglichkeiten einen harmonischen Menschen aus mir zu machen. Frühzeitig war ich durch Umgebung und Verhältnisse darauf angewiesen, den Aufstieg in eine höhere soziale Existenz als Ziel aller Arbeit anzusehen. Da war ich, nur mit diesem Ziel im Auge, ein ganz von Erwerb besessener Mensch. Nach und nach wurde es heller und weiter in mir.«

Papa war ein Sonntagskind und der Jüngste von vier Geschwistern. Er hieß Samuel, wurde als Kind von allen »Sami« gerufen, nur Mama nannte ihn später auch so. Er selbst unterzeichnete immer mit S. Fischer.

Von seiner Jugend im alten Städtchen Liptó Szent Miklós, das im Siebenbürgischen, am Fuße der Tatra, gelegen ist und zu seiner Zeit zu Österreich-Ungarn gehörte, hat er nur wenig erzählt. Er ging im ungarisch-sprechenden Land auf die deutschsprachige Schule der Jüdischen Gemeinde und danach noch ein paar Jahre auf ein jüdisches Privatgymnasium. Seine Leidenschaft, schon als Knabe, galt den Büchern. Die jüdische Gemeinde von Liptó hatte einen Leseverein gegründet mit eigener Bibliothek, wo er zuerst mit den deutschen Klassikern bekannt wurde. In den Auslagen der einzigen Buchhandlung am Marktplatz sah er sich voller Neugierde die Bücher an.

Mit vierzehn Jahren verließ er Elternhaus und Heimat, die ihm zu eng geworden war, und fand sich eines Tages in der »Hauptstadt Wien« vor einer Buchhandlung stehen. Dort nahm man ihn als Lehrling an – und damit hatte er den ersten Schritt in seinen Lebens-Beruf getan. Es muß ihn wirklich »gerufen« haben diese Berufung, die er in sich gefühlt hatte und der er blindlings folgte.

Nach wenigen Jahren zog es ihn nach Berlin, wo er in die

Buchhandlung von Steinitz in der Friedrichstraße als Gehilfe eintrat und sehr bald danach ihr Teilhaber wurde.

Um die Jahrhundertwende war Berlin zu einem neuen literarischen Zentrum geworden, wie es kaum ein zweites in Europa gab. So wie in seiner früheren Geschichte, war auch jetzt sein Boden fruchtbar für die Geburt der »Neuen Zeit«. Als Mitkämpfer um geistige Erneuerung hatte mein Vater im Jahre 1886 seinen Verlag hier begründet, der schon im ersten Jahrzehnt seines Bestehens fast alle großen Schriftsteller und Dramatiker seiner Zeit um sich sammelte.

»Alles, was ich zu wissen glaube«, schrieb er 1923 in einem Brief an Julius Bab, »alles, was mir zu eigenem Denken und Fühlen verholfen hat, verdanke ich der Kunst, besonders der Dichtkunst, nicht am wenigsten dem lebendigen Kontakt mit ihren Schöpfern. Am eigenen Wachstum seelischer und geistiger Kräfte kann ich die Wirkung ermessen, wie sich Kunst in Erlebnis wandelt. Ich habe der Entstehung eines Kulturabschnitts gewissermaßen aus nächster Nähe, möchte ich sagen, auch physisch beigewohnt. Die Gunst des Schicksals hat mir wichtigste Dokumente brühwarm in die Hand gelegt. Sie bilden im Verlauf eines Lebensalters die Kontinuität menschlichen Werdens und Leidens, den Zusammenhang von Leben und Entwicklung. Kurz und gut, in der Spanne von der Jugend bis zur Reife sind mir diese Manifestationen zur Wissens- und Lebensquelle geworden. Ich habe aus einer imaginären Welt Wirklichkeit schöpfen dürfen. Lichtenberg sagt einmal: ›Bücher machen nicht gut und nicht schlecht, aber besser oder schlechter machen sie doch.‹ Mich haben sie besser gemacht.«

Es war kein leichter Weg, der ihn zu seinen ersten Erfolgen führte. Als er heiratete, stand er schon seit sieben Jahren auf eigenen Füßen, und sein Verlag, obwohl noch klein, hatte über Deutschlands Grenzen hinaus von sich hören gemacht. Einer seiner ersten Autoren war Henrik Ibsen, der »Weltverbesserer«, wie man ihn damals nannte. Von ihm verlegte mein Vater jedes zweite Jahr ein neues Drama, dessen revolutionärer Zündstoff das Entsetzen der kaiserlich-preußischen Behörden hervorrief. Zu Ibsen gesellten sich die ersten deutschen Übersetzungen von Dostojewski, Tolstoi, Zola und den Brüdern Goncourt. Sie brachten frischen Wind in deutsche Lande und meinem Vater den Ruf des fortschrittlich-modernen Verlegers. 1890 gründete er, zusammen mit Otto Brahm, eine Wochenschrift, die den gleichen Namen wie der Theaterklub, »Freie Bühne«, führte. Das erste Heft der Wochenschrift ›Freie Bühne‹ begann mit einer programmatischen Erklärung, einem Dokument, aus dem der Geist der neuen Zeit atmet: »... Wo das Neue mit freudigem Zuruf begrüßt wird, muß dem Alten Fehde angesagt werden, mit allen Waffen des Geistes ...«

Ende 1889 hatte der Theaterklub, der Verein »Freie Bühne«, der den kaiserlichen Behörden ein Dorn im Auge blieb, bereits 360 Mitglieder, deren Zahl später auf 900 anwuchs. Die Mitgliederliste enthielt ausgezeichnete Namen wie die des Ehepaars Theodor Fontane, der Theaterdirektoren Barnay und L'Arronge, von Kritikern und Schauspielern wie Kainz, Agnes Sorma und Paula Conrad. Ibsen hatte aus München, Anzengruber aus Wien seinen Beitritt erklärt. Die »anonymen« Mitglieder stammten zum großen Teil aus dem Kreis der Berliner jüdischen Bürger, und Fontane erklärte, daß »uns alle Freiheit und feinere Kultur hier in Berlin vorwiegend durch die reiche Judenschaft vermittelt wird«. Die »Freie Bühne« eröffnete im Jahr 1889 mit Ibsens ›Gespenstern‹. »Eine gut gebaute Wahrheit dauert dreißg Jahre«, hatte dieser große Dramatiker gesagt. Ich glaube, die seinen haben länger gedauert und vieles verwandelt, so daß sie bis in unsere Zeit fortwirken.

Ibsen haßte den Staat an sich und nannte ihn »den Fluch des Individuums«. »Der Staat muß weg! Bei *der* Revolution tue ich auch mit. Untergrabt den Staatsbegriff, stellt die Freiwilligkeit und das Geistig-Verwandte als das für ein Bündnis einzig Entscheidende auf – das ist der Anfang einer Freiheit, die etwas wert ist. Der Staat hat seine Wurzel in der Zeit, er wird seinen Gipfel in der Zeit haben. Es werden größere Dinge fallen als er, alle Religion wird fallen! Weder die Moralbegriffe noch die Kunstform haben eine Ewigkeit für sich. Wievielen gegenüber haben wir im Grunde die Verpflichtung, sie zu konservieren?«

Später, in meinem Elternhaus im Grunewald, kamen sie alle zusammen, die zum intimeren Freundeskreis gehörten: Gerhart und Carl Hauptmann, Thomas Mann, Rainer Maria Rilke, Moritz Heimann, Richard Dehmel, Otto Brahm, Julius Meier-Graefe, Annette Kolb, Otto Flake, Hans Reisiger, Walther Rathenau, Franz und Alma Werfel und Alfred Döblin, um nur einige zu nennen.

Es stellten sich die »nordischen« Dichter ein, Freunde wie Herman Bang, Peter Nansen, Björn Björnson, Joh. V. Jensen, Aage Madelung, Ellen Key und Eduard v. Keyserling. In Wien hatte sich inzwischen ein Dichterkreis gebildet, der sich meinem Vater und seinem Verlag anschloß. Hier waren es die inzwischen nahen Freunde Hermann Bahr, Peter Altenberg, Arthur Schnitzler, Hugo von Hofmannsthal, Richard Beer-Hofmann, Jakob Wassermann und Felix Salten, die auf ihren Reisen in den Norden unser Haus im Grunewald aufsuchten, das sein gastliches weißes Tor den Freunden immer geöffnet hielt. Sie alle kamen, wann immer ihr Weg sie nach Berlin führte. Anlässe zu kleineren und größeren Festen gab es in der Erdenerstraße in Hülle und Fülle; so wenn meine Eltern zur Kammermusik einluden, an der die Geiger Wolfsthal und Max Rostal, der Bratschist Emil Bohnke, der Cellist Alexander Schuster teilnahmen. Oft auch gesellte sich Margarete Hauptmann, die Frau von Gerhart Hauptmann, hinzu, die eine Schülerin Joseph Joachims war und eine schöne Stradivarius besaß – oder der junge Pianist Ansorge, der Beethovens Sonate op. 90, ein Lieblingsstück meines Vaters, das er nicht oft genug hören konnte, für ihn spielte.

Das Theater vor allem war damals das große Zentrum des geistigen Lebens in Berlin. Fast jedes Jahr brachte ein neues, revolutionären Zündstoff enthaltendes Stück entweder von Ibsen oder Hauptmann auf die Bühne, das gleichzeitig im Verlag meines Vaters als Buch erschien. Auf Otto Brahm, Mitbegründer und erster

Regisseur der »Freien Bühne«, folgte Max Reinhardt, der das »Deutsche Theater« auf ein künstlerisches Niveau hob, das es bis dahin nur im russischen Stanislawski-Ensemble gegeben hatte.

Unter den Schauspielern hatten meine Eltern manche persönlichen Freunde wie Joseph Schildkraut, Joseph Kainz und Rudolf Rittner. Für Alexander Moissi, der oft zu uns kam, schwärmte ich als junges Mädchen, und Tilla Durieux verliebte sich auf einem Ball in der Erdenerstraße in den Verleger Paul Cassirer. Die Feste meiner Eltern hatten des öftern Folgen, Ehen wurden gestiftet und Ehen brachen. Später waren Max Pallenberg mit seiner Frau, der Massary, Elisabeth Bergner, Else Eckersberg und Leopold Jessner, Intendant des Schauspielhauses, häufige Gäste in unserem Haus.

Von Eugène d'Albert, diesem genialen Pianisten, habe ich noch heute das leidenschaftliche Spiel der großen Beethoven-Sonaten im Ohr. Ich erinnere mich vor allem an ein Konzert, das er zu Ehren seines Freundes Gerhart Hauptmann im Auditorium Maximum der Berliner Universität gab. Er riß im Zustand der Begeisterung und Hingabe nicht nur seinen Freund Hauptmann mit sich, sondern das ganze Auditorium, das sich voller Ergriffenheit nach der ›Appassionata‹ und der ›Waldsteinsonate‹ erhob. D'Albert mit seinen fast alljährlich wechselnden Frauen war ein häufiger Gast in der Erdenerstraße. Als er dem Berliner Maler Max Liebermann wieder einmal seine »neueste« Frau vorstellte, antwortete dieser ihm: »Die überschlag' ick.« Auch Arthur Schnabel mit seiner Frau Therese, eine der großen Gesangspädagoginnen, die auch meine Mutter unterrichtet hatte, waren häufig bei uns – sowie der Pianist Bruno Eisner und seine Frau Olga mit ihrem schönen Mezzosopran.

Bronislav Hubermanns Geigenspiel, sein Ton und seine Phrasierungen, ist mir ebenso gegenwärtig geblieben wie er selbst: ein leidenschaftlicher und enthusiastischer Vorkämpfer für ein Vereintes Europa! Bruno Walter, der an der Charlottenburger Oper dirigierte und dessen Aufführungen besonders der Mozartschen Opern unvergeßlich bleiben, war ständiger Gast meiner Eltern.

Die gemeinsame Liebe zu Gustav Mahler verband meine Mutter ganz besonders mit ihm.

Die »Bildende Kunst« war nicht weniger beheimatet in meinem Elternhaus. Mein Vater hatte eine große Liebe für das Neue in allen Kunstformen – und ebenso hellhörig wie für Schriftsteller und Dichter war er für den bildenden Künstler. Als einer der ersten in Deutschland erwarb er zu Ende der Neunzigerjahre in Paris Gemälde von van Gogh, Cézanne, Gauguin und Pissarro, sehr zum Entsetzen seines Freundes Gerhart Hauptmann, der sich vor solcher »Moderne« schüttelte.

Ich erinnere mich sehr deutlich daran, wie mir diese neue Welt der Impressionisten zum Bewußtsein kam: ich sah plötzlich, daß sie die Atmosphäre unseres Hauses verwandelt hatten, sie brachten eine neue Sprache mit sich. Das Stilleben von Cézanne, heute eines der bekanntesten Gemälde jener Epoche, breitete eine warme, lebensnahe Atmosphäre aus: auf hölzernem Küchentisch ein grüner Tonkrug, hellblaue Majolikatöpfe, eine Schale mit gelb-roten Äpfeln, dahinter ein kühn gefaltetes Leinentuch vor einer alten Holzkommode – wie sehr erfüllte dieses Bild den Salon mit seinen etwas steifen Empiremöbeln mit neuem, jungem Leben! Das Gemälde von van Gogh, das daneben hing, bestürzte mich zunächst. Da waren wilde, zottige, riesige Kastanienbäume mit weiß blühenden Kerzen, die in die Höhe schossen, darunter eine breite Allee, auf der nur eine einsame, seltsam undefinierbare Gestalt, aus ein paar grünen Strichen bestehend, wandelte. So etwas hatte ich noch nie zuvor gesehen. Ich fand es unheimlich, und es dauerte einige Zeit, bis ich der großen Kraft hinter dieser Wildheit gewahr wurde.

Zu meines Vaters Kunstsammlung gehörten auch einige Skulpturen von Maillol, Renée Sintenis und August Gaul. Max Liebermann porträtierte ihn. Er war immer neugierig, neue Talente kennenzulernen, gehörte der »Sezession« an, die Ausstellungen moderner Kunst veranstaltete, und war befreundet mit vielen Künstlern wie Emil Orlik, Lovis Corinth, Max Slevogt,

Max Pechstein, Alfred Kubin und Hans Meid, die beide Aufträge für Buch-Illustrationen von ihm erhielten, sowie mit E. R. Weiß und dessen Frau Renée Sintenis, Karl Walser und Emil Preetorius.

Für die Musik wurde Berlin ein Weltzentrum. Jeden Sonntagvormittag dirigierte Richard Strauss die großen Symphonien, am Abend die Oper, in dem damals noch Königlichen Opernhaus, in dem ich zum ersten Mal in meinem Leben der Verzauberung eines musikalischen Bühnenspiels erlag, der Oper ›Hänsel und Gretel‹ von Engelbert Humperdinck. Papa Humperdinck, ein gutmütiger alter »Onkel«, wie mir schien, ließ einen jedesmal, wenn man sein Haus betrat, den elektrisch beleuchteten Sternenhimmel in der Eingangshalle bewundern.

Die »Charlottenburger Oper« wurde von Bruno Walter geleitet, in der »Kroll Oper« stand Otto Klemperer am Pult. Für die Sänger aus aller Welt waren diese drei Opernhäuser mit ihren hervorragenden Orchestern und ihren bedeutenden Dirigenten ein einzigartiger Anziehungspunkt.

Ich hörte die philharmonischen Konzerte noch unter Arthur Nikisch, dessen Persönlichkeit eine geheime Kraft ausstrahlte. Wie er die Musik mit den sparsamsten Bewegungen hervorzaubern konnte! Welcher Gegensatz war das Musizieren Wilhelm Furtwänglers, seines großen Nachfolgers, der, seine langen Arme schwingend, dirigierte.

In der Singakademie führte Siegfried Ochs mit seinem Chor die Oratorien von Bach, Händel und Haydn auf, und hier wurde ich auch mit der Kammermusik bekannt durch die Quartette Rosé, Busch und Klingler und die Duos Arthur Schnabel/Carl Flesch und später Rudolf Serkin/Adolf Busch.

Meinen Vater lockte stets das »in der Luft Liegende«, das er so stark spürte, und er ruhte nicht, bis er es sich zu eigen gemacht hatte. Das konnte eine Idee, ein Buch, der Plan zu einem Theaterstück sein – oder der erste schüchterne Versuch eines jungen und unbekannten Schriftstellers, den er zu ermutigen sich bemühte. Behutsam versuchte er dann, das dem neuen Werk gemäße Gewand zu finden. War das Buch fertig gedruckt und gebunden und mit dem werbenden Schutzumschlag versehen, so nahm er es in seine Hand, wog es und schaute es von allen Seiten mit einer Liebe an, als wäre es ein lebendiges Wesen. Ja, für ihn war das Buch ein lebendiges Wesen, und er lebte mit diesen seinen »Kindern«. Er hatte ein sehr kritisches Auge für das äußere Gewand des Buchs und für die richtigen Proportionen des Satzspiegels. Eine gut gesetzte Seite konnte sein Auge entzücken. Er zog sich nach und nach die Graphiker heran, die er für Umschläge und Einbände brauchte, und vergaß auch nicht, der graphischen Gesamtwerbung des Verlags ein eigenes Gesicht zu geben. Vor allem war es Professor E. R. Weiß, der die Ausstattung der wichtigsten Neuerscheinungen des S. Fischer Verlags entwarf und der einen neuen Schrifttypus schuf, mit dem viele Bücher des Verlags gesetzt wurden. Weiß hat durch die Anforderungen meines Vaters einen neuen Stil in die Gestaltung des modernen Buchs gebracht.

Entscheidungen zu fällen – und an welchen Tagen gab es deren nicht – war für meinen Vater, den ewig Zaudernden, den vorsichtig Abwägenden, nicht leicht. Aber meist siegte sein Temperament. Verzicht war nicht seine Sache.

Er war so sehr in seine Arbeit eingesponnen, den stetigen Ausbau seines Verlags, der seine ganze Kraft in Anspruch nahm, daß für sein privates Leben nur wenig Zeit übrigblieb. Aus dem Verlagsbüro kam er meistens erst am frühen Nachmittag nach Hause, so daß man sich bis zur Mittagsmahlzeit durchhungern mußte. Auch meine Mutter hatte es sehr schwer, ihn einerseits von der Arbeit loszueisen und andererseits die Köchin zu beruhigen, der das Essen anbrannte. Die Arbeit des Verlegers hört nicht im Verlagshaus und in seinen Geschäftsräumen auf, sondern beginnt eigentlich erst in der Atmosphäre des privaten Lebens fruchtbar zu werden. Es verging daher kaum ein Tag, an dem mein Vater nicht einen Autor mit nach Hause brachte. Das Sonntags-Mittagessen in der Erdenerstraße war berühmt, und die »Pute« bei Fischers wurde ein geflügeltes Wort. Meinem Vater zuliebe gab es meist als Nachtisch eine seiner heimatlichen österreichischen

Mehlspeisen, einen selbst ausgezogenen Strudel oder einen Kaiserschmarren.

Mein Vater war ein besorgter Vater, die Welt des Kindes aber war ihm fremd. Er witterte überall Gefahren, denen er sich nicht gewachsen fühlte. An seine Kinder legte er keinen geringen Maßstab. Obwohl er sich von jeder sogenannten »Erziehung« fernhielt und ganz desinteressiert an den täglichen Fortschritten des Lehrbetriebs war, konnte er doch plötzlich aus dem Hinterhalt mit einigen Fragen kommen, um einem auf den Zahn zu fühlen und sich zu vergewissern, ob er es mit einem Verstande, der sich nicht unter dem allgemeinen Niveau befand, zu tun hatte. Als er mir auf einem unserer nachmittäglichen Spaziergänge durch den Grunewald wieder einmal mit solchen verzwickten Fragen kam, meinte er erstaunt, als ich ihm richtige Antworten gegeben hatte, ich sei doch nicht so dumm, wie er gedacht hatte. Er lobte wenig, tadelte aber nicht gern und war niemals streng, sondern korrigierte lieber mit einem Lächeln oder einer verschmitzten Bemerkung. Ich hatte manchmal den Eindruck, daß er von Mädchen im allgemeinen nicht zu viel hielt. Doch schon damals war es mir bewußt, daß ich ihm den Maßstab aller Dinge verdanke, auf visuellem sowie auf literarischem Gebiet und vor allem in allen Bezirken des Menschlichen. Seine väterliche Güte und Bescheidenheit und seine dabei so entschiedene Kritik im Umgang mit seinen Autoren und deren Werken, blieben mir immer ein Leitbild.

Er hatte mir einen schönen, klaren Vers auf die letzte Seite meines Poesiealbums geschrieben:

Was dir die bunte Welt
nicht hält,
mag dich nicht arg verdrießen.
Du hast dein Feld
sehr gut bestellt,
stehst du auf eigenen Füßen.
Dein Vater, Glücksburg, den 16. 8. 1919

Was dir die bunte Welt
nicht hält,
mag dich nicht arg
verdrießen
du hast dein Feld sehr
gut bestellt,
stehst du auf eignen
Füßen.

dein Vater

Im Sommer 1916 hatte Moritz Heimann an Papa geschrieben:

»Ihre liebe Karte mit Tuttis Anschrift hat mich sehr gefreut, ich bleibe dabei, daß Tutti Sie nie enttäuschen wird, wenn Sie von ihr einen an Leib und Seele gesunden Menschen verlangen. Geben Sie ihr einen Kuß von mir; ich lese häufig in Goethes Gesprächen, und was da an Küssen von jungen Mädchen und Frauen geerntet wird, darauf hat unsereins ein Recht, neidisch zu sein.«

Zu Weihnachten des gleichen Jahres schenkte mir mein Vater den S. Fischer-Almanach des dreißigsten Verlagsjahres mit seiner Widmung:

»Liebe Tutti! Dein ›fleißiger‹ Vater legt sein diesjähriges Zeugnis in Deine Hände. Wirst Du einmal damit zufrieden sein, so fühlt er sich schon jetzt in dieser Zuversicht belohnt.

Dein Vater, am Weihnachtstag 1916«

Wie sehr wurde sein »Fleiß« mir ein Vorbild für das spätere Leben.

Zehn Jahre später, im Almanach des vierzigsten Verlagsjahres, schreibt sein alter Freund Julius Elias, der zusammen mit Paul Schlenther Ibsen für ihn übersetzt hatte, auch etwas über den »Fleiß« meines Vaters: »… Sie waren immer der Mann, der in seinem Beruf, in seiner Werkstatt die Augen überall hatte, vom Dichten der Bücher bis zum Einband, von der Kalkulation bis zum Inkasso, der auch das Geringste nicht ungeprüft ließ, der für ein halbes Dutzend Leute arbeitete, der gewaltiges Tempo hatte, ein Gefäß war, zum Springen voll. Bei dieser Ihrer Allgegenwärtigkeit konnte einem manchmal bange werden … Und es war Ihre Kunst, Ihr Geheimnis, das starke Tempo durchzuhalten und dabei oft den Zögernden, den Unentschlossenen, den Melancholischen zu zeigen. Das Zögern, die Unentschlossenheit, die Melancholie war etwas wie eine Maske, hinter der Sie Atem holen wollten, um Ihre Kraft nicht zu vertun …«

Er war gewohnt zu untertreiben, seine eigenen Leistungen vor allem. Der Zweifel gehörte zu seinen ersten Reaktionen auf seine Umwelt. Seine Freunde wußten darum: »Eine unbestimmte Bangigkeit, ein Hinauslauschen gleichsam auf etwas von Fernher-Drohendes, die mit den Jahren zunehmende Grübelsucht mag ihn wohl in manchen Stunden beinahe überwältigt haben«, bemerkte Hans Reisiger über ihn, und sein Freund Wassermann schrieb: »Er war unwandelbar in seinem Sinn, treu, gerecht und freundlich … Sonderbar, er erweckt eine Liebe, über die man nicht nachdenkt, deren man sich aber immerfort bewußt ist. Er ist so zaghaft darin, er weiß es nicht, man muß es ihm sagen.«

Das Ausmaß seiner Liebe zu mir gab mir die wortlose Bestätigung, die ein junger, heranwachsender Mensch braucht, und ich spürte sie immer, sie umgab mich im täglichen Miteinandersein. Um so mehr mußte mich sein letzter Blick erschüttern, der mich aus seiner Umnachtung traf, bevor er starb.

Am Jubiläumsfest des 40. Verlagsjahres hielt mein Vater eine Rede, in der er über die Arbeitsmethode in seinem Hause sprach: »… Die Natur unseres Verlags bringt es mit sich, daß sich ein starres Arbeitsschema nicht herausbilden darf. Jedes Buch ist ein anderes Buch, jeder Tag bringt neue Aufgaben. Ein lebendig funktionierender Verlagsbetrieb muß sich auf das lebendige Interesse seiner Mitarbeiter stützen können. Seit Jahren hat sich denn auch eine gute Tradition, ein guter kameradschaftlicher Geist bei uns herausgebildet. Wir haben in unserer Arbeit unsere Lebensaufgabe gefunden. Ein Verlag ist zwar ein Wirtschaftsorganismus wie jeder andere, und es ist Sache seiner Leitung, auch das wirtschaftliche Gleichgewicht nicht zu verlieren, was heute wahrhaftig nicht leicht ist. Darüber hinaus hat er aber Verpflichtungen, die weit über das rein Wirtschaftliche hinausgehen. Wir produzieren nicht Waren, die täglich verkauft werden können, weil sie ihren Materialwert behalten, sondern wir sind Mittler für geistige Produkte, die entweder gekauft werden oder liegenbleiben. Erfolg und Mißerfolg wechseln miteinander ab, sie halten sich nicht die Waage, denn ein Erfolg ist etwas, was man in der Ibsen-Sprache als das ›Wunderbare‹ bezeichnen kann. Unsere Arbeit ist darauf gerichtet, jedem Buch zu seinem Recht zu verhelfen …«

Schon zum fünfundzwanzigjährigen Verlagsjubiläum im Jahre 1911 kam ein Dankesruf für seine verlegerische Mittlerschaft aus dem Norden. Herman Bang schrieb: »Wenn sich die Verhältnisse für uns Skandinavier geändert haben, so liegt es daran, daß wir einen Brückenbauer gefunden haben, der eine Brücke über den Strom baute.

S. Fischer sah in dem breiten Wasser, das Deutschland und den Norden voneinander trennte, mitten im Meer einen Felsen aufragen. Der Granitfelsen trug den Namen Henrik Ibsen. Dieser Felsen konnte – das erkannte Fischer – ein Brückenpfeiler werden, von dem aus sich eine ganze Brücke bauen ließ. Und Fischer zimmerte seine Brücke – die Brücke, die von Norden in die Welt führte.

Und nicht allein haben wir es ihm zu verdanken, daß wir nach Deutschland kamen. Seine Brücke brachte uns weiter. Die Werke, die in seinem Verlag erscheinen, tragen mit seinem Namen eine Weltmarke, die aller Augen auf sich zieht. Der Weg nach Rußland, nach Frankreich ging durch die Tür, die er uns geöffnet hatte. Er baute uns die Brücke zur Welt.«

Papas siebzigster Geburtstag im Jahre 1929 wurde Anlaß für seine Autoren-Freunde, sich über ihn und seine Arbeit zu äußern. Thomas Mann schrieb: »Ich kenne die tiefe seelische Klugheit dieses Mannes, seinen untrüglichen Instinkt für Werte, sein Wissen um das Notwendige. Ich kenne auch seine Getriebenheit, die produktive Unruhe, die ihn gewiß bis zu seinem letzten Augenblick nicht verlassen wird. Und worauf ich mich außerdem zu verstehen glaube, ist die Zartheit und Verletzbarkeit eines Menschentums, daß er hat lernen müssen, in den Formen des trockenen und kalten Geschäftslebens sich seiner Haut zu wehren, vor allem aber durch große Leistungen sich gegen die Welt behauptete und sich vor ihr bewies. Während der Zusammenarbeit eines Menschenalters hat sich die Anhänglichkeit an den Mann fest in mir verwurzelt, ja ich kann und will von Glück sagen, daß ich einem Verleger verbunden bin, den ich wahrhaft achte und dem ich wahrhaft vertraue. Er ist, in der Sprache seiner Väter zu reden, ein ›Gesegneter des Herrn‹, und ich leugne nicht, daß die dichterischmenschliche Anziehung, die das Phänomen ›des Gesegneten‹ auf mich ausübt, Teil hat an der Bewunderung und Sympathie, die ich seinem Leben entgegenbringe.«

Zum gleichen Anlaß schrieb Jakob Wassermann: »… Mit einer genialen Gabe der Witterung, einem Spürsinn, der ihn selten trog, warf er das Fischernetz nach allerlei bunten, wilden, raubtierähnlichen, schwer zu fangenden und schwer festzuhaltenden Amphibien und Kiementieren, um sie sorgsam in sein Aquarium zu transportieren und dort zu verpflegen … In der Fähigkeit, schaffende und schöpferische Menschen um sich zu sammeln und sie durch Interessengemeinschaft zu binden, liegt unzweifelhaft eine spezifische Art der Größe … Er hatte viele Jahre einen unvergleichlichen Helfer und Berater, Moritz Heimann … Auch dies ist Gabe und Verdienst, den Helfer zu finden, nicht bloß Glücksfall: wem könnte gedient werden, der nicht zu dienen versteht. Er war stets Diener seiner Diener; darin liegt seine Humanität.«

Als die Kräfte meines Vaters abnahmen und er Entscheidungen nicht mehr gewachsen war, als immer größere Ängste vor drohender Gefahr ihn befielen, gelobte ich ihm, der Erhaltung seines Werkes mein weiteres Leben zu widmen.

5
Mein väterlicher Freund
Moritz Heimann.

»An einem Winterabend des Jahres 1895«, erinnerte sich meine Mutter, »fand sich am Kamin bei uns ein junger Schriftsteller ein, er hieß Moritz Heimann. Seine Schlichtheit und Güte, seine Urteilskraft gefielen uns, und mein Mann schlug ihm noch am selben Abend vor, als Lektor in den Verlag einzutreten; dem stimmte Heimann freudig zu. Er blieb unser Lektor bis zu seinem Tod – 30 Jahre später –, und er wurde unser Freund und der Freund und Vertraute unserer Autoren.«

Diese tägliche Zusammenarbeit mit Heimann wurde für meinen Vater von entscheidender Bedeutung. Heimann brachte neben seiner unendlichen Geduld und seiner unermüdlichen Arbeitskraft ein umfangreiches Wissen auf allen geistigen Gebieten mit. Die Literatur jedoch war sein Element. Schöpferisch als Schriftsteller und als Kritiker war er ein eiserner Verfechter seiner Meinung und leistete harten Widerstand, wenn es galt, seinen Standpunkt zu verteidigen. Die Diskussionen zwischen ihm und meinem Vater, viele Jahre im Sie-Ton, in den letzten Jahren auf »Du« geführt, endeten fast nie in den Verlagsräumen, sondern wurden in gemeinsamer Heimfahrt oder in unserem Hause weitergeführt. Neben dem täglichen persönlichen Gedankenaustausch sandte Heimann auch oft seinen Rat und seine Kritik schriftlich an meinen Vater:

»Man darf sich von der Not der Zeit nicht in die Defensive

drängen lassen. Es gibt keine bessere Verteidigung als den An-griff. Man muß denken, und wenn die Menschen verhungern, so werden sie es lesend tun – ohne Bücher kommen sie nicht aus. An diesem Stolz, dieser inneren Überzeugtheit liegt alles! … Ein Ver-lag lebt durch die Bücher, die nicht gehen, denn wenn alle Bücher gingen, so brauchte man keinen Verlag, sondern nur ein Sonder-büro der Druckereien. Verleger war ja ursprünglich der Name für den Geldgeber des Druckers. Der Stand des Verlegers hat sich all-mählich hoch darüber hinaus gehoben, er ist ein sehr ehrenvoller, geistig wirkender, aber auch geistig verpflichtender geworden. In hohem Maße hast Du diesen Anspruch erfüllt …« Und er fuhr fort: »Genug ist nicht genug, das gilt für alles Leben, es gilt auch für das Leben eines Verlegers. Auch die erfolgreichen Bücher würden anfangen zu kranken, wenn sie nicht von dem stürmi-schen, großen Säfte-Kreislauf mitgenährt würden. Denn dieser macht den Ruf und die Ehre des Verlages …«

Mit dieser Offenheit, die nur zwischen nahen Freunden be-stehen kann, sprach Heimann mit meinem Vater, und aus jedem seiner Worte spürt man, wie auch ihm die Zukunft des Verlags Herzenssache war. Heimann hat das Generöse in meinem Vater verehrt und schreibt ihm dazu:

»Das Schicksal hat uns für die Überfahrt, die kurze, von einem Ufer zum anderen – es ist dies mein ewiges Bild für unser Dasein – in denselben Kahn gesetzt; jeder muß auf seine Weise dem ande-ren helfen, dem anderen dienen, jeder braucht Nachsicht, daß er die Fahrt nicht störe und hemme und den schmalen Raum zwi-schen den Banden nicht zum Gefängnis, nicht zur Hölle macht.

Ich weiß, wie vieler Nachsicht ich bedarf, ich weiß, wie viele ich von Ihnen empfange. Daß ein so paradoxes Verhältnis wie das zwischen Ihnen und mir nicht nur so lange gehalten hat, sondern vielleicht ganz einzigartig und vorbildlich geworden ist, das ist Ihr Verdienst mehr als das meine. Sie haben es fertiggebracht, daß ich als Ihr Beamter, Ihr bezahlter Angestellter nicht nur Ihr und Ihrer ganzen Familie nächster Freund sein konnte, sondern auch ein völlig freier Mann.

Ich bin mir tief bewußt, wieviel Schonung, Wartenkönnen, Gewährenlassen dazu nötig war, wieviel Betreuung, Voraussicht und Selbstbeherrschung. Ich danke Ihnen dafür, lieber Herr Fischer, und nicht minder Ihrer Frau, die seit vielen Jahren etwas wie ein guter Genius für mich geworden ist …«

Im Dezember 1922, schon sehr leidend, schreibt er an meinen Vater:

»Lieber Fischer, nach so vielen und so vielen Geschenken hast Du mir das schönste, ehrenvollste gemacht, mit dieser Anrede, die Du zum ersten Mal gegen mich anwendest, und mir erlaubst gegen Dich. – So ergriffen ich davon war, so erfreut war ich auch, denn ich durfte mir – so weit war ich gekommen und dann kam ich aufs Sofa und liege noch. Aber mein Brief an Dich quält mich, nämlich der sich unaufhörlich in mir selbst schreibende, da ich ihn auch heute noch nicht abschließen kann, so soll mir doch der Tag nicht vorübergehen, ohne daß ich Dir sage: Dank für alles und Dank für Dich, worin also auch der Dank fürs ›Du‹ beschlossen ist. Oft stand ich, verzeih dieses Geständnis, in Zärtlichkeit neben Dir und Deinem Haus. Herzlichst Moritz Heimann«

Im Jahr 1924 machte Heimann sich Sorgen über eine gewisse Stagnation der ›Neuen Rundschau‹ und schaute sich in der Welt nach den neuen und lebenswichtigen Problemzentren um. Er schrieb an meinen Vater:

»… Du wirst mich auslachen oder aber ärgerlich werden, wenn ich wieder Deine Interessen auf die amerikanischen Dinge zu lenken unternehme. Immer ärger stellt sich heraus, daß ein Schriftsteller, ein Publizist, ein Verlag unmittelbar auf unsere Zustände nicht wirken können. Eine lange Besinnung und Belehrung tut not. In den Parlamenten können sie nicht geleistet werden, sie ist die Aufgabe der großen Zeitschriften und führenden geistigen Mächte. Und nun bleibe ich dabei, daß wir in keinem europäischen Lande und nicht nur in der Geschichte unseres eigenen Volkes ein so aufklärendes Anschauungsmaterial über eine mögliche Verfassung haben wie in Amerika. Über kurz oder lang werden wir in Deutschland eine zweite Nationalversammlung zur Beratung der Verfassung haben, und es wäre ein Unheil, wenn sie ebenso unvorbereitet an das Geschäft ginge wie die erste …

Die Frage, ob Deutschlands Zukunft föderalistisch oder unitarisch sein soll, ist dringlich interessant. Ich verspreche mir nichts davon, wenn sie direkt untersucht wird, viel mehr, wenn sie in einem Spiegel erscheint. Die Geschichte Amerikas, von der Revolution an bis zum Bürgerkrieg, ist der gewünschte Spiegel. Es wäre also zu erstreben, daß ein Historiker von Rang uns eine Abhandlung schriebe: ›Die Auseinandersetzung zwischen Föderalismus und Unitarismus in Amerika‹ …

Du erinnerst Dich, daß ich einmal von einer amerikanischen Bibliothek sprach. Nicht nur halte ich eine solche für nützlich und erfolgversprechend an sich, sondern ich glaube, daß eine solche unseren Büchern in Amerika Schritt machen würde. Ein gegenseitiger Austausch zwischen Völkern ist in geistigen Dingen noch natürlicher als ein wirtschaftlicher. Und in diesem Zusammenhang kann die Rundschau gar nicht ernst genug genommen werden und muß sogar immer in die Kritik solchen Gedenkens gerückt sein.«

Welche Weitsicht, welche Prophetie! Denn in den ersten Zwanzigerjahren gab es nur wenige in Europa, deren Blick frei war für die große innere und äußere Entwicklung der »Neuen Welt«. Man hielt Europa immer noch für das Zentrum aller Kultur und sah in Amerika nur den »Wilden Westen«. Mein Vater folgte jedoch dem Rat Heimanns. Er ließ Autoren wie Arthur Holitscher eine »Reise um die Welt« machen und darüber in der ›Rundschau‹ berichten, und Samuel Sänger schrieb regelmäßig seine politischen Chroniken. Coudenhove-Kalergi berichtete in vielen ›Rundschau‹-Heften über seinen Plan von Paneuropa, Emil Ludwig schrieb über Wilson und Heinrich Mann über europäische Probleme. Eine neue Weltluft begann in der Zeitschrift zu wehen. Die Übersetzungsrechte von großen amerikanischen Autoren wurden erworben. John Dos Passos' ›Manhattan Transfer‹, der Roman der Stadt New York, erschien. Hans Reisiger übersetzte für den Verlag in vorbildlicher Nachdichtung Walt Whitmans ›Grashalme‹, und der S. Fischer Verlag brachte das dramatische Werk von Eugene O'Neill auf die deutsche Bühne sowie in Buchausgaben für die deutschen Leser heraus. Persönliche Kontakte mit amerikanischen Verlegern wie Ben Huebsch von der Viking Press und Alfred A. Knopf wurden aufgenommen und Übersetzungsverträge für die Werke von Thomas Mann, Jakob Wassermann, Alfred Döblin und anderen mit ihnen abgeschlossen. Die Tore zur »Neuen Welt« waren geöffnet.

Anfang September 1925 wurde Heimann todkrank in die Charité gebracht. Es bestand keine Hoffnung mehr für sein Leben. Ich erinnere mich noch an den kleinen Vorraum zu seinem Zimmer, wo wir alle bangend saßen, um ihm ein letztes Lebewohl zu sagen. Mir ging ein zweiter Vater dahin. Vergeblich hoffte ich noch auf einen Moment, da ich ihm den Mann meiner Wahl zuführen konnte. Es sollte nicht mehr sein, er war schon zu schwach.

Mama schrieb in ihr Tagebuch: »Es war wie das Verlöschen eines Heiligen, als sein großes Herz aufhörte zu schlagen.«

Oskar Loerke sprach an seinem Grab: »Zum letztenmal, bevor die Erde ihn ganz verhüllt, stehen wir vor Moritz Heimann – nahe seinen Füßen, die von aller Wohltat und Härte der Menschenwege wußten, nahe seinem Haupte, das eine reine Herberge für das Bild dieser Welt war, wie die Welt seinem Haupt und Herzen die geliebte und unendliche Herberge bot … Er wußte weitleuchtenden Rat für viele Mitmenschen, wenn sie in kleinen Nöten und im dumpfen Streben befangen waren. Ein nie müder Freiheitsbringer, ein Meister der Geduld und Nachsicht, gedachte er zuerst immer der Bedürftigen, dachte er zuletzt an sich selbst …« Er sagte: »Das Glück und das Leid sind nicht voneinander unterschieden. Es ist genug still in mir, daß der Lärm Raum hat in der Stille. Es ist genug Dunkel in mir, daß alle Helligkeit der Welt Raum hat in meinem Dunkel.«

6
Drei Hausfreunde:
Peter Nansen, Hans Reisiger, Otto Flake.

Nach dem Tode meines Bruders waren es vor allem drei Freunde – Peter Nansen, Hans Reisiger und Otto Flake –, die versuchten, meinen ganz gebrochenen Eltern beizustehen. Sie verbrachten die Wintermonate nach dem Unglück mit uns in St. Moritz, und es gelang jedem auf seine Weise, mit kleinen Späßen etwas Heiterkeit zu verbreiten.

Peter Nansen kam als in Dänemark schon viel gelesener und beliebter Autor im Jahre 1897 aus Kopenhagen nach Berlin zu meinen Eltern, die sich beide sogleich in den Charme seiner Person und den seiner Bücher verliebten. Er stand meinem Vater nicht nur als Autor nahe, sondern auch als Berufskollege, denn Nansen war Direktor des dänischen Verlags Gyldendal. »Fischer, laß uns kalkulieren«, war sein geflügeltes Wort, und dann zogen die beiden sich in eine Ecke zurück, um zu fachsimpeln. Nansen konnte auch ergötzlich vom alten Ibsen erzählen, den er gut gekannt hat und dessen Eitelkeit so weit ging, daß er in seinem Zylinder immer einen Spiegel trug und sich von seinem Verleger die ihm verliehenen Orden in Brillanten fassen ließ.

»Onkel Peter« war zart und kränkelte; er muß als junger Mensch mit seinem aristokratischen Gesicht sehr schön gewesen sein. Damals, 1914, in St. Moritz, wo wir im Hotel Calonder zusammen wohnten, wurde er von uns viel geneckt und »bedichtet«, da er immer so lange schlief und sich an unseren sportlichen

Vergnügungen wie Eislauf oder Rodeln nicht beteiligte. Er erschien meist im Pelzmantel, mit Lackschuhen an den Füßen, steckte für einen Moment seine Nase aus dem Pelz, um sofort wieder im Hotel zu verschwinden. »Ach lieber Onkel Peter / Du kommst ja immer später / Was bist Du für ein Mensch? / Du kommst nicht mal zum Lunch!« Wenn er dann endlich erschien, um sein erstes Frühstück einzunehmen zu einer Zeit, da die Küche schon das Mittagessen vorbereitete, dann sagte er in seinem köstlichen Deutsch: »Frau Calonder kann sich seine Eier selber essen.«

In mein Poesiealbum schrieb er damals das noch im Schatten des Todes meines Bruders stehende Gedicht:

Meiner Freundin Tuddi gewidmet

Die Welt kann noch so traurig sein,
trüb und grau
für Pappi und für Mutti:
Es wird doch plötzlich Sonnenschein,
der Himmel blau,
wenn Du es willst, Klein-Tuddi.
Denn:
Wo die Kinder wand'ren, ist der Himmel immer rein
und uns're Thränen regnen in mildem Sonnenschein.

Peter Nansen, 2. Januar 1914, St. Moritz

Hans Reisiger gehörte zum Verlag seit 1911. Über seine erste Begegnung mit S. Fischer schrieb er:

»Wer es nicht erlebt hat, kann sich heute kaum vorstellen, mit welcher Liebe die geistige Jugend Deutschlands um die Jahrhundertwende auf den S. Fischer Verlag blickte. Daß es überhaupt einen Mann S. Fischer gab, kam uns kaum in den Sinn. Es war die ganze Atmosphäre des im Zeichen eines Namens vereinten literarischen Schaffens, die uns so bewegte. Herzlichkeit, ganz anspruchslose, empfing mich, den 25 Jahre Jüngeren, als ich ihn zum erstenmal von Angesicht sah. Das kleine Opus*, das ich auf gut Glück an diesen Verlag geschickt hatte, der uns als höchste Sammelstelle alles dessen galt, was uns geliebte Gegenwart war, war angenommen worden – nun gehörte ich also dazu!«

»Wir freundeten uns mit Reisi spontan an«, schrieb Mama, »er hat uns auf vielen Reisen begleitet, immer frisch und fähig, meinen Mann aus schweren Depressionen zu reißen und zu erheitern.«

Mama umzirzte er mit Reimen über schöne Hemden und führte sie mit großem Geschick bei Spaziergängen durch die Stadt wie zufällig zu dem Schaufenster, in dem das ersehnte Objekt zu sehen war. Es ihm nicht zu schenken, wäre über ihre Kraft gegangen. Wenn er dann glücklich und dankbar im Schmuck des neuen Hemdes bei Tisch erschien, brachte er sie mit seinen Versen zu dem unwiderstehlichen Lachen, das ein Teil ihrer Natur war und mit dem sie die ganze Familie ansteckte. Aber die heitersten Spiele hatte er sich für meinen Vater ausgedacht: sie redeten stundenlang aufeinander ein, als wären sie alte Kommerzialräte oder fesche Offiziere der preußischen Armee – oder zwei alte, schon ganz vertrottelte Exzellenzen, die sich an ihre Jugend um die Jahrhundertwende erinnerten. Mein Vater konnte sich bei diesen Spielen vor Lachen ausschütten und vergaß alle Trauer und allen Schmerz für Stunden.

Reisiger wurde so etwas wie ein neuer Sohn im Hause. Wir standen geschwisterlich miteinander. Als ich älter wurde, schwärmte auch ich natürlich eine Zeitlang für ihn, den schönen, jungen Mann, der immer von so vielen verliebten Frauen umgeben war. Damals schrieb er in mein Poesiealbum:

---

* 1911 erschien Hans Reisigers erster Roman ›Maria Marleen‹ im S. Fischer Verlag.

Besuch in München, April 1914

Mir ist, meine liebste Tutti,
Ein herrlicher Weg bekannt,
Hoch über ihm steht ein Tempel,
Monopteros genannt!

Die jungen Birken lachen
Neben den Pappeln groß,
Darunter sitzt das Frolli
Und hält das Buch im Schoß.

So nahe strahlt der Himmel,
Mir scheint, sein Blau färbt ab:
Wirft man den roten Ball hinauf,
So kommt er blau herab.

Dann wieder kann man sitzen
Und ruhn vom wilden Lauf,
Man gibt sich in dem Schatten
Die herrlichsten Rätsel auf.

Miss Fisch weiß zu erzählen
So manchen heitern Scherz!
Wie lachet da dem Pimpo
Das edle Männerherz!

Man denkt der weißen Höhen
Des Engadiner Schnees,
Man spricht von den blauen Tiefen
Des schönen Gardasees.

Die schöne Mittagswärme
Füllt rings die ganze Welt. –
Komm wieder, liebste Tutti,
Eh Schnee und Regen fällt!

Otto Flake verbrachte mit uns den Juli 1914 in Sils Maria, im Hotel Waldhaus, als uns dort am 2. August der Ausbruch des Ersten Weltkriegs überraschte. Die plötzliche Flucht der Sommergäste hatte einen solchen Ansturm auf die Eisenbahnzüge zur Folge, daß für Kinder die Gefahr bestand, von der wilden Menge erdrückt zu werden. Mein Retter war Otto Flake, der die Menschenmenge weit überragende Riese, der mich auf seinen Schultern trug und mich den Eltern durchs Fenster in den Zug reichte.

Er schrieb mir bald darauf, im September 1914, seine Gedanken zum Ausbruch des Ersten Weltkriegs in mein Stammbuch, noch ganz unter der Erschütterung »dieses gewaltigen Augenblicks«. Er beneidete mich darum, daß ich später wissen würde, wie alles ausgegangen sei. Jedoch hat er selbst das Ende dieses Krieges mit allen seinen furchtbaren Folgen, der Niederlage Deutschlands mit der nachfolgenden Inflation und der Arbeitslosigkeit miterlebt, aber auch die Machtübernahme Hitlers, den Zweiten Weltkrieg und die Zerstörung Deutschlands. Er starb im Jahre 1963, resigniert und traurig, obwohl er den Wiederaufstieg Deutschlands noch erlebt hat.

»September 1914
Müssen es immer Verse sein, liebe Tutti? Sicher nicht – so laß mich auch der Prosa zu ihrem Recht verhelfen. Und da ich Dir etwas ganz Ungesuchtes ins Stammbuch schreiben will, gehe ich von dem aus, was uns alle im Augenblick bewegt. Und das ist nun wahrhaftig ein großer Augenblick, ein so gewaltiger, daß Du wohl in Deinem ganzen Leben – ich wünsche es Dir – keinen bangeren mitmachen wirst.

Eigentlich ist es schade, daß Du erst ein kleines Mädchen bist; und doch, wenn ich Dich bei meinen abendlichen Besuchen in Eurem Garten sehe, wie Du mit den Freunden aus der Nachbarschaft und den kleinen Flüchtlingen, denen Deine Eltern Aufnahme gewährt haben, soldatisch manövrierst, die Fahne schwenkst und dieselben Lieder singst, mit denen unsere Krieger durch die Straßen nach dem Bahnhof marschieren und dann, wenn sie ausgeladen sind, auf freiem Feld in die Schlacht ziehen – wenn ich das sehe, dann denke ich, es wird Dir doch eine Erinnerung und ein Eindruck an ihn bleiben, den Krieg von 1914.

Und siehst Du, ein vernünftiger Mensch zieht sich aus allem einen Gewinn, ohne Schulmeisterei natürlich. Heute, am 17. September, warten wir mit Hangen und Bangen auf Nachrichten von Westen und Osten und kaufen viermal im Tag die Zeitungen, in denen doch nichts steht. Vor Paris tobt eine ungeheure Schlacht – wir wissen nicht, wie sie ausgeht. Hinter Lemberg erwarten die Österreicher, nachdem sie noch jüngst davor gestanden waren, die Russen – wir wissen nicht, ob sie standhalten werden. Nichts wissen wir, ob wir der Welt ihren Gang diktieren werden, oder ob wir vernichtet am Boden liegen werden. Aber wenn Du dieses Buch später wieder einmal hervorsuchst und diese Zeilen nachliest, dann ist alles vorüber: vergessen die Angst und die Hoffnung, die Toten und die Tränen, die um sie geweint wurden, vorüber die Qualen der Verwundeten, vorüber das Geschwätz derer, die auch jetzt nur Phrasen machen können, vorüber die Verwüstung Belgiens und Ostpreußens.

Du wirst also so viel klüger als wir heute sein, und ich beneide Dich darum. Und doch wird es im Grunde dasselbe sein. Mag auch an Stelle der einen großen Erregung längst wieder die Summe der vielen kleinen getreten sein, der ganz persönlichen – das macht keinen Unterschied aus. Du wirst eine junge Frau sein und dem Gesetz des Lebens untertan werden, das Du von Dir aus das Schicksal Deines Lebens nennen wirst: dann bedenke, es geht alles vorüber. Daraus kann man sich zweierlei vornehmen: sich nicht im Letzten so an etwas binden, daß man zusammenbricht, wenn man es verliert, und das Gute oder vielmehr das Starke und Ewige des Augenblicks fühlen. Sei es auch Leid und Kummer, denn etwas fühlen können, das ist der ganze Sinn des Lebens.

Keine neue Philosophie, wirst Du sagen; aber es gibt sie gar nicht. Alles Menschliche ist uralt, und eigentlich brauchte man gar keinen Schriftsteller, keinen Dichter und Künstler, der das

verkündet. Aber es ist auch nicht gut, zu weise zu sein. Dafür ist
der beste Beweis – diese Predigt

Deines Freundes Otto Flake«

Für mich blieb das Wichtigste seiner »Predigt«, »das Starke und
Ewige des Augenblicks zu fühlen, und daß dieses Fühlenkönnen
der ganze Sinn des Lebens ist«. Das hat mir schon damals einge-
leuchtet und mir mein ganzes Leben hindurch Kraft und Zuversicht gegeben. Dafür bleibe ich ihm immer dankbar. Offenbar
brauchen die Menschen doch den »Schriftsteller, Dichter und
Künstler« zur Verkündigung einer so einfachen Weisheit.

Meine Eltern lernten Otto Flake im Jahre 1912 kennen, und
der »baumlange, blonde, elsässische Riese« wurde ihr Freund.
Er brachte das Manuskript seines ersten Romans ›Das Freitags-
kind‹, das mein Vater verlegte, und Flake blieb von da an Autor
des S. Fischer Verlags. Er war ein kluger und verläßlicher Freund,
ein Mitglied der Verlagsfamilie und ein treuer Gefährte in schweren Zeiten. Während eines gemeinsamen Winteraufenthaltes in
Partenkirchen neckten wir Kinder ihn, da er mit seinen langen
Beinen so unbeholfen auf dem Eise war. Ein Münchner Lausbub
rief ihm nach: »Sie, Poet, dichten's amal!«, was er sehr verübelte.
Denn viel Humor war ihm nicht gegeben. Aber sonst war Flix, wie
wir ihn nannten, ein guter Kinder-Kamerad. Er nahm die Kinder
ernst.

Er hatte eine liebevolle Art, mit mir umzugehen. Er nahm
meine kleine Hand in seine riesengroße und wanderte mit mir
durch Wälder und Wiesen, immer über die vielen Dinge redend,
erklärend, die eine Halbwüchsige wissen möchte. Dabei war er
nicht schulmeisterlich belehrend, sondern wie ein älterer Kame-
rad und Bruder.

Da Flake jahrelang in Berlin ansässig war, kam er oft zu Gast
in die Erdenerstraße. Meine Mutter war seine vertraute Beraterin
in seinen persönlichen, besonders seinen schwierigen Eheproble-
men; für meinen Vater aber war er ein wichtiger Gesprächspartner in politischen und literarischen Fragen, die er mit seinem

scharfen Intellekt und seiner unsentimentalen, objektiven Art beurteilte. Er wurde ein ständiger Mitarbeiter an der ›Neuen Rundschau‹ und machte sich einen Namen als einer der brillantesten Essayisten Deutschlands. Als wir im Herbst 1934 meinen todkranken Vater von Freudenstadt hinunter nach Baden-Baden brachten, stand uns Flake, tief betroffen, zur Seite.

7

Der Onkel Gerhart Hauptmann.
Mit »Gift« und »Galle«
durch schlesisches Land.

Tuttis Augen sind zum Sehen
Tuttis Füßchen, um zu gehen.
Tuttis Herz, gesund zu schlagen,
und ihr Mund zum Wahrheitsagen.
Ihre Locken soll sie rütteln!
Goldne Äpfel soll sie schütteln.

Der Onkel Gerhart Hauptmann,
17. März 1916

Für mich war er, seitdem ich denken konnte, »der Onkel Hauptmann«, für die Welt jedoch und besonders für Deutschland der von allen verehrte, berühmte Dichterfürst, dem die Menge zujubelte, wo immer er sich zeigte. Ging er durch die Straßen von Berlin, so erkannte ihn Groß und Klein an seiner imposanten Gestalt mit dem mächtigen Haupt, auf dem er meist einen riesigen Schlapphut trug. Wenn er durch die Dörfer seiner schlesischen Heimat in seinem offenen Zweispänner mit den beiden wilden Ponys »Gift« und »Galle« fuhr, blieben Bauern und Bürger stehen und grüßten ihn ehrerbietig. Und wenn er, wie alljährlich, im Winter nach Rapallo kam, hieß es überall: »Il poeta tedesco è arrivato.«

»Onkel Hauptmann« war für mich als Kind eine übernatürliche Gestalt, von der etwas Magisches ausging. Wenn er in unser

Haus kam – und er kam häufig und wohnte dann in den »Fremdenzimmern«, so erfüllte er das ganze Haus mit seinem Wesen, und mir schien, als spräche eine geheime Macht aus ihm. Er liebte Kinder und war ihnen auf natürliche Weise nahe, da er selbst dem Urzustand der Menschheit noch nahe war. Seine großen, gestaltenden Hände begleiteten und unterstützten seine Sprache. Ich glaubte damals, daß er mit seinen kleinen, ganz hellen Augen in mein Inneres schauen könnte, was mir ein leichtes Gruseln verursachte. Er ging vertraulich mit mir um, fast als wäre ich seine Tochter, die er sich vergeblich gewünscht hatte.

Als Halbwüchsige nahmen mich meine Eltern zu einem ihrer Besuche nach Agnetendorf mit, dem »Wiesenstein«, zu Hauptmanns burgartigem Haus, das er im Jahre 1901 am Fuß des Riesengebirges gebaut hatte. Mein Vater hatte Hauptmann dort schon im Jahre 1902 besucht und berichtete an Mama darüber: »Im Schloß, es ist ein riesig geschmackvolles Haus, hat uns Grete im Vestibül bei hellem Kerzenlicht und Kaminfeuer empfangen, in einem sehr stilvollen schwarzen Atlas-Empire-Kleid mit weißem Spitzenkragen.« Hauptmann hatte kurz zuvor an meine Eltern geschrieben: »Das Haus ist schon ziemlich beseelt, aber nicht nur von Cobolden und Klopfgeistern, sondern auch vom Geist der Musik … alle guten Geister loben den Herrn in diesem Hause und so lobe ich alle guten Geister darin …« »Der Wiesenstein«, auf das Riesengebirge blickend, lag in einem wilden Park mit alten Bäumen ganz in Wiesen gebettet. Es war wirklich eine Burg, ein Schloß, mit einer großen offenen Diele, die durch zwei Stockwerke ging und von der sich eine breite Treppe nach oben schwang. Für sich hatte Hauptmann einen runden Wachturm bauen lassen, in dem sich sein Arbeitszimmer befand, das mit seinen riesigen Globen und Sternkarten an Fausts Studierzimmer erinnerte. Nur besonders Begünstigte durften es betreten. Es war das Heiligtum, das Zentrum des Hauses, sein Reich, und hier raunten ihm die Geister zu, die er rief. Seine Geister kamen aus dem Erdreich – so schien es mir –, dem er so verwurzelt war.

Auf einer Fahrt in seinem Zweispänner, zu der er mich einlud – es war ein herrlicher Sommertag und »Gift« und »Galle« zogen uns in wildem Trab durch Wiesen und Wälder –, saßen wir nebeneinander auf dem Bock. Dann ließen wir uns am Waldrand nieder und er hielt mich an der Hand, mit seiner großen, starken, die ein so lebendiger Teil seines Wesens war. Viel Liebreiches sagte er mir da, ein wenig verliebt in das junge Ding neben ihm, das er am liebsten wohl verführt hätte. Aber da war der Respekt vor dem Herrn Papa und vor Bocchis, seiner Frau, durchdringendem Blick. So kehrten wir von dieser herrlichen Fahrt heim – zwei, die ein schönes Geheimnis teilten, und mir war, als hätte ich eine weite Reise an der Hand des großen Magiers durch ein Märchenland gemacht.

»Eine Handvoll Licht ward in einen schönen Mann gesenkt«, hat der Dichter Franz Werfel von ihm gesagt.

Meine Eltern nahmen mich öfter zu den Proben von Hauptmanns Theaterstücken mit. Ich erlebte ihn, wenn er auf der Bühne stehend den Schauspielern eine dramatische Szene vorspielte und so selbst seine dichterische Konzeption auf die Bühne übertrug. So lernte ich viele seiner Stücke kennen, sein Märchenspiel ›Die versunkene Glocke‹, ›Die Weber‹, ›Florian Geyer‹ und seine Komödie ›Der Biberpelz‹. ›Und Pippa tanzt‹, ein ganz aus musikalischen Elementen entstandenes, leichtfüßiges Gewebe voller Sehnsucht nach einer anderen Welt, schloß ich besonders in mein Herz. Aber das größte Theatererlebnis meiner Jugend war Max Reinhardts Aufführung von ›Hanneles Himmelfahrt‹ im Deutschen Theater, in der Helene Thimig das Hannele spielte und Alexander Moissi den Lehrer Gottwald. Beide Schauspieler schienen mir eine solche Inkarnation ihrer Rollen, daß sie für mich auch im realen Leben diese beiden Gestalten blieben. Das Schicksal dieses armen Hannele rührte mich zu Tränen, und ich blieb lange ganz im Bann dieses halb wachen »Traumspiels«. Als ich, noch ganz überwältigt, mit meinen Eltern nach der Aufführung zu einem Festessen, das Hauptmann für die Schauspieler und seine Freunde gab, mitgehen mußte, schien es mir wie eine Profanierung des soeben Erlebten. Ich wollte den Schauspielern – nun so ganz ihres Nimbus enthoben – nicht als gewöhnlichen Menschen begegnen.

Aber auch im Leben meiner Eltern hat das ›Hannele‹ eine besondere Rolle gespielt. Meine Mutter traf Hauptmann zum ersten Mal als Braut, als der Dichter sein ›Hannele‹ in der Junggesellenwohnung meines Vaters im Jahre 1893 vorlas. Sie berichtet darüber in ihrem Tagebuch: »… hier sah ich zum ersten Mal den wunderbaren Menschen und Dichter mit dem herrlichen, damals noch etwas asketischen Kopf. Außer mir waren noch anwesend die alte Frau Marschalk mit ihrem Sohn Max, der die Begleitmusik zum ›Hannele‹ komponiert hatte, und drei ihrer schönen Töchter, darunter die Jüngste, Margarete, die später Hauptmanns zweite Frau wurde … Einige Monate später, im Oktober 1893, feierten wir unser Hochzeitsfest. Es muß seltsam gewesen sein: hypermoderne Schriftsteller und Dichter und solides jüdisches Bürgertum gemischt … Hauptmann ließ sich zu diesem Tag seinen ersten Frack bauen.«

Die Hochzeitsreise meiner Eltern begann – und das war recht typisch für meinen Vater – mit einer Reise zu der Leipziger Druckerei, die die Buchausgabe des ›Hannele‹ noch rechtzeitig vor der auf den 15. November 1893 angesetzten Uraufführung im Königlichen Schauspielhaus in Berlin fertigstellen sollte.

Das Verhältnis meiner Eltern zu Hauptmann wuchs sich von da an zu einer liebevollen, ja hingebungsvollen Freundschaft aus. Nichts konnte ihre unbedingte Bewunderung und Gefolgschaft zerstören. Auch nicht die nahezu unerfüllbaren finanziellen Forderungen, die Gerhart Hauptmann später an meinen Vater stellte. Mein Vater tat alles für seinen Freund und hieße es auch, die größten Opfer zu bringen. Aber Hauptmann wußte auch, was er an seinem Freund und Verleger hatte. Vierzig Jahre später schrieb er ihm: »Mir war das große Glück beschieden, Dich, lieber Fischer, zu finden, bei meinem ersten jugendlichen Schritt in die Öffentlichkeit.«

8

Sommer auf dem Berghof am Attersee. Die österreichischen Freunde Felix Salten, Hugo von Hofmannsthal, Arthur Schnitzler, Peter Altenberg, Jakob Wassermann.

Der Berghof war ein altes österreichisches Landgut, auf einem Hochplateau über dem Attersee gelegen. Es gehörte der Familie des Musikers Ignaz Brüll, eines Freundes von Johannes Brahms. Meine Eltern kamen durch ihren Wiener Freund Felix Salten dorthin, mit dessen Familie wir eines der drei schönen, geräumigen Landhäuser in den Sommermonaten 1910–1912 teilten. Unser Landhaus war bewachsen mit wildem Wein. An grünen Spaliergittern rankten sich die Äste der Aprikosenbäume empor. Vor dem hölzernen Balkon, der um das erste Stockwerk herumlief und mit Jugendstil-Schnitzereien verziert war, hatte man einen herrlichen Blick auf den Attersee und auf die Berge ringsum. Neben der Eingangstür stand eine lange hölzerne Bank, und wenn man das Haus betrat, gelangte man über gescheuerte Holzböden und eine ausgetretene Holztreppe in eine gute alte Bauernstube mit anheimelnden, altmodischen Möbeln und einem behäbigen Kachelofen. Im Hof zwischen den Häusern sprudelte aus einem Brunnen das klare Gebirgswasser mit einem Gurgeln und Plätschern, das mich allabendlich in den Schlaf summte.

Hinter den Häusern lag der Spielplatz, wo wir Kinder uns tummelten, und dann begannen die weiten Wiesen, die sich bis hinauf zum »Hausberg« erstreckten, wo der Wald anfing und wo es nach Tannen und Zyklamen duftete, die in großen Mengen aus dem Waldboden hervorblühten.

Frau Marie Brüll, die Witwe des Musikers, lebte in einem der Häuser mit ihrer Familie, und ihr Haus war immer von Musik erfüllt. Bei ihr hatte Brahms, von Ischl kommend, öfters gewohnt. Überall hingen Photos von ihm und Manuskripte lagen auf dem Flügel, auf dem er selbst viel musiziert hatte. Sie erzählte von Brahms' Besuchen und wie sehr ihn alle geliebt hatten trotz seiner schwierigen und eigenwilligen Gewohnheiten. Der hochbetagte Komponist Karl Goldmark kam noch jeden Sommer auf einige Monate zu Besuch und saß in seinem ebenerdigen Zimmer, das auf den »Spielplatz« führte. Wenn wir Kinder dort herumtollten, steckte er seinen weißhaarig-ehrwürdigen Kopf, der von einem schwarzen runden Käppchen bedeckt war, aus dem Fenster, um dem Kinderschreck Einhalt zu tun!

»Im Sommer 1910 besuchte uns Hofmannsthal von Aussee herüberkommend auf dem Berghof«, erinnerte sich meine Mutter. »Er blieb ein paar Tage bei uns und las abends die ersten zwei Akte des ›Rosenkavalier‹ vor. Wir hatten einen großen Eindruck von diesem Werk voller Poesie, Geist und Humor. Mir blieben immer die Verse der Marschallin im Gedächtnis: ›Die Zeit, die ist ein sonderbares Ding. Wenn man so hinlebt, ist sie rein gar nichts. Aber dann auf einmal, da spürt man nichts als sie … Manchmal hör ich sie fließen, unaufhaltsam, manchmal steh ich auf, mitten in der Nacht und laß die Uhren alle stehen. Allein muß man sich auch vor ihr nicht fürchten. Auch sie ist ein Geschöpf des Vaters, der uns alle geschaffen hat.‹ Im gleichen Sommer fuhren wir hinüber nach Aussee und hörten dort den dritten Akt mit dem herrlichen Schlußduett: ›Ist ein Traum, kann nicht wirklich sein, daß wir zwei beieinander sein‹ …«

Mein Vater ließ Hofmannsthals Dichtung zur Uraufführung an der Dresdner Oper als Buch erscheinen. Sie lebt als selbständiges Kunstwerk ganz unabhängig von der Strauss'schen Musik weiter, obwohl Hofmannsthal in seinem ›Ungeschriebenen Nachwort‹ von 1911 sagt: »… Wer sondert, wird unrecht tun. Wer eines heraushebt, vergißt, daß unbemerkt immer das Ganze entklingt. Die Musik soll nicht vom Text gerissen werden, das Wort nicht vom belebten Bild. Für die Bühne ist dies gemacht, nicht für das Buch oder für den einzelnen an seinem Klavier.«

Ich war das einzige »deutsche« Kind am Berghof, was mir erst durch meine österreichischen Freunde zum Bewußtsein kam. Sie als Österreicher sahen ein wenig bedauernd auf mich herab und sangen oft gemeinsam mit Stolz ihre Nationalhymne ›Gott erhalte Franz, den Kaiser‹, während mein ›Deutschland, Deutschland über alles‹, zur gleichen Melodie gesungen, meine Lage nur verschlimmerte.

Das Schönste des Sommers war der alljährliche Kirtag, das große Jahrmarktsfest. Der Marktplatz, ja, das ganze Dorf Unterach, stand voller Buden, in denen man alles, was das Herz begehrte, kaufen konnte. Die Bauern brachten schöne, alte Sachen aus ihrem Besitz zum Verkauf, ihre alten seidenen Tücher, bunt gestickte seidene Dirndlkleider, gestickte Westen mit silbernen Knöpfen und Schnüren und vor allem ihren alten Bauernschmuck, die breiten Halsbänder, die aus vielen aneinandergereihten Ketten bestanden, um ihren Kropf zu verbergen, Ohrringe, Gürtelschnallen und Armbänder. Meine Mutter bekam manch schönes Stück geschenkt, von denen ich heute noch einige besitze. Der Kirtag dauerte gewöhnlich mehrere Tage, und ich habe kaum je festlichere Stunden als jene erlebt, da ich mit meinen Freunden durch die Budenstraßen ziehen durfte, in heißer Sonne, mit Leierkastenmusik und Karussellfahren. – Man machte Ausflüge auf die Berge, mit Rucksack, genagelten Stiefeln und Bergstock, hinauf auf die buntblühenden Almwiesen, wo man bei den Sennhütten, inmitten der Kuhherden, Picknick hielt, oder man fuhr nach Ischl zur »Jause«, dem berühmten Café Zauner, dessen Sacher- und Linzertorten schon seit Generationen berühmt waren.

»Onkel und Tante Salten« waren damals wie meine zweiten Eltern. Wenn wir nach Wien fuhren, was fast jedes Jahr einmal geschah, wurde ich meist bei Saltens in ihrem Hause im Cottage einquartiert und sehr verwöhnt. Onkel Salten war immer heiter

und freundlich, ich bewunderte ihn sehr und fand ihn schön anzusehen, besonders wenn er auf dem Lande seine Lederhosen, den
grünen »Janker« und ein buntes Halstuch dazu trug. Er ermahnte
uns Kinder zur Ordnung, aber ohne jede Strenge, und ich habe
ihn nie zornig gesehen. Er schrieb mir in mein Poesiealbum:

Alles kommt noch! Liebes Kind,
Unsres Lebens Tage sind
Manchmal von Erfüllung schwer.
Hochbeladen, Glückgefeiert;
Manchmal wieder kahl und leer.
Oft von Thränen ganz verschleiert –
Aber sieh, – es sind nur Boten,
Boten sind es, ernst und heiter.
Ob sie lachten oder drohten,
Merkst Du nicht? Sie gehn ja weiter.
Steh und warte! Das gibt Mut.
Warten, Tutti, ist so gut!
Was die Tage Dir auch bringen,
Immer hör' die Zukunft singen.
Was die Tage auch genommen,
Glaube: Alles muß noch kommen!
Alles kommt noch! Denn das Leben
Hat sein Letztes nie gegeben.
Nie! Man darf sich nur nicht weigern,
Und es wird sich immer steigern.
Dieses Warten Dir bewahre,
Reichtum ist's aus Kindertagen
Über viele, viele Jahre
Wird's Dich sanft hinüber tragen.
Wie viel Tage auch vergangen –
Denk': es hat erst angefangen!

Dein Freund Felix Salten, Berlin, 12. V. 14

Felix Saltens Freundschaft mit meinen Eltern erstreckte sich über viele Jahrzehnte mit vielen gemeinsamen Reisen und gemeinsamen Erlebnissen. Meine Mutter liebte »sein strahlend heiteres Wesen«, das sich an allem Schönen begeistern konnte, sei es die Musik, die bildende Kunst oder die Literatur. Sie traf sich mit ihm in dieser Aufnahmefähigkeit für die Vielfalt der Welt. Rainer Maria Rilke beneidete sie um den so guten Reisebegleiter und schrieb ihr über ihn: »Ich hab seinen Umgang gern, in dem alle österreichischen Eigenschaften beisammen sind, gut gehalten und hell wie in einem weichen Etui. Und in seiner Anschauung ist so viel Liebenswürdiges, ohne daß er sich dabei etwas abhandeln läßt. Sein Gemüth spielt lautlos wie eine Waage, zeigt alles an und stellt sich mit graziösem Schwanken wieder in ein natürliches Gleichgewicht: solche Eigenschaften machen ihn, wie ich mir vorstellen kann, recht geeignet zum Reisebegleiter, wie sie denen, die ihn zum Freund haben dürfen, recht kostbar und wohltuend zufallen mögen.«

Felix Salten war ein enthusiastischer Wiener und führte meine Eltern mit liebevoller Kennerschaft durch das alte Wien und die Heiligenstädter Beethovenhäuser. Er führte sie zum frühen Barock der Kirche »Maria am Gestade«, in der man meint, Mozarts Musik zu hören, und zu dem alten Friedhof mit den Gräbern Schuberts und Beethovens.

Wien brachte meinem Vater eine neue Entwicklungsphase. Durch seine Berührung mit dem »Wiener Kreis« im Jahre 1895 bekam sein bis dahin vor allem dem Norden und der nordischen Literatur zugewandter Verlag auch ein österreichisches Gepräge, das er von da an beibehalten sollte.

Im Wiener Café Griensteidl war zu dieser Zeit der neue Kreis der österreichischen Dichter, die »Wiener Moderne« geboren worden, dort kamen die jungen Freunde regelmäßig zusammen, Arthur Schnitzler, Richard Beer-Hofmann, Felix Salten, Hermann Bahr und der siebzehnjährige Gymnasiast Loris. Hermann Bahr, der in prophetischer Vorausahnung schon im Jahre 1891 etwas von einem »neuen Idealismus«, einer neuen Romantik«

spürte, die ihm »Vorboten, Warnungen« waren, daß die Literatur an eine Wende rücke und vom »alternden Naturalismus« sich entferne, schrieb: »Die Natur des Künstlers sollte nicht länger Werkzeug der Wirklichkeit sein ... sondern umgekehrt die Wirklichkeit wieder Stoff des Künstlers, um seine Natur zu verkünden in deutlichen, wirksamen Symbolen ... Ich glaube also, daß der Naturalismus überwunden werden wird ... Es wird etwas Lachendes, Eilendes, Leichtfüßiges sein ... ein Rascheln wie von grünen Trieben ... Ein geflügeltes, erdenbefreites Steigen und Schweben ...« Waren diese Gedanken Bahrs nicht wie eine Vorausahnung des Hofmannsthal'schen Genius?

Dieser junge Gymnasiast Loris, dessen Name Hugo von Hofmannsthal war, las dem erstaunten und skeptischen Dichterkreis seine ersten Stücke, ›Der Tod des Tizian‹ und ›Der Tor und der Tod‹, vor, und seine Zuhörer waren tief betroffen von dem intuitiven Wissen und der vollkommenen Sprache dieses Jünglings. Schnitzler meinte, er hätte »das Gefühl gehabt, zum ersten Mal im Leben einem geborenen Genie begegnet zu sein«.

Hofmannsthal wurde im Jahre 1899 Autor des S. Fischer Verlages, und das Verhältnis zu seinem »lieben Verleger« wurde sehr bald ein vertrauensvolles und freundschaftliches. Hofmannsthal hatte 1901 geheiratet und sich in Rodaun bei Wien niedergelassen. Sein kleines Haus, das zur Zeit Maria Theresias gebaut worden war und in einem Garten voll alter Obstbäume lag, wirkte mit seinem Salon und den Barockmöbeln wie ein kleines Schloß, das gut zu seinem »Schloßherrn« paßte. Dort lernte ich seine mir gleichaltrige Tochter Christiane kennen. Meine Eltern trafen sich häufig mit Hofmannsthal, entweder im Salzkammergut, denn er wohnte im Sommer meist in Alt-Aussee, oder er besuchte sie in unserem Haus im Grunewald. Dort bin ich ihm oft begegnet. Er war von fragiler Gestalt, mittelgroß, mit dunklen, ausdrucksvollen Augen. Er sprach viel und schnell – als ob er versuchen wollte, keinen Augenblick des Lebens zu versäumen – und sein ganzes Wesen hatte etwas nervös Bebendes. Vielleicht fühlte er damals schon, daß er auf dieser Welt nicht viel Zeit haben sollte und daß sein Leben unter einer Bedrohung stand. Es war immer etwas Geheimnisvolles um ihn, und man spürte eine innere Spannung, eine Flamme, die ihn verzehren mußte.

Meine Mutter hatte ihn den »Liebling der Götter« genannt. Ich hörte oft den Gesprächen zwischen ihm und meinem Vater zu. Es ging meist darum, sein Werk über die wenigen Liebhaber hinaus bekanntzumachen. Aus ihm sprach eine deutliche Ungeduld, ja fast eine Angst, nicht anerkannt, nicht erkannt zu werden.

Am 12. März 1922 schrieb er aus Alt-Aussee an meinen Vater: »Ihren guten, ausführlichen Brief vom 8. März habe ich erhalten und danke Ihnen sehr dafür. Es ist mir überaus wohltuend, einen Menschen, nicht einen Geschäftsmann zum Verleger zu haben und jede Wendung in unseren Beziehungen, die mir dies aufs neue zum Gefühl bringt, thut mir aufs neue wohl. Schon als Mensch, in dem vielerlei Blut sich mischt, schon als Österreicher bin ich ganz auf die verbindende Linie, auf die Aussöhnung der Gegensätze gestellt; ein von Kindheit an nachdenkliches Gemüth und die furchtbare Lehre der Epoche haben dies Gepräge in mir noch vertieft, und wer mir anders entgegenkommt, der zieht mir den Boden unter den Füßen weg und macht mich vor Schreck und Widerwillen erstarren ... Mein Schicksal ist in jedem Sinn besonders: da ist das Österreichtum – in einem gewissen Sinn bin ich vielleicht der einzige Österreicher – Schnitzler würde ich einen Wiener nennen, aber keinen Österreicher – und dann ist da noch eine gewisse lose Verbundenheit mit der Epoche – ein halb auch woanders-Stehen, nicht aus Willkür, sondern aus Schicksal ...

Ihr getreuer Hofmannsthal«

Im Jahre 1929 kam ein großes Unglück über das Haus Hofmannsthal. Sein sechsundzwanzigjähriger Sohn Franz nahm sich das Leben. Als Hofmannsthal sich anschickte, zum Begräbnis zu gehen, erlitt er einen Schlaganfall und starb noch am gleichen Abend, 55 Jahre alt. So legte man Vater und Sohn in das gleiche Grab.

Entsetzen und tiefe Trauer ergriff alle, die ihn gekannt und geliebt hatten.

Mama schrieb am 19. Juli aus Pontresina an Schnitzler: »Unsere Gedanken sind jetzt so viel in Wien, unablässig beschäftigt mit der Tragödie im Hause Hofmannsthal, von der ja auch Sie – einer der ältesten Freunde – erschüttert sind, wie wir alle es sind ... Sie, der in unmittelbarer Nähe des so früh Dahingeschiedenen lebte, verlieren ja noch mehr als wir Fernerstehenden, und doch haben auch wir so viele gemeinsame, frohe, festliche und heitere Stunden gehabt, die mit dem Namen Hofmannsthal verbunden sind, so vieles ihm zu verdanken gehabt, daß eine tiefe Wehmut und Trauer diesen Abschied begleitet ...«

Schnitzler antwortete ihr:

»Wien 23.7.1929

Ich danke Ihnen Beiden sehr für Ihre guten Worte. Es sind nur wenige Wochen her – ein paar Tage ehe ich für 2 Wochen auf den Semmering fuhr, daß Hofmannsthal bei mir war; wir redeten ein paar Stunden lang, Sie wissen ja, Gespräche mit ihm waren Erlebnisse, und dieses letzte kein geringeres, als unsere ersten waren, die nun bald vierzig Jahre zurückliegen. Auch über seinen Gesundheitszustand sprachen wir dieses letzte Mal ziemlich viel – er schien mir persönlich viel weniger krank als manche befürchteten – wer weiß ob er nicht noch manches Jahr gelebt hätte, wenn jenes Unglück sich nicht ereignet hätte. Es trifft mich schwer, daß er nicht mehr auf Erden ist – wir wollen in solchen Augenblicken nicht vor großen Worten zurückscheuen; ich hab ihn sehr geliebt – nicht nur weil er (für mich) von vielen Dichtern, die ich bewundere, vielleicht der Wirklichste war und weil er, wenn auch um 12 Jahre jünger als ich, ein Gefährte meiner Jugend war; – auch weil er der merkwürdigste und dabei, bei mancher Problematik seines Wesens, ein höchst menschlicher Mensch war, dies in sehr umfassendem Sinne genommen.

– Ich bin noch hier wie Sie sehen und meine Reisepläne sind noch unbestimmt. Olga ist in Berlin, hat eine nicht ganz leichte Operation hinter sich, liegt im Franziscus Sanatorium, außer jeder Gefahr, wie auch telephonische Unterhaltungen mit ihr erweisen; von Frau Dora Michaelis wird sie engelhaft betreut. –

Mein Befinden ist, nach etlichen etwas gestörten Wochen im Mai, körperlich gar nicht schlecht; ich arbeite sogar und werde vermutlich im Lauf der nächsten Wochen an den Verlag ein Stück* senden; das äußerliche darüber werde ich wohl an Dr. Maril schreiben. Nur sechs Personen (die keinen Autor mehr zu suchen brauchen) und eine einzige *[von Schnitzler gestrichenes Wort]* Dekoration (sehr ›freudvoll‹ das Verschreiben vorher – Diskretion‹!) – am Ende findet eine Bühne sogar den ›Muth‹ es aufzuführen. (Anfang 8 Uhr, Schluß 10 ¼ Uhr – vorausgesetzt daß es überhaupt anfängt.)

Von dem Aprilkind** weiß ich natürlich – habe den lieben Eltern gratuliert und schon einen herzlichen Dank erhalten. Ich freue mich, daß es bei Ihnen überall gut geht, wünschte Ihre weiteren Pläne zu erfahren und erhoffe ein gutes Wiedersehen unter günstigen Umständen.

Es ist sehr lieb daß Sie meiner gedacht haben.

Ihnen Allen das Herzlichste   Ihr Arthur Schnitzler«

Vier Tage vor seinem Tod, am 11. Juli 1929, hatte Hofmannsthal aus Rodaun an meinen Vater geschrieben:

»Verehrter Herr Fischer, indem ich das Datum dieses Briefs niederschreibe, werde ich gewahr, daß es nun 30 Jahre sind, seit mein erstes Buch in Ihrem seitdem so groß und berühmt gewordenen Verlage erschienen ist, und die Länge der Zeit überdenkend, die wir nun so verbunden sind, drücke ich Ihnen im Geiste freundschaftlich die Hand.

Ich grüße Sie herzlich und in der alten Ergebenheit

Ihr Hofmannsthal«

Arthur Schnitzler besuchte meine Eltern, zusammen mit seinem Freund Richard Beer-Hofmann, zum ersten Mal auf der Rudolfshöhe bei Ischl, einem beliebten sommerlichen Treffpunkt der Wie-

---

  * ›Im Spiel der Sommerlüfte‹.
 ** Unsere Tochter Gisela.

ner Dichter der Jahrhundertwende. Schnitzler entstammte einer Wiener Arztfamilie und wurde selber Arzt, widmete sich aber sehr bald ganz seiner schriftstellerischen Tätigkeit. »Seine Melancholie und sein Lachen«, so erinnerte sich Mama, »werden mir unvergeßlich bleiben. Mir schien er damit seinem oft heimgesuchten Leben überlegen zu sein, er war einer der wenigen Weisen unserer Zeit … Auch als Dichter blieb er Arzt, Heilender, vielleicht gab es zu seiner Zeit keinen tieferen, feinsinnigeren Interpreten der Frau, keinen auch, der wachsamer vor dem Erlebnis des Todes stand um des Lebens willen und der deshalb dem Leben solche reife, melancholische Heiterkeit zu schenken vermochte, wie sie jedes seiner Werke bestimmt …« Gleich bei diesem Treffen entstand eine warme Freundschaft. Mama sang für ihn das Lied von Brahms »Nicht mehr zu Dir zu gehen, beschloß ich und beschwor ich. Und gehe jeden Abend, denn jede Kraft und jeden Halt verlor ich.« Dieses Lied mußte sie immer wieder für ihn singen. »Wir besuchten Schnitzler später oft in seinem hübschen Haus im Cottage und verbrachten gute Abende mit ihm, bei denen ich ihn noch mit seiner Mutter vierhändig Mahlers Symphonien vortragen hörte und wo er mich oft am Klavier zum Gesang begleitete.«

Die Berliner Premiere seines Stückes ›Liebelei‹ wurde 1896 im Deutschen Theater unter der Direktion von Otto Brahm mit so großen Schauspielern wie Agnes Sorma, Rudolf Rittner, Jarno und Reicher zu einem großen Erfolg. 1910 wohnten die Eltern der Uraufführung des ›Jungen Medardus‹ in Wien bei, wo sie in dem alten und berühmten Hotel Sacher wohnten und Mama sich an die Fensterkissen erinnerte, auf die gelehnt man die Leute auf der Straße drunten beobachten konnte. Die legendäre Frau Sacher, Beherrscherin dieser ehrwürdigen Räume, die seltsamerweise dicke Zigarren zu rauchen pflegte, rauschte täglich in schwarzem Seidenkleid, mit vielen gedrehten Haarlöckchen, umgeben von einer Schar schöner, junger Hunde, durch das Hotel und das Restaurant. Man aß schon damals im Sacher das beste Rindfleisch und die berühmte Sachertorte, und die Kellner waren alle »patriarchalische Vornehmheiten«.

Wir trafen Schnitzler häufig auf Sommer- und Winterreisen, im Engadin vor allem, das er liebte und wo ich ihn in Knickerbokkers und Sportjacke auf gemeinsamen Spaziergängen vor mir sehe. Er war ein temperamentvoller und ungemein amüsanter Erzähler. Wenn er mit meinem Vater in intensivem Gespräch, beide lebhaft gestikulierend, durch die Engadiner Wiesen ging, folgte ich den beiden manchmal und amüsierte mich darüber, wie sie die herrliche Natur um sich herum vor ihren Erwachsenenproblemen nicht mehr sahen. Er schrieb darüber meinem Vater:

»In diesen allzu kurzen Stunden Ihres Engadiner Aufenthaltes habe ich diese Wärme und Beständigkeit unseres Verhältnisses besonders wohltuend empfunden und die Liebenswürdigkeit Ihrer verehrten Gattin, die unbefangene Frische Ihrer anmutigen Tochter taten noch das ihrige, der Atmosphäre dieses Zusammenseins jene Klarheit und Heiterkeit zu verleihen, die mir der Himmel ein wenig schuldig geblieben ist. Möge es so bleiben zwischen uns, wie es im Grunde immer war. Mit den herzlichsten Grüßen für Sie alle,   Ihr getreuer Arthur Schnitzler«

Trotz mancher schwerer Schicksalsschläge – der Trennung von seiner Frau und dem Selbstmord seiner von ihm sehr geliebten Tochter – spürte man bei aller Trauer, bei allem Leiden eine Lebensbejahung, die sein ganzes Wesen verklärte. Ich fühlte eine bewundernde Scheu vor ihm. Sein Wesen hatte etwas in sich Geschlossenes, Abgeklärtes und Ehrfurchterregendes. Seine Augen, mit denen er immer ein wenig zu blinzeln schien, lächelten in die Welt. Sein gütiger Blick ruhte auf den Menschen, mit denen er sprach, und er schaute in sie hinein, als hätte er ihr ganzes Leid mitzutragen. Dabei konnte er ganz unvermutet in ein gewaltiges Lachen ausbrechen, von dem Thomas Mann einmal sagte: »... diese Heiterkeit und kindliche Lachlust, die dem geistigen Menschen so gut ansteht ...« Über seine dichterische Erscheinung schrieb Alfred Kerr: »Mit leisem Zauberschlag erscheint eine schmerzlich-süße Welt, voll traurig-schalkhafter Grazie, voll ironischer Melancholie, voll leise lachender Innigkeit ... Schmerz und Spiel, Lächeln und Sterben … was niemand erwerben kann, erhielt er im Schlaf … er verzichtet auf die Vollständigkeit … und setzt die Andeutung an ihre Stelle.«

Mir schrieb Schnitzler einen Vers in mein Poesiealbum:

Tiefsinn hat nie ein Ding erhellt:
Klarsinn schaut tiefer in die Welt.

Arthur Schnitzler, Lugano, 29. 8. 1924

Dieser Vers war das Motto seines Aphorismenbandes ›Buch der Sprüche und Bedenken‹, der 1927 im Phaidon Verlag, Wien, erschien.

Im Jahre 1895 erhielt meine Mutter, die in diesem ersten Jahrzehnt des Verlages vielfach die Lektoratsarbeit für meinen Vater mitübernommen hatte, eine große Pappschachtel, die mit losen, in großer Kinderhandschrift beschriebenen Blättern angefüllt war. Es sah fast wie eine Frauenhandschrift aus, und das Manuskript enthielt lauter kurze Skizzen. Aus ihnen sprach eine sehr eigenartige Persönlichkeit, die für das Natürliche, Kindliche, Gesunde im Leben eintrat und sich gegen die Verlogenheit, Bosheit und Unnatur der Menschen auflehnte. Der Autor liebte die Kinder, und junge Mädchen waren seine Heldinnen. Er sah, wie die Kinder unter der Unvernunft und dem Unverständnis der Erwachsenen leiden mußten. Und er liebte die Frauen, deren Lob er sang und deren Leiden als unterdrückte und unverstandene Ehefrauen ihm ans Herz ging, so daß sein Werk zu einer Kampfansage gegen die Borniertheit einer Gesellschaftsschicht wurde, die der »guten Sitten wegen« verlernt hatte, menschlich miteinander umzugehen. Meine Mutter brach in Tränen aus bei der Lektüre dieser vielen beschriebenen Blätter, und das genügte meinem Vater. Er wurde zum Verleger dieser Blätter, dieses Werks einer großen menschlichen Seele, des Mit-Erleiders menschlichen Elends: Peter Altenberg.

Schon im folgenden Jahr erschien der erste Band seiner Skizzen ›Wie ich es sehe‹ und gewann dem Dichter sogleich ein Publikum, das ihn liebte und von da an zu ihm hielt.

Im Verlagskatalog, der sein Werk anzeigte, schrieb er über sich selbst: »Ich bin in Wäldern herumgelungert, war Jurist, ohne Jus zu studieren, Mediziner, ohne Medizin zu studieren, Buchhändler, ohne Bücher zu verkaufen, Liebhaber, ohne je zu heiraten, und zuletzt Dichter, ohne Dichtungen hervorzubringen. Denn sind meine kleinen Sachen Dichtungen? Keineswegs. Es sind Extrakte. Extrakte des Lebens. Das Leben der Seele und des zufälligen Tages, in 2–3 Seiten eingedampft, vom Überflüssigen befreit ...«

Der S. Fischer Verlag kündigte seinen neuen Autor ein wenig anders an: »Altenberg ist ein Dichter, vor dessen Augen es keinen Alltag gibt. Er sucht die verlorenen Paradiese; er findet sie in den Seelen der Kinder und denen der jungen Frauen ... Während andere mit der Gewalt eines langen Atems Werke schreiben, die man morgen schon vergessen hat, kann er mit seinem kurzen Atem Dinge sagen, die einfach unvergeßlich sind.«

Altenbergs Werk ist nicht nur »unvergeßlich«, sondern lebendig geblieben, und zwar vor allem durch seine kindhafte Naivität, durch die er die menschlichen Probleme zu erkennen vermochte. – In Wien wurde er damals zu einer volkstümlichen Figur. Jeder Droschkenkutscher kannte den »Herrn von Altenberg«, den kahlköpfigen Dichter mit dem Schnurrbart und dem weiten Radmantel, mit dem er zu fliegen meinte. In seinem Wiener Stammcafé

Central war er immer von einem Kreis von Verehrerinnen umgeben. Er hatte niemals einen Heller in der Tasche und wußte sich im Leben überhaupt nicht zurechtzufinden. Meine Mutter initiierte eine Sammlung, die ihm als »Ehrengabe deutscher Frauen« übergeben wurde und für die er sich bei ihr mit der Anrede »Edelste der Frauen« bedankte. Im Jahre 1913 trafen wir mit ihm am Lido bei Venedig zusammen. Ich war damals acht Jahre alt, also das ideale Objekt seiner Schwärmerei, und er schenkte mir die »schönsten Muscheln« des Strandes in einem Säckchen zusammen mit einem Gedicht, das mir leider abhanden gekommen ist.

In seinem Buch ›Märchen des Lebens‹ schreibt er: »Der Dichter hat nur eigentlich die hypertrophierte Seele eines jeden Menschen, und die allzu energische Betätigung dieser Seele verhindert ihn so, ein gewöhnlicher Mensch zu bleiben! Unter dem Mikroskop der Seele werden diese gewöhnlichen Dinge ungewöhnlich, viele uninteressante interessant!

Die ›Romantik des Alltags‹ ist das vornehmste Erziehungsmittel. Wir sind nämlich umringt von kostbaren Schätzen, die Tag und Stunde uns freiwillig spenden, wozu also zu den Dichtern flüchten, wenn wir selbst diese Dichtung ›Leben‹ erleben könnten?!?

Ich sah einmal eine junge, wunderschöne Frau ihrem Gatten, der sie allerzärtlichst liebhatte, vom Braten das schlechtere Stück auf seinen Teller legen, sich selbst jedoch das bessere nehmen. Das war für mich eine tiefe, tragische Dichtung. Denn ich spürte sogleich alle traurigen Dinge, die dieser Unglückselige von dieser Wunderschönen noch zu leiden haben werde, und zugleich ihre eigenen tragischen Konflikte, denn das Schicksal läßt doch nichts ungerächt, schließlich! Diese Frau hatte mit diesem Bratenstück ihren sie zärtlichst betreuenden Mann eigentlich bereits betrogen, ihm schnöden Egoismus für seine edle Freundschaft geboten …

Mit diesem Büchlein ›Märchen des Lebens‹ bitte ich eigentlich nur die Menschen, dieser Sekunde ›Leben‹ ein bißchen mehr abzugewinnen als bisher. Ein jeder entdecke seinen eigenen Dichter in sich selber!«

»Onkel Wassermann stopft«, bemerkte mein Bruder einmal in seinem Tagebuch, und auch meine ersten Erinnerungen an den dunkelhaarigen, dunkelhäutigen jungen Mann mit den kohlrabenschwarzen Augen entstammten den gemeinsamen Mahlzeiten in unserem Haus im Grunewald, an denen er viel und schnell zu essen und zu reden gewohnt war. Es war der Schriftsteller Jakob Wassermann. Ich hatte ihn lieb in seiner ursprünglichen, jungenhaften Art. Man konnte mit ihm dalbern und spielen und dann wieder ihm zuhören, wenn er Geschichten erzählte. Es war viel Güte in seinem Wesen und dabei viel Schelmenhaftes, und ich wurde ganz vertraut mit ihm. Er kannte mich von klein auf und schrieb mir zu meinem 9. Geburtstag ein Gedicht in mein Album, das mir in liebevoller Weise sein Wissen um das Wesen meiner Eltern zeigte:

Liebe Brigitte Eva, Du denkst wohl gar,
ein Gedichtlein für Dich sei leicht erfunden?
Ein paar Reime schnell zum Strauß gebunden?
Ach, es ist ja nicht wahr,
momentan sind die Dichter rar.
Frag nur Deinen Vater darum,
vielleicht gibt er mir Recht, vielleicht bleibt er stumm,
aus Artigkeit, um mich nicht zu verwunden.

Doch was ich kann, ist mühlos erzählt.
Ich kann Dir gut sein, kann Freundschaft bewahren,
darin trotz ich Gefahren und Jahren.
Mir ist die Welt
ein Bau, den das Herzblut zusammenhält.
Frag nur Deine Mutter danach,
die kennt sich aus in diesem Fach,
hat viel Freundschaft gegeben und erfahren.

Leb wohl, bleib mir treu gesinnt,
das ist mein Wunsch
und Geburtstagsangebind.

Dein Jakob Wassermann, Wien, März 1914

Meine Mutter erzählte, daß Arthur Schnitzler ihn im Jahre 1899 mit in die Sommerferien brachte. »Der dunkle Jüngling, der aussah wie ein Savoyardenknabe, war ein Franke aus Zirndorf bei Fürth. Seine früh verstorbene Mutter muß eine besondere Schönheit gewesen sein, in ihrer Heimat war sie als die ›schöne Jette‹ bekannt gewesen, und sicher hatte Wassermann seine funkelnden, schwarzen Augen und sein zigeunerhaftes Wesen von ihr … Das Buch, es war sein erster Roman, ›Die Geschichte der jungen Renate Fuchs‹, gefiel uns so gut wie sein Autor. Mein Mann nahm das Werk an, und das bedeutete bei ihm immer die Gesamtveröffentlichung des Verfassers. Jakob Wassermann wurde einer unserer erfolgreichsten Schriftsteller …«

Seit diesem ersten Zusammentreffen war die Freundschaft mit ihm fest begründet. Wassermann kam oft nach Berlin, das ihn mehr fesselte als seine neue Wahlheimat Wien. Er nannte Berlin eine »imposante Stadt, die verblüfft durch die Stärke und Schnelligkeit, mit der alles ineinandergreift«. Er wurde ein steter Gast im Grunewald, und meine Eltern, jeder auf seine Weise, versuchten, den »etwas zigeunerhaften« Künstler ein wenig zu zivilisieren.

Meiner Mutter, die er bald nicht nur verehrte, sondern auch ein wenig anschwärmte, dichtete er ein Akrostichon auf ihren Vornamen Hedwig:

Helles Herz, erwachte Seele,
Ernst in innigem Verstehen,
Dunkelheit im Wege – Gehen
Wissend aber um ein Ziel.
Immer zuckend unterm Schicksalsjoch
Ganz in Gott geborgen doch.

Spital, Febr. 1908, Jakob Wassermann

Wassermann war ein »Aufrüttler« und appellierte in seinen Büchern an das Gewissen der Menschen. Sein Buch ›Caspar Hauser oder die Trägheit des Herzens‹ hatte nicht nur meinen Bruder, sondern auch mich als Halbwüchsige tief beeindruckt und mich als Mahnung stets begleitet. Dieses tragische menschliche Schicksal wußte er auf seine spannende Art und Weise so lebendig zu erzählen, daß jedes Kind der Geschichte folgen konnte. Ich las das Buch wie ein Märchen und ließ mich aufrütteln durch seine Anklage gegen die Stumpfheit und Trägheit der Menschen. Ich erkannte meine eigene Verantwortung dem Mitmenschen gegenüber und das Gebot, selber hilfreich einzugreifen, wo immer es notwendig war. In seinem großen, umfassenden erzählerischen Werk, das ich erst später kennen und bewundern lernte, stellte Wassermann sich immer wieder ähnliche Themen, die an das moralische Verhalten des Menschen appellierten.

Wassermann hatte tiefen Anteil an der Trauer meiner Eltern um ihren einzigen Sohn genommen und schrieb ihnen kurze Zeit nach dem Unglück einen bewegten Brief, in dem es heißt:

»Alles verschlingt der Tag, alles tötet der Augenblick, und nur ein großes Schicksal reißt den Blick zur Höhe, und wir ahnen plötzlich das Göttliche, das was uns schuf, was uns zerstört und wieder erneut. Dieses, das Erneutwerden, Verwandeltwerden, das ist mein unerschütterlicher Glaube, und wie im Physischen keine Energie verloren geht, so im Seelischen kein Gefühl, kein Bild, keine Gestalt …«

9
Rainer Maria Rilke
und sein »Buona Pasqua«.

Wenn ich an meinen frühesten Eindruck von Rainer Maria Rilke denke, so sehe ich ihn als einen Jüngling, zart, mittelgroß, ein schmales Gesicht mit sehr ausdrucksvollen Augen, ein zarter Kopf mit blondem Haar. Sein Wesen hatte etwas Ephebenhaftes, Schwebendes, als wäre er eigentlich nicht ganz von dieser Welt, immer mit einem Lächeln, das eher Melancholie als Freude ausdrückte.

Zu mir als Kind war er ungemein lieb, verwöhnte mich, schickte mir zu Ostern in Rom, als ich fünf Jahre alt war, ein Riesenosterei mit einem Kärtchen »Buona Pasqua a tutta la famiglia, ein Ei zum Finden für Tutti, den Inhalt bitte gleichwohl lieber für uneßbar zu halten«, und hatte fast in jedem Brief an meine Eltern ein liebes Wort des Grußes für mich.

Später, als ich größer war, sprach er zu mir wie zu einer Erwachsenen. Wenn er mir das Wesen eines Kunstwerks zu erklären versuchte, eines der kleinen Bronzepferde der Bildhauerin Renée Sintenis aus der Sammlung meines Vaters in seine ausdrucksvollen Hände nahm, es streichelte und seinen Linien liebevoll folgte, so waren kaum noch Worte nötig, um zu verstehen, was er meinte. Und ich begriff zum ersten Mal, daß Kunst eine geistige Emanation ist und sich durch jedes Medium offenbaren kann.

Wie stark sich für Rilke die Kunstformen vermischt haben, entdeckte ich in einem Brief vom 15. Juli 1924 an die Prinzessin-

GRAND HÔTEL DE RUSSIE
· ROME ·

F. & L. Silenzi

SEULE MAISON AVEC GRAND JARDIN
ONLY HOTEL WITH SUNNY GROUNDS AND GARDEN

Rome, le _____ 19

Bona Pasqua à tutta la
famiglia.

Ein Ei zum Finden für Tutti,
den Inhalt bitte gleichwohl lieber
für unessbar zu halten.

Ich freue mich auf das
Beisammensein heut abend, aber
ich möchte lieber erst nach
dem Dîner in Ihren blauen
Salon kommen. Es ist mir besser
wenn ich dabei bleibe, nur bei
mir auf dem Zimmer etwas
Milch zu trinken, wie ich alle
die Tage that.

95

Ich rechne, dass Sie etwa um 1/2 9 nach Tisch sind und komme dann, wenn Sie nicht anders befehlen.

Herzlichst

Ihr

Rilke

nen Mary und Antoinette Windischgraetz: »… wie oft, in großen Kathedralen, in der Notre-Dame zu Paris, in St. Marco oder auf dem Mont St. Michel, hab' ich mich hinreißen lassen, zu glauben, daß, durch Jahrhunderte, die immer wieder aufgeregten Orgelwellen nicht ohne Einfluß geblieben seien auf die Biegung der Gewölbe, das Ineinanderwachsen der Ornamente, oder die gebrauchtere Glätte der Pfeilerkanneluren und der Säulen – … Vielleicht wird es, nach Jahr und Tag, nicht einmal so waghalsig und abenteuerlich gewesen sein, eine solche Nebenwirkung des Klanges zu behaupten: ordnen sich nicht Eisenfeilspäne zu Figuren beim Klang einer nahe angestrichenen Saite? Wie sehr die Welt in Wechselwirkungen ineinanderspielt, dies einerseits, und auf der anderen Seite die Entdeckung, daß die, unseren verschiedenen Sinnen zugekehrten Erregungs-Elemente einander irgendwo, in einer noch nicht entdeckten Peripherie berühren: diese immerhin möglichen Tatsachen werden für unsere Nachkommen kaum mehr verwunderlich sein, Versuche und Überraschungen werden zusammenwirken, sie mehr und mehr herausstellen … Denken

Sie, wenn Musik nicht allein ein Gemüth, eine Seele zu erschüttern vermöchte, sondern sogar Macht hätte, einen Körper umzubilden, ein Gesicht zu verändern ..., vielleicht eine körperliche Wunde zu heilen! ... Was hindert uns, daran zu glauben?«

Viel später erst las ich seine Gedichte mit immer wachsender Erregung und hätte viel darum gegeben, mit ihm über seine Sonette und Elegien sprechen zu können. Aber da war er schon nicht mehr auf dieser Erde.

Rilke war kein Autor meines Vaters, aber dennoch dem nächsten Künstler-Freundeskreis zugehörig. Mein Vater, der kein spezielles Gespür für das Gedicht hatte, fühlte trotzdem sehr deutlich den groß werdenden Künstler im jungen Rilke und unterstützte ihn finanziell in einer Zeit, in der er sehr zu kämpfen hatte. Rilke dankte ihm in einem Brief aus Capri vom 19. März 1908: »Mein lieber Herr Fischer, ... Ich will Ihren Brief für heute fortlegen und abwarten, ob er morgen und übermorgen noch da ist, und ebenso wie jetzt, ebenso selbstverständlich in seiner Freundschaft, als wäre es das Natürlichste von der Welt: ein Brief zu sein, anzukommen und so zu lauten. Der Vorschlag, den Sie mir machen, öffnet mir weit die glücklichste Möglichkeit, die eben noch unmöglich war: ich würde nach Paris gehen, mich einschließen, arbeiten dürfen blindlings, wie kaum je zuvor. Sie wissen, was das für mich bedeutet: Alles ...«

Mit meiner Mutter verband ihn eine sehr persönliche und warme Zuneigung und sie standen in ständigem Briefaustausch. Sie schreibt in ihren Erinnerungen:

»An einem Wintertage des Jahres 1897 fand in unserer damaligen Wohnung in Berlin, Burggrafstraße 3, eine Vorlesung statt, wie das öfter der Fall war in unserem literarischen Kreise, der sich um den Verlag meines Mannes gebildet hatte. Carl Hauptmann, der ältere Bruder Gerhart Hauptmanns, wollte einem größeren Freundeskreis sein Stück ›Ephraims Breite‹ vorlesen. Unter den Zuhörern befand sich Frau Lou Andreas-Salomé, eine ebenso schöne wie bedeutende Frau, Russin, Schriftstellerin, von der man wußte, daß sie einst mit Nietzsche befreundet gewesen war. Frau

Salomé brachte ihren jungen Freund Rainer Maria Rilke mit, und das war es, was diesen Abend für mich bedeutungsvoll machte. Dieser zarte, stille, gut aussehende Mensch (er war damals etwa zweiundzwanzig Jahre alt), von dem ich nie etwas gehört oder gelesen hatte, machte mir Eindruck. Er war schlank, blond, blauäugig, in hochgeschlossener, schwarzseidener Weste, über der an einer Kette ein Kreuz hing. Ich war, nach einer soeben überstandenen Krankheit, noch etwas angegriffen, was er mit seinem Einfühlungsvermögen, besonders Frauen gegenüber, sofort spürte. So half er mir nach der Vorlesung in der nettesten Weise bei meinen Hausfrauenpflichten am Teetisch und beim Samowar. Wir freundeten uns gleich an, denn wir hatten, wie wir bald merkten, Sympathie für dieselben Menschen. Beide liebten wir den Wiener Dichter Peter Altenberg, den ich einst, 1895, als damalige Lektorin des Verlages, entdeckt hatte, und beide schwärmten wir für Gerhart Hauptmann und liebten seine Werke. Die Freundschaft, in die natürlich auch mein Mann eingeschlossen war, befestigte sich und wir freuten uns ihrer in langen Jahren bis zu seinem frühen Tode in dem alten Turm von Sierre im Wallis.

Es verging selten ein Weihnachtsfest, zu dem er sich nicht eingefunden hätte, sei es mit einem Brief oder mit einem seiner neuen Bücher. Er schickte sie uns alle, Jahr für Jahr, alle mit einer Widmung, und schrieb dazu, er wisse, es sei seinen Büchern ›gut‹ bei uns.

In Paris, als Sekretär von Rodin, den er sehr verehrte, lernte er seine Frau, Clara Westhoff, kennen, eine Schülerin Rodins. Aber zum Ehemann war er nicht geboren; er war und blieb ein Einsiedler, und so lebten sie fortan getrennt. Clara Rilke war oft wochenlang bei uns im Grunewald, und sie blieb uns immer eine treue Freundin. Damals modellierte sie unsere kleine Tochter Tutti, und ich sandte Photographien der Bronze an Rilke nach Paris.« Dazu schrieb er: »So ist Tuttis Büste wirklich in einer guten Atmosphäre erwachsen und ausgereift, und ich meine, man sieht es ihr tatsächlich an. Die kleine Photographie läßt sehen, wie ruhig und übersichtlich die kleine entschlossene Persönlichkeit ergriffen und gegeben worden ist, es mag sein, daß dieses Claras bisherige beste Arbeit geworden ist.« Und in einem zweiten Brief aus Paris am 6. November 1909 schrieb er an meine Mutter: »Liebe Frau Fischer, dies muß ich Ihnen doch gleich schreiben, daß Rodin eben die Photographien von Tuttis Büste gesehen hat. Mit seiner gesammelten Aufmerksamkeit sah er sie alle immer wieder an, am meisten die mit künstlichem Licht aufgenommene. Er fand diese Arbeit sehr schön, ›très vivant, plein de force et d'éloquence‹ – und sagte mir, ich sollte meine Frau dazu gleich von ihm beglückwünschen. Seine Freude, ebenso konzentriert wie sein Schauen, ist ganz herrlich in so einem Fall und bewegt einen mit, daß man ganz warm wird davon …«

In einem seiner früheren Briefe aus Paris erzählte er meiner Mutter von der Porträtbüste von Bernard Shaw: »Rodin hat vor einigen Tagen das Porträt eines Ihrer merkwürdigsten Autoren begonnen, das etwas ganz Besonderes zu werden verspricht … Nicht allein, daß er ausgezeichnet steht (mit einer Energie des Stillhaltens und einer so unbedingten Hingabe an die Hände des Bildhauers), sondern er weiß auch in dem Teil seines Körpers, der innerhalb der Büste sozusagen den ganzen Shaw zu repräsentieren haben wird, sich selbst dermaßen zusammenzufassen und zu versammeln, daß sein Wesen mit unglaublich gesteigerter Spannung von dort aus, Zug um Zug, in die Büste überspringt.«

»Unsere schönste Begegnung mit Rilke hatten wir in Rom im Frühling 1910«, notierte Mama, »wo wir sieben Wochen zusammen im Hôtel de Russie an der Piazza del Popolo, dicht unter dem Pincio, wohnten. Rilke begleitete uns auf unseren Kunstfahrten, und ich sah mit ihm zum ersten Mal die Grecos in der Galerie Corsini. Nach dem Lunch saßen wir oft zusammen auf der obersten Terrasse des Gartens in der Sonne, mit dem herrlichen Blick auf St. Peter und die Stadt. Er nahm an den Mahlzeiten im Hotel nie teil, sondern trank in seinem Zimmer nur ein Glas Milch und aß einige Früchte. Nach dem Essen kam er dann in unseren blauen Salon, sich immer vorher mit einer fragenden Karte anmeldend, natürlich immer willkommen.« Nach unserer Abreise schrieb er:

»… Und nicht allein Rom trauert so ausdrucksvoll und deutlich um Sie, das Hotel selbst wollte nicht zurückbleiben, es wollte sich auf seine Weise konsternieren. Das elektrische Licht verging und war eine Stunde lang nicht wieder zu sich zu bringen. Die anderen wußten nicht, was das sollte, natürlich; ich aber begriff die Großartigkeit dieser Trauerkundgebung und beteiligte mich daran in stillem Herzen. Es mußte unten bei Armleuchtern diniert werden, und es war wunderlich, vom Fenster aus in den langen Gängen einzelne Kerzen sich bewegen zu sehen, es war auf einmal ganz spannend und besonders, wie in einem Hotel zu Hofmannsthals Zeiten. Die Gartentür des blauen Salons hält immer ihren Laden zu … Grüßen Sie mir Ihr schönes Haus, das Ihnen sicher wohl tun wird.   Immer herzlichst R. M. R.«

In seinem ersten Brief vom 25. Oktober 1911 aus Schloß Duino, das ein so wichtiger Markstein in seinem Leben wurde, schrieb er an meine Mutter: »… Jetzt sollen Sie auch gleich wissen, wo ich bin: bei meinen Freunden, in diesem immens ans Meer hingetürmten Schloß, das wie ein Vorgebirg menschlichen Daseins mit manchen seiner Fenster (darunter mit einem meinigen) in den offensten Meerraum hinaussieht, unmittelbar ins All möchte man sagen und in seine generösen, über alle hinausgehenden Schauspiele, – während innere Fenster anderen Niveaus in still eingeschlossene uralte Burghöfe blicken, darin spätere Zeiten um alte Römermauern die Milderungen barocker Balustraden und mit sich selbst spielender Figuren gewunden haben. Dahinter aber, wenn man aus allen den sicheren Toren austritt, hebt sich, nicht weniger unwegsam denn das Meer, der leere Karst, und das so von allem Kleineren ausgeräumte Auge faßt eine besondere Rührung zu dem kleinen Burggarten … Am nächsten Ufervorsprung liegt der noch ältere Burgbau, der diesem schon unvordenklichen Schloß noch voranging, und an dessen Vorsprüngen, der Überlieferung nach, Dante verweilt haben soll.«

Und vom 26. April 1922 ist sein Bericht an meine Mutter von seiner letzten Behausung, dem Château de Muzot im Wallis:

»… Das Schlößchen stammt aus dem XIII. Jahrhundert und ist der Typus des Walliser mittelalterlichen Edelsitzes. Da ich's bezog vorigen Sommer, schien's mir hart und schwer, wie eine Rüstung anzuliegen, aber im Wohnen, mehr und mehr, schien das alte Gemäuer gleichsam weich und schmiegsam zu werden. Jedenfalls war's von wunderbarstem Schutz. Ich habe in dieser gleichmäßigen Stille endlich die 1912 begonnenen Arbeiten abschließen dürfen – und erst damit bin ich wieder Zeitgenosse meiner selbst geworden. Ihre fatale Unterbrechung hatte verschuldet, daß ich mich, durch alle diese argen Jahre, weit hinter mir zurückbleiben gefühlt hatte, – nun athme ich, wie ein bei sich selber Angekommener. Durch diese Einholung wird mir das gute alte Muzot immer unvergeßlich sein in meinem Dank …«

Am 29. Januar 1924 schrieb er:

»Sie sind mir zu gute und alte Freunde, als daß Sie auf die Vermutung kommen könnten, ich hätte Sie diesmal bei der Aussendung meiner Bücher, der beiden neuen, vergessen! Die ›Orpheus-Sonette‹ waren so ungefähr um Ostern 1923 da, aber ich wollte diese Gedichte zugleich mit den zehn großen Elegien aussenden, die gleichzeitig mit dem sehr raschen Entstehen der Sonette, im Februar 1922, zur Vollendung gekommen waren … In den Elegien (die mir besonders teuer sind) erkennen Sie jene, einst 1912 auf Duino zusammengefaßten Gedichte, die mir der Krieg so weit nach innen unterbrochen hatte, daß ich schon meinte, auf eine Fortführung und Vollendung für immer verzichten zu müssen. Mein jetziger stiller Wohnsitz, mit seiner großen – oft fast zu großen – Einsamkeit, hat mir dieses Gefährdete gerettet und so rein gerettet, daß nicht ein Bruchstück von früher verloren gegeben werden mußte! Eine Gnade, für die ich gar nicht genug danken kann. Ich meinte, diese Vollendung dauernd an den Namen Duino geknüpft lassen zu sollen, zumal da das alte Schloß ja im Kriege vernichtet worden ist, so daß es nur noch in diesen Zeilen seine Dauer hat … Von mir … ach lassen Sie die Bücher reden!

In alter Freundschaft Ihr ergebener Rilke«

Rilkes letzter Brief an meine Mutter vom 12. Dezember 1925 aus Muzot klingt wie ein Abschied: »Liebe Frau Fischer, Geburtstag haben ist schwer, schwer, eine Sache von angreifender Passivität, das macht es schon leichter, merk' ich, wenn man Wünsche austauschen darf: ich eile, Ihnen und Herrn Fischer und der Hauptbetheiligten Tutti die meinen zu schicken. Sie können sich vorstellen, daß es die herzlichsten sind, von wie vielen Erinnerungen getragen ... Was mir das für einen lieben Eindruck macht, Erdenerstraße 8 zu lesen, trotz Tuttis Brautschaft sieht sich diese Zeile so unveränderlich an und hinter ihr allerhand unveränderlich Gutes bei Ihnen und zwischen uns. Das sind solche Konstanten, glauben Sie mir, die uns noch ein wenig aufhalten, und uns verhindern, mit einem Schlage nur noch alt zu sein ...

In alter dankbarer Freundschaft und Ergebenheit –
Ihr Rilke«

Rilkes Gedichte begleiteten mich durch alle Lebensalter hindurch, und immer wieder offenbarte sich mir in ihnen eine neue, eine andere Welt, die ich bis dahin noch nicht erkannt hatte. Zu Generationen hat er durch sie gesprochen, aber sein Zuspruch galt auch dem einzelnen. Viele Jahre trug ich mit mir einige Zeilen aus seinem Brief an eine Freundin* über Religion und Tod. »... Ich liebe nicht die christlichen Vorstellungen eines Jenseits, ich entferne mich von ihnen immer mehr, ohne natürlich daran zu denken, sie anzugreifen ... für mich enthalten sie zunächst die Gefahr, uns nicht allein die Entschwundenen ungenauer und zunächst unerreichbarer zu machen, sondern auch wir selber, uns in der Sehnsucht hinüberziehend und fort von hier, werden darüber weniger bestimmt, weniger irdisch: was wir doch vor der Hand, solange wir hier sind, und verwandt mit Baum, Blume und Erdreich, in einem reinsten Sinne zu bleiben, ja, immer erst noch zu werden haben ... Ich werfe es allen unseren Religionen vor, daß sie ihren Gläubigen Tröstungen und Beschönigungen des Todes gegeben

* An Gräfin Margot Sizzo, Château Muzot, Am Dreikönigstag.

haben, statt ihnen Mittel ins Gemüt zu geben, sich mit ihm zu vertragen und zu verständigen.«

Seit ich ihm als Kind begegnet war, ist die Gestalt Rilkes in mir lebendig geblieben, nicht nur die des Dichters, sondern vor allem die des Wahrheits-Suchers, des Wahrheits-Erkennenden, des seherischen Beschwörers, und seine Worte, seine Musik klingen bis heute mir im Ohr.

10
Thomas Manns Epistel
in meinem Stammbuch.
Eine denkwürdige Bootsfahrt.

Im Jahre 1945, kurz nach seinem 70. Geburtstag, zu Ende des letzten Weltkriegs, schrieb Thomas Mann mir in Amerika, dem Lande, das ihm und uns eine neue Heimat geworden war, in ein Exemplar seines Buches ›Das Gesetz‹:

»An Tutti, die ich auf den Knieen wiegte,

herzlichst – Thomas Mann«

Er hat mich also viel länger gekannt als ich ihn, denn als ich Thomas Mann zum ersten Mal bewußt begegnet bin, war ich zwölf Jahre alt. Es war keine unbedingt heitere Begegnung für mich gewesen. Manns hatten meine Eltern und mich zu Tisch in die Poschingerstraße eingeladen; es war eine große Tafelrunde, an der die Mann-Kinder teilnahmen. Mir schien, als herrschte eine etwas gespannte Atmosphäre: um den »Zauberer«-Vater war etwas Gebietendes, Gestrenges, und seine ironischen Bemerkungen konnten auf Kinder erschreckend wirken. Obwohl der Hausherr es an Späßen nicht fehlen ließ, die sich aber zuweilen wie Pfeile gegen seine ihn nervös machenden Kinder ausnahmen, war ich erleichtert, als man nach der vom »Zauberer« belobten Nachspeise aufstehen durfte.

Der »Zauberer« inmitten seiner Kinder bildete eine seltsame Figur, und ich fühlte sehr deutlich die geheimen und ambivalenten Strömungen innerhalb der Familie. Da gab es zwischen den »Großen« und ihm eine besondere, humorige Zwiesprache, die aus einer Mischung von etwas spöttischer Ironie und Liebe bestand, und da gab es die gestrenge Miene den Jüngeren gegenüber, die zum »in der Ecke-Stehen« führen konnte, sowie auch große und gefühlsbetonte Zuneigung, wie er sie selbst so schön in ›Unordnung und frühes Leid‹ geschildert hat. Alles in allem herrschte eine gewisse Spannung im Hause, die sich mir, dem Kind, mitteilte und mich, wenn ich dort als Gast weilte, verängstigte.

Meine nächste Begegnung mit Thomas Mann fand zwei Jahre später und in einer ganz anderen Atmosphäre statt. Es war Sommer, eine Ferienreise führte uns an die Flensburger Förde, nach Glücksburg, etwas nördlicher von Thomas Manns Geburtsort Lübeck, aber in ähnlicher Landschaft, ähnlichem Klima und am heimatlichen Meer, der Ostsee gelegen.

Man schrieb das Jahr 1919, ein Jahr nach Ende des Ersten Weltkriegs. Wenn man auch nicht gerade hungern mußte, so war es doch schwer, eine kinderreiche Familie zu sättigen. Frau Katia konnte wohl ein Lied davon singen. Täglich mußte sie in und um München herum radeln, um auch nur das Allernötigste für die Familie herbeizuschaffen.

So war es eine angenehme Entspannung für Thomas Mann, ein paar Sommerwochen mit seinem Freund und Verleger S. Fischer und seiner Familie auf dem fruchtbaren Lande in Holstein zu verbringen, wo – im Vergleich mit den Großstädten – »Milch und Honig floß«. Es waren harmonische Wochen in täglicher Nähe. Die nördliche Ostseelandschaft brachte seine Kindheit und Jugend zu ihm zurück, das sanfte Licht, die Luft und Farben des Nordens stimmten ihn weich und sehnsuchtsvoll nach den vielen im »harten« Süden Münchens verbrachten Jahren. Er holte mich täglich zu einem Spaziergang durch die strahlend grünen Wiesen, die bis ans Meer reichten, und erzählte mir manches aus seinem Leben und von seiner Arbeit, vom ›Zauberberg‹ und wie so ein Werk »unter der Hand«, ohne daß er es wollte, aus einer Novelle zu einem weit ausladenden Roman heranwächst, und er erzählte von Hans Castorp, seinem unheldischen Helden, in dem er sich selber spiegele.

An diese Spaziergänge schloß sich dann die Badestunde am Strand, der ihn so anheimelte. Eines Tages kam es auch zu einer gemeinsamen Bootsfahrt. Es war ein alter Fischerkahn mit Segeln, der uns beide hinaus in die Förde brachte, und die Meeresstille und Bläue um uns erinnerte ihn an seine Knabenzeit, an die in Travemünde verbrachten Ferien. Diese Ferien an der von ihm so geliebten Ostsee waren die glücklichsten und unbeschwertesten Zeiten seiner Jugend. Denn unter der Enge der alten Stadt Lübeck und in der trübselig-kleinstädtischen Atmosphäre der Schule hatte er nicht wenig zu leiden gehabt. Um so mehr sind ihm Auge und Herz aufgegangen während der kurzen jährlichen Ferienzeit mit den Geschwistern und Freunden am Meer.

All das kam zu ihm zurück in diesen Stunden in der Glücksburger Förde, und es legte sich um uns so etwas wie ein Zauber aus anderer Sphäre, so daß wir gänzlich die Heimfahrt vergaßen. Da nun aber völlige Windstille eingetreten war, saßen wir »fest«, mitten im Meer, und wir mußten uns notgedrungen ans harte Rudern machen, um den schweren Kahn wieder ans Ufer zu bringen, wo meine Eltern schon ängstlich nach uns beiden Ausschau hielten.

Thomas Mann hat diese gemeinsamen Wochen durch seine Eintragung in mein Stammbuch beschrieben:

»Brigitte-Eva Fischer!
Der Onkel wird träumerischer.
Es hebt ihn zum Gedichte, –
Was sagt er seiner Nichte?
Er sagt ihr – – –

Nein, liebe Tutti, nicht also, wir wollen die Verse lieber lassen. Es ist höchst unwahrscheinlich, daß ich mich länger als etwa noch zwei bis drei Zeilen lang auf der bisherigen poetischen Höhe zu halten wüßte, und das Ende möchte ein Fiasko sein, das in so illustrer Umgebung einen besonders schimpflichen Charakter tragen würde. Ich will mich in das heimatliche Element der Prosa zurücksinken lassen, um Ihnen ein Wort der Erinnerung an unsere

Glücksburger Wochen in dieses Ihr hübsches Gedenkbuch zu schreiben … Heimatliches Element? Erinnerung? Aber da hätten wir ja Thema und Stichwort dieser Zeilen, – zwei sentimentale Stichworte, sentimental und farbig-feucht verschleiert, wie die Landschaftsbilder nordisch-heimatlicher Küsten, und nach Thränen schmecken sie salzig, wie das Wasser nordisch-heimatlicher Fluten, in denen man nach vielen Jahren, in der harten Luftstimmung des Südens verbrachten Jahren, wieder einmal badet. Ja, der Süden ist hart, aber die nordische Heimat ist weich. Hart ist die Kunst, aber unser Herz – nicht wahr, liebe Tutti? – ist weich. Das ist eine alte Melodie, die mir im Ohr liegt, seit ich hier bin, die Melodie des alten Liedes und Stückes von Tonio Kröger, und schade nur, daß es schon geschrieben ist, denn sonst schriebe ich's heute. Sie werden es nächstens lesen, schon aus kindlicher Pietät, denn der Papa hat es verlegt oder ›an Tag gegeben‹, wie man früher sagte. Dann denken Sie an unsere Glücksburger Wochen. Und wie bei allem Lieben und Schönen, was diese Wochen mir sagten und gaben, Ihre guten grauen Augen immer zugegen waren und in der Erinnerung zugegen sein werden, so gedenken Sie, wenn Sie sich frischer salziger Segel- und Dampferfahrten und des Parks von Augustenburg und gesegneter Mahlzeiten und manches Spaziergangs durch das fruchtreiche Holsteiner Land erinnern, – so gedenken Sie, sage ich, auch freundlich Ihres

wohl affektionierten Oheims
Thomas Mann
Glücksburg, 31. VII. 1919«

Daß Thomas Mann uns auf unseren Sommerreisen besuchte und gemeinsame Ferienwochen mit uns verbrachte, hat sich des öfteren wiederholt. So trafen wir mit ihm im Jahre 1923 auf dem Feldberg zusammen und wohnten dort im Hotel Feldberger Hof. Es waren immer noch magere Notjahre und die Zimmerpreise stiegen von Tag zu Tag. Um den notleidenden Künstlern in dieser schweren Zeit der Inflation ein wenig zu helfen, entschlossen sich Thomas Mann und meine Mutter, einen gemeinsamen »Abend« im Hotel zu veranstalten. Der Dichter las das Schnee-Kapitel aus seinem damals noch unvollendeten Roman ›Der Zauberberg‹. Meine Mutter sang die vier ›Lieder eines fahrenden Gesellen‹ von Gustav Mahler. Der Abend, der sehr erfolgreich verlief, brachte dem Künstlerfonds eine hübsche Summe ein, auf die sie beide sehr stolz waren.

Auch hier durfte ich Thomas Mann auf seinen allmorgendlichen Spaziergängen begleiten. Da ich mich damals viel mit Musik beschäftigte und auf dem Klavier schon etwas fortgeschritten war, hatten wir ein gemeinsames Thema: die Musik. Sein Wissen auf diesem Gebiet war nicht nur groß, sondern lebendig und leidenschaftlich, und er war jedem neuen Eindruck offen, wie jetzt gegenüber den Mahlerschen Liedern, die er gerade von meiner Mutter gehört hatte. Eigentlich, sagte er, in tiefer Bewunderung seines Freundes Bruno Walter, wäre er doch am liebsten Dirigent geworden.

11
Annette Kolb,
die Generationen überlebte.

Annette Kolb erzählte mir einmal, daß sie sich am lebendigsten an ihre Kindheit als Siebenjährige erinnerte, das Alter ihres besten Gedächtnisses. Sie sagte zu sich selber damals: »Ich werde die Menschen lieben, aber so wie sie werde ich nie sein können. Nach sieben Jahren hat der Alltag begonnen. Bis dahin war alles festlich, neu, frisch, aber die Erwachsenen habe ich eigentlich nie gern gehabt. Und wenn ich ihnen guten Tag sagen mußte, habe ich mich vorher mit Seife eingeschmiert im Gesicht.«

Schon als Kind war mir Annette Kolb immer alterslos erschienen. Ihre schmale, zerbrechliche Gestalt, in formlose Gewänder gehüllt, die keinen Anfang und kein Ende hatten, wirkte trotzdem immer elegant. Ihr Gesicht mit der großen, schmalen Nase, den breiten Backenknochen, dem langen Kinn und den klugen, wachen Augen, hatte etwas distinguiert Aristokratisches. Ihre Hände waren schmal mit langen und knochigen Fingern, und merkwürdig waren ihre großen, männlichen Ohren. Ihr Wesen strahlte einen Charme aus, der ihre charaktervolle Häßlichkeit verschönte und verklärte. Man konnte sich dem Eindruck einer großen Persönlichkeit nicht entziehen.

Mein Vater hieß mich ihr auf Schritt und Tritt folgen, wenn sie uns – während der Sommer- oder Winterreisen – besuchte. Ich mußte ihr nachgehen und genau hinschauen, um all das, was sie verlor, oder irgendwo liegenließ, einzusammeln. Einmal war es ihre goldene Uhr, das andere Mal ihre Brieftasche mit dem ganzen Honorar, das der Verlag ihr gerade ausgezahlt hatte. Brille und Federhalter, alles verschwand auf mysteriöse Weise, und nur selten fand es sich wieder. Aber sie nahm diese Verluste mit Humor in Kauf, wie sie überhaupt aus einem Gemisch von weiblicher Klugheit und männlichem Humor zu bestehen schien.

Thomas Mann hat ihr in seinem ›Doktor Faustus‹ ein Denkmal gesetzt. Er nennt sie dort Jeannette Scheurl, »eine Romandichterin … zwischen den Sprachen aufgewachsen schrieb sie damenhafte und originelle Gesellschaftsstudien, die des psychologischen und musikalischen Reizes nicht entbehrten und unbedingt zur höheren Literatur zählten … Von mondäner Häßlichkeit, mit elegantem Schafsgesicht, darin sich das Bäuerliche mit dem Aristokratischen mischte, ganz ähnlich wie in ihrer Rede das bayrisch Dialekthafte mit dem Französischen, war sie außerordentlich intelligent und zugleich gehüllt in die naiv nachfragende Ahnungslosigkeit des alternden Mädchens.« Das »Schafsgesicht« hat sie Thomas Mann trotz aller Freundschaft mit ihm und Frau Katia niemals verziehen.

Aber sie bleibt unbeschreibbar und ihr Alter unbestimmbar. Niemand kannte ihr Geburtsjahr. Sie soll einem Paßbeamten, der sie nach ihrem Alter fragte, gesagt haben: »Dies ist ja schließlich mein Alter, net? Ist ja net Ihres, geht Sie nix an.« Wahrscheinlich war sie 100 Jahre alt, als sie starb. Für den Jubiläumsalmanach des S. Fischer Verlags im Jahre 1911 schrieb sie Betrachtungen unter dem Titel ›Ballonperspektive‹: »Ich fürchte doch, daß es noch einen Krieg geben wird, wird geben müssen, obwohl die Diplomaten ihn in Abrede stellen … ich kann nicht sagen, wie mir das vorkam, daß wir noch daran dachten, einen Krieg aus der Rumpelkammer der Menschheit hervorzuziehen.« Wie recht sie behalten sollte: sogar zwei Weltkriege mußte sie miterleben! Im Jahre 1912 schrieb sie eine kleine ›Vignette‹ über ein Fest im Hause S. Fischer, »wo der Verleger mit ungemeiner Würde seine Empfänge abhielt … Alle Räume des Erdgeschosses standen diesem Zwecke offen. Wohl gab es unter ihnen den mit Liebermanns vielleicht schönstem Porträt geschmückten Salon, der sich ohne weiteres in einen Ballsaal konvertieren ließ, und ich erinnere mich eines Tanzes mit Walther Rathenau – aber der Hausherr ließ sich dort nicht blicken, ihm stand der Sinn nur nach der Literatur, bei Besuchen hielt er sich in der Nische des großen Zimmers auf, das von Büchern starrte … Unvergeßlich, wie geistreich interessant und überlegen, mit welcher Anteilnahme der kleine Selfmademan sich über seine Autoren äußern konnte. Sie waren sein Hobby …«

Annettes erster Roman, dessen Titel ›Das Exemplar‹ meine Mutter erfunden hatte, erschien 1913 im S. Fischer Verlag und machte ihren Namen sogleich bekannt. Mama schrieb: »Annettes erstes Buch war eine Reisebeschreibung … ihr Heimischsein in der großen Welt, mit Charme und tiefem Gefühl in eine einfache und doch erregende Fabel verflochten, gab dem Buch seinen wirklich einzigartigen Ton. Nur den Titel fand ich schlecht: ›Mariclees Erlebnis‹, und ich bestand auf einer Umtaufe, es mußte ›Das Exemplar‹ heißen. Diesen Titel bekam es denn auch, und es machte seinen Weg.«

In einem ihrer späteren Bücher, der ›Kleinen Fanfare‹, schildert sie einen Besuch zusammen mit Richard Beer-Hofmann bei meinen Eltern in Unterach am Attersee im Jahre 1912: »Ich hatte soeben mit meinem Roman debütiert. Wir saßen im Auto unseres gemeinsamen Verlegers und fuhren im Zick-Zack wie der Wind den weitläufigen Ufern eines Gebirgssees entlang, es war ein Wetter wie von Gottes Hand. Weiße Riesenwolken paradierten vor der Sonne mit feierlichem Schwanken, dann erstrahlte das Salzkammergut … Als wir die Villa erreichten, in welcher unser Verleger Hof hielt, lag sie schneeweiß im Mondlicht. Ihre mächtige Terrasse überhing den See. So leichten Herzens schritt ich auf und ab, als könnte das Seidenmäntelchen, das mir anhing, mich ohne weiteres zum anderen Ufer hinwehen, oder zu den verklärten Spitzen der Berge hinaufflattern lassen.«

Annette Kolb nahm teil am Leben unserer Familie, sie wurde zugehörig, dem Verlag sowie dem Hause. Für mich hatte sie ein verstehendes Ohr, und mit ihrem klugen Spürsinn beobachtete sie meine Entwicklung von der Kindheit bis zum Erwachsensein. Aus dieser Zeit stammt ihre kleine Eintragung in mein Poesiealbum:

»22. VIII. 23

Liebe Tutti,
Diese Zeit ist gräulich, da ist ein so ausgezeichnetes Mädchen wie Du doppelt wertvoll. Ich wünsche Dir Glück und setze Dich durch. Herzlichst Deine Annette Kolb«

Im Jahre 1928 veröffentlichte Papa Annettes neuen Roman ›Daphne Herbst‹, in dem sie ihre Mädchenzeit und Familiengeschichte schilderte. Ihr Vater, königlich-bayrischer Hofgärtner, heiratete eine Französin, die von sich sagte: »J'avais quatre enfants et un piano.« Annette hatte ihre Musikalität von ihrer Mutter geerbt, die eine sehr begabte Pianistin gewesen sein soll, und sie selbst lebte mit wahrem Enthusiasmus in der Welt der Musik und spielte gut Klavier. Wenn man sie in ihrem Hotel-Appartement in Paris besuchte, stand ihr Stutzflügel immer offen, denn sie spielte viel für sich, phantasierte auf dem Klavier und liebte es, Kammermusik zu machen. Mozart gehörte ihr Herz vor allem, und ihre Bücher über Mozart und Schubert haben viele Leser gefunden. An Frankreich war Annette mindestens so attachiert wie an Deutschland. Sie hatte jahrelang ein kleines Haus in Badenweiler, direkt neben dem des Schriftstellers René Schickele, mit dem sie eine innige Freundschaft verband, und sie fühlte sich, wie er, in der Nähe der französischen Grenze am heimischsten. Sie gehörte beiden Kulturen an und wurde in ihrem Verantwortungsgefühl zwischen ihnen hin- und hergerissen. Als wahre und überzeugte Humanistin wurde sie zu einer leidenschaftlichen Hitlerhasserin. Sie konnte stahlhart sein in ihrer absoluten und charaktervollen Haltung, ihrer Ablehnung und Verachtung. Als ihr Roman ›Die Schaukel‹ während des Hitlerregimes 1934 im S. Fischer Verlag erschien, bestand sie auf folgender Fußnote auf Seite 176 des Buchs: »Vom Tage an, da die Juden im geistigen Leben zu Einfluß gelangten, machten sich in der gefährdeten Existenz des Künstlers gewisse Chancen fühlbar, daß er nicht mit einer Mühsal wie bisher, die subjektiv gesehen nur zu oft einem Auf-der-Strecke-Bleiben gleichkam, sich durchzuringen hatte; mit anderen Worten und retrospektiv gesehen: daß ein Hölderlin vielleicht davor bewahrt geblieben wäre, den armen Hauslehrer zu spielen, Franz Schubert vielleicht nicht so jung und als ein derart armer Teufel gestorben wäre. Wie dem auch sei, wir sind heute in Deutschland eine kleine Schar von Christen, die sich ihrer Dankesschuld dem Judentum gegenüber bewußt bleibt.« Diese Zeilen, an unübersehbarer Stelle in ihrem Buch zu veröffentlichen, war damals eine Herausforderung, die gefährliche Folgen für sie und den Verlag hätte haben können. Nur ein so gerader und unerschrockener Charakter wie Annette Kolb wagte dergleichen.

Sie ging ins Exil, nach Amerika. Eines der letzten Flugzeuge, das sie vor Kriegsausbruch 1939 in Spanien gerade noch erwischte – sie war in ein riesiges Cape gehüllt, ihr Gesicht hinter einer schwarzen Brille versteckt, so daß man sie für einen arabischen Scheich hielt –, brachte sie nach New York, wo sie »todunglücklich an Leib und Seele« sich nach Europa sehnte und in der ihr so fremden Wolkenkratzerstadt beinahe unter die Räder der großen Autobusse geriet. Sie war nicht gemacht für die »Neue Welt«. Gleich nach Kriegsende kehrte sie nach Europa heim, teils in Paris und teils in München wohnend, wo sie sich durch den Blick auf den Englischen Garten »zu Hause« fühlte. Sie blieb voller Einfälle und köstlichem Humor bis in ihr hohes Alter und las zum Ergötzen des Publikums gern aus ihren letzten, meist autobiographischen Büchern vor.

Wir empfingen noch Grüße von ihr aus München, kurz vor ihrem Tode:

Liebe Tutti

Vielen Dank für Deine so freundlichen Worte. Mir liegt natürlich
auch am meisten an den letzten Seiten dieses neuen letzten
Buches …* Ich hoffe, Ihr kommt doch bald einmal. Ich denke,
bis Mitte Juni hier zu sein, dann nach Paris auf ein Weilchen wie
gewohnt, weil ich nicht davon lassen kann. Mit den Augen tu ich
mir recht schwer, ich hoffe, Du kannst mich lesen. Ach jener
schöne Abend, wo der Sohn Gerhart Hauptmanns (Ivo Hauptmann) so reizend erzählte und wir so lachten, liegt als glücklicher
Abend weit in der Ferne. Wo lebt er denn? Wollen wir ihm
nicht mein Buch mit meinen Grüßen schicken? Mit den besten
Wünschen – man könnte über so vieles sprechen, wenn man sich
sähe – Deine Eure Annette«

Am 5. IV. 65 schrieb sie: »Liebe Verlegers, ich bin im Besitz seit
meiner Rückkehr vorgestern eines wunderschönen blauen Schlaf-
rocks, der mir die Kälte vergessen läßt. Allerschönsten Dank
dafür. Wie schade, daß ich Euch hier vermißte. Vergaß in der Tat:
ich bin eine Feindin des Geldes, es ist nur da, um ausgegeben zu
werden. Die Gier nach dem goldenen Kalb ist es, die ich be-
kämpfe – es ist der Grund, warum ich mein Haus nicht verkaufe,
was mich vielleicht in eine schwere Situation bringen wird.
Darum arbeite ich heute noch, kann es aber nur mit Hilfe einer
Sekretärin, wegen des traurigen Zustandes meiner Augen, die
man leider nicht operieren, nur mit großer Mühe aufhalten kann,
weder lesen, nur auswendig spielen, kann auch nicht verreisen.
Trotzdem will ich den Mut nicht verlieren. Ich hoffe, Ihr kommt
mich besuchen nochmals herzlichen Dank. Der schöne Mantel
macht mir Freude. Annette
Der Schlafrock ist ein Traum.«

Das waren ihre letzten Worte an uns.

* ›Zeitbilder‹, S. Fischer Verlag, 1964.

12
Mit siebzehn Jahren.
Walther Rathenau.
Wetterleuchten der bösen Gewalt.

Zu meinem 17. Geburtstag schrieb mir mein »väterlicher Freund«
Moritz Heimann:

»Kagel, 4. 3. 1922

Liebe Tutti,

Uns aber rundet sich ein Kranz – und nun habe ich fast schon
Mühe, vor lauter ›Fräulein‹ noch das kleine Kind und Mädchen
in Dir wiederzuerkennen. Es ist doch eigentlich ein ganz gedan-
kenloses Lob: ›ach Du siehst noch aus wie früher: sieht sie nicht
aus wie als Kind?‹ Wenn ich nun zu Dir sagte: ›Tutti, Du siehst aus
wie vor 17 Jahren‹; – würde Dir das gefallen? Nein. Und wie vor
einem Jahre? – Die Wahrheit zu sagen, eigentlich auch nicht. Und
so ist es wohl das Richtigste, man hält sich an die Gegenwart, wie
sie am gegenwärtlichsten ist, und sagt der siebzehnjährigen jungen Dame, die mit einem Ball vom vorigen Abend doch leicht fertig ist, wie mit zwei, drei Pralinés: Tutti, ich gratuliere Dir! Das
andere ist Deine Sache: Du fällst dem Onkel gerührt um den Hals,
und er schmunzelt … Grüße Deine lieben Eltern und grüße Frl.
Seele, die Deine Jahre so getreulich mitzählt, mitseelt. Fast hätte
ich's vergessen: sei auch Du selbst herzlich und mindestens sieb-
zehnmal gegrüßt, Dein Moritz Heimann«

Auch Otto Flake gratulierte mir zum 17. Geburtstag. Er schrieb aus Partenkirchen am 10. März 1922:

»... Ich staune, daß Du es schon so hoch in den Geburtstagen gebracht hast und sehe auf der Karte noch einmal nach: klar steht da, der 17. Geburtstag. Als ich 17 war, war ich ein aufsässiger Junge, aber ein Mädchen in diesem Alter ist schon eine junge Dame – laß mich der jungen Dame gratulieren. Wenn Du Dich verlobst, gehe ich zu ›Sie‹ über – am Ende sage ich bald ›Sie‹ – wie ist das? Aber bis ich Dir persönlich die Hand drücke, wartest Du noch, nehme ich an?? ... Bis dahin herzlich auf Wiedersehen.

Freund Flake, der sich kaum noch Flix zu nennen wagt.«

Ich mußte also mit meinen 17 Jahren »eine Schwelle« überschritten haben, wenn man mich so feierlich anredete! Für mich selbst hatte schon ein bewußteres Stadium meines Lebens vor ein paar Jahren begonnen. So etwas geschieht ja nicht an einem bestimmten Datum. Ich erinnere mich an gelegentliche Erfahrungen, da man mir plötzlich zuhörte, wenn ich versuchte, etwas zu sagen, einen Gedanken zu formulieren. In solchen Momenten wußte ich, daß ich kein Kind mehr war, vielleicht war ich auch nicht mehr »halbwüchsig«, sondern war den Erwachsenen zugehörig.

Während ich bis dahin unbewußt, ohne Vorbehalte der Außenwelt gegenüber, im wohlbeschützten Umkreis des Elternhauses im Grunewald gelebt hatte, begann ich jetzt mit kritischeren und offeneren Augen die Welt um mich herum zu beobachten und die Geschichte meiner Herkunft und die meiner Eltern in bestimmten Richtungen zu erforschen.

Meine Ahnen mütterlicherseits lebten noch in der jüdischen Tradition. Sie hatten sich zu guten und erfolgreichen Kaufleuten – mit bürgerlichen Rechten vom deutschen Kaiser versehen – entwickelt, und meine Mutter war in der ruhigen, für das deutsche Bürgertum so blühenden Zeit nach dem deutsch-französischen Krieg der Siebzigerjahre aufgewachsen. Ihre Eltern hatten sich vom jüdischen Ritus emanzipiert, und so fühlte sie sich als freie Weltbürgerin, was sie auf mich zu übertragen suchte.

Die Ahnen meines Vaters lebten in einer jüdisch-deutschen Enklave im Österreich-Ungarischen. Mein Vater hatte offenbar unter Antisemitismus nicht zu leiden gehabt, jedoch sprach er niemals zu mir davon. Aus beiden Strömen meiner Ureltern, die in mir zusammenliefen, war ich also ein Mensch geworden, der sich nun zu erkennen suchte.

Durch das freie Weltbürgertum meiner Eltern war es für mich als Kind daher kein Problem, »jüdisch« zu sein. Nur einmal – ich muß damals acht Jahre alt gewesen sein – hatte eine Mitschülerin zu mir geäußert, ich sei mitschuldig an der Kreuzigung von Jesus Christus. Diese mir damals völlig unverständliche Beschuldigung versuchten mir meine Eltern zu erklären, und so hinterließ diese Erfahrung bei mir keine Kränkung oder Verwundung, sondern nur Verwunderung.

Später wurde ich mir meiner jüdischen Abstammung bewußter. Meiner Freundin Suse und mir schien es öfter, als reagierten wir beide skeptischer und empfindsamer auf unsere Umwelt als unsere Schulkameradinnen. Auch unsere Eltern schienen uns »schwerblütiger«, belasteter zu sein, und wir fragten uns, woher das komme. Trugen wir Juden nicht vielleicht alle miteinander an der unsichtbaren Last unseres immerwährenden Schicksals? In unseren Augen damals schien uns dieses Anders-Sein eher ein Vorzug. Wir lernten leicht und hatten offene Augen und Ohren für Literatur, Philosophie, für bildende Kunst und Musik, eine Welt, die den meisten anderen Mädchen nicht so offen stand.

Suse lernte ich im Grunewalder Lyzeum kennen, wo ich meine beiden letzten Schuljahre verbrachte. Wir beide als die einzigen Jüdinnen in einer Klasse von 35 Mädchen fanden sofort zueinander. Obwohl wir freundschaftliche und meist intelligente, aber oft deutsch-national erzogene Schulkameradinnen hatten, fühlten wir uns beide wie seit undenklichen Zeiten verwandt und vertraut, und bald wußten wir, daß dieses gegenseitige Vertrauen uns für unser Leben verbinden würde. Wir teilten jede Sorge, die kleinen, um die Lösung schwieriger Schulaufgaben, und die großen, um die Probleme unserer Entwicklung, um die Leiden der Freundschaft und der Liebe.

Bald gab es eine Gelegenheit für mich, die Veränderungen meiner Umwelt nach dem verlorenen Kriege näher kennenzulernen. Es gab also keinen Kaiser mehr, Deutschland war eine Republik geworden, aber zwischen der nationalistischen Rechten und den Sozialdemokraten und ihren linken Freunden gab es Haß und Verachtung und politische Unruhe war an der Tagesordnung.

Im März 1920, an einem dramatischen Nachmittag, hörte man von Straßenkämpfen in der Stadt. Vor unserem Haus hielt ein Lastwagen mit Soldaten, die wohl die umliegenden Straßen bewachen sollten. Was hatte das zu bedeuten? War eine Revolution ausgebrochen? – Wir, im Grunewald, waren von der Stadt Berlin völlig abgeschnitten durch einen Generalstreik der gesamten Arbeiterschaft. Es gab keine Verkehrsmittel, kein Telefon und kein elektrisches Licht. Wir mußten zu Fuß nach Halensee gehen, um nach Lebensmitteln zu suchen. Abends saßen wir bei Kerzenschein mit Gerhart Hauptmann und seiner Frau, die bei uns übernachteten. Sie waren von ihrer nahe gelegenen Wohnung zu uns gekommen, um die Ungewißheit mit ihren Freunden zu teilen. Man machte es sich so gemütlich wie möglich und musizierte beim flackernden Kerzenlicht … Man war beunruhigt, aber man nahm die Dinge nicht sehr ernst. Der Glaube an die Sicherheit der Staatsgewalt, der Glaube an das »Recht« und die Unumstößlichkeit der Gesetze war zu stark in der Generation meiner Eltern, so daß ihnen der Gedanke an eine ernstliche Gefahr gar nicht kam. Erst zwei Tage später erfuhren wir, was sich in Berlin zugetragen hatte. Kapp, ein extremer Nationalist, wollte mit Hilfe seiner Kumpanen, den späteren »Freischärlern«, und mit Hilfe eines preußischen Generals die Regierung stürzen. Durch den Generalstreik der Arbeiter und den Widerstand der Beamten wurde der Putsch zunichte gemacht.

Das Leben ging weiter – jedoch eine neue Zeit schien angebrochen zu sein. Ich sah das nur als Zuschauer, noch war ich zu jung, um mich mitverantwortlich zu fühlen, aber ich spürte, daß sich etwas Neues vorbereitete. Es wurde immer deutlicher, daß die Dinge nicht mehr so sein würden, wie sie bisher waren.

Durch den Einbruch von Roheit und Gewalt, den Mord an Walther Rathenau, empfing ich dann den ersten großen Schock. Er war ein Freund meiner Eltern gewesen und wohnte ganz in unserer Nähe im Grunewald. Seine charaktervolle und imposante Gestalt hatte mich schon als Kind beeindruckt. Obwohl von seiner Umwelt bewundert und verehrt, umgab Einsamkeit sein Leben. In seine Villa, die er mit erlesenem Geschmack, ein wenig nach dem Beispiel von Goethes Weimarer Haus, ausmalen und einrichten ließ, konnte man nur durch eine schmale Türe eintreten. Sie war gerade breit genug für eine Person, sie war ein Symbol für sein Leben! Mit seinen wirtschaftspolitischen Werken wurde er Autor meines Vaters und kam als Nachbar und Freund oft am Abend, nach seiner Tätigkeit als Präsident der von seinem Vater begründeten A. E. G. zu uns.

Einem so großen Industrieunternehmen vorzustehen, bedeutete eine große Macht in seiner Hand. Er war sich dessen wohl bewußt. Aber trotz seines »großkapitalistischen« Postens war er ein Mensch mit starkem sozialen Gewissen; seine eigene Umwelt jedoch stand seinen Ansichten verständnislos gegenüber. Sein Trachten ging dahin, das gesamte Wirtschaftssystem zu revolutionieren; er sah die große soziale Umwälzung der westlichen Welt voraus. In seinem Buch ›Von kommenden Dingen‹, 1917 erschienen, schreibt er: »Die Mechanisierung aber ist Schicksal der Menschheit, somit Werk der Natur; sie ist nicht Eigensinn und Irrtum eines einzelnen noch einer Gruppe; niemand kann sich ihr entziehen … Das Ziel, zu dem wir streben, heißt menschliche Freiheit.«

Am 24. März 1917 schrieb er an meinen Vater: »Lieber und sehr verehrter Herr Fischer, für die Absicht, mein Buch dem Publikum näher zu bringen, bin ich Ihnen sehr dankbar … Was die Gesamtausgabe betrifft, so hatte ich mir gedacht, daß ich vielleicht die Sommerwochen in Freienwalde dazu benutzen könnte, um eine Zusammenstellung und Durcharbeitung aller in Betracht kommenden Arbeiten vorzunehmen. Neben den 3 Büchern ›Kritik der Zeit‹, ›Mechanik des Geistes‹ und ›Von kommenden Dingen‹, die ich mir als die ersten drei Bände gedacht habe, würden vielleicht noch zwei bis drei hinzutreten … Sie kennen die hohe Schätzung, mit der ich seit Jahrzehnten Ihrem Werk gefolgt bin, und meine Freude an einem großen und erfolgreichen Bestreben, das wahrhaft Gute aus der Menge des Gleichgültigen hervorzuheben. Es ist vielleicht ein schwer zu verwirklichender Idealismus, aber ich kann ihn nicht aufgeben, anzunehmen, daß schließlich doch ein intelligentes Volk dazu geführt werden kann, die gute Produktion der schlechten auch im Massenkonsum vorzuziehen … In aufrichtiger Ergebenheit, Rathenau.«

Am 31. August 1917 schrieb er: »Lieber und sehr verehrter Herr Fischer … Meine neue Schrift ist etwa zur Hälfte fertig. Ich schätze sie auf 60 bis 80 Seiten. Sie heißt (vertraulich) ›Die Neue Wirtschaft‹ und wird, wie ich glaube, das umstürzende und grundlegende Dokument des künftigen Aufbaus sein. Leider wird sie unter meinen industriellen Berufsgenossen noch mehr Erregung und Gegnerschaft stiften als mein letztes Buch. Aber unsere Zukunft ist wichtiger als mein Beruf und: pour faire une omelette, il faut casser des œufs.«

Neben seinen Buchpublikationen dachte er auch mit einer neuen Zeitschrift stärker auf seine Umwelt wirken zu können. Er schrieb an meinen Vater am 18. Juni 1917: »… einer meiner Kunden, der nicht in allen seinen Gedanken ganz abwegig ist, schlägt eine in Ihrem Verlag zu gründende Zeitschrift vor mit dem Namen: ›Der Volksstaat. Monatsschrift für sittliche Wiedergeburt‹, und da man das Gute nehmen soll, woher es kommt, so glaube ich, daß man diesen Titel tatsächlich in Erwägung ziehen könnte … In freundschaftlicher Ergebenheit der Ihre, Rathenau.«

Rathenau war ein musischer Mensch. Er war musikalisch und kannte sich aus in der Musikliteratur. Meine Mutter mußte ihm oft seine Lieblingslieder von Schubert und Brahms vorsingen. Wenn Kammermusik bei uns gespielt wurde, erschien er, auch wenn er wichtige Verhandlungen abbrechen mußte.

Ich glaubte hinter seinem weltmännisch-sicheren Auftreten etwas geheimnisvoll Verborgenes, eine tiefe Melancholie zu spüren. In wenigen Jahren sollte sich das »Schicksalsjoch«, unter dem er stand, erfüllen! Ich erinnere mich an Abende, an denen er mit Freunden meiner Eltern in leidenschaftliche Debatten geriet und nicht nur das für Deutschland böse Ende des Krieges voraussah, sondern auch die »Kommenden Dinge«, die Weltumwälzung prophezeite. Ich lauschte den Darlegungen seines scharfen Verstandes, die mir zum ersten Mal die großen politischen Zusammenhänge eröffneten. Er war damals sicherlich einer der fortschrittlichsten unter den deutschen Politikern. Seine Planwirtschaft wurde zum ersten Schritt einer Neuordnung Deutschlands nach dem verlorenen Kriege. 1921 wurde er Wiederaufbauminister, und 1922 wurde er zum Reichsaußenminister ernannt. Zu dieser Ernennung schrieb Moritz Heimann am 1.6.1921 an meinen Vater: »Lieber Herr Fischer, was ist der Mensch doch für ein auf sein bißchen Einsichtigkeit eifersüchtiges Wesen! Ich kann mich nicht zurückhalten, Ihnen in einer Sache, die mich nichts angeht, meine Meinung mitzuteilen. Nämlich Walter Rathenau wird seine Sache sehr gut machen, besser als jeder andere, vorausgesetzt, daß man ihn zum Arbeiten kommen läßt; die eilige Erklärung des Hansabundes ist eine Nichtswürdigkeit gröbsten Kalibers; er wird dem Lande eine gar nicht abzuschätzende wirtschaftliche Drainage schaffen; er wird davon weder Dank noch Liebe ernten. Dieses alles zusammen ist eine großartige Sensation, und doch hätte er ›Nein‹ sagen sollen …«

Rathenau war der große liberale »Patriot«, war einer derjenigen unter den deutschen Politikern, die die Sprache Europas sprachen und die Brücke zu einer gemeinsamen europäischen Zukunft legen konnten. Aber gerade diese Tatsache, verbunden mit seinem Judentum, schürte den Haß der deutschen Nationalisten. Er mußte fallen. Die Mörder-Kugeln trafen ihn aus dem Hinterhalt. Seine Mörder waren jene Freischärler, Antisemiten und Hitlers Vorläufer, die diesem Menschenleben ein Ende machten. Ich sehe mich noch, von der Schule heimkommend, an der Ecke unserer

Straße aufgeschreckten Menschen gegenüber, die mir entsetzt von der furchtbaren Mordtat berichteten, die vor kurzem hier geschehen war. Einen Tag zuvor, hier an der gleichen Ecke, hatten wir dem Freunde zugewinkt, als er, wie täglich, von seinem Haus in sein Amt fuhr. Sein Tod war wie ein Vorbote des Unheils, das über Deutschland hereinbrechen sollte.

Das sozialistische und liberale Deutschland trauerte um ihn, aber das übrige Deutschland jubelte. Der nationalistischen »Großbourgeoisie« war der demokratische, international anerkannte Jude ein Dorn im Auge. Der Mord an ihm war schon wie der Auftakt zur Machtergreifung Hitlers.

Jetzt, im erwachseneren Stadium, vermochte ich erst zu ermessen, wie stark meine Eltern meine Entwicklung beeinflußt hatten. Die Luft, die ich in meinem Elternhaus, diesem lebendigen Zentrum geistigen Austausches, als Mädchen atmete, hatte mich gebildet und geformt. Wie sehr ich ganz und gar ein Teil dessen geworden war, kam mir erst jetzt zum Bewußtsein und gab mir einen großen inneren Halt und die Entschlossenheit, selber etwas zu werden, meine Fähigkeiten zu erforschen und auszubilden und mir einen eigenen Platz innerhalb des Verlagskreises zu erobern. Moritz Heimann spielte dabei eine entscheidende Rolle. Er war es vor allem, der meine Entschlüsse bekräftigte und mir Mut zusprach, besonders dann, als mein Vater mich nicht nach Leipzig in die Buchgewerbeschule ziehen ließ. Ich mußte mir stattdessen in Berlin die Lehrer und den Platz für diese Ausbildung suchen. Ich fand beides, in E. R. Weiß und seiner Schülerin Frau Marks zwei glänzende Schriftlehrer – und in der Druckerei von Otto von Holten eine Lehrstelle, wo ich Handsatz und Handdruck lernte. Es machte mir große Freude, mich in die Welt der Schriften zu vertiefen, sie kennen und schreiben zu lernen und ihre historische Entwicklung zu verfolgen. Die Versenkung in das Schreiben mit der selbst zugeschnittenen Kielfeder versetzte mich in ähnliche Ruhe und Konzentration, mit der die Mönche des Mittelalters Pergamente kunstvoll beschrieben und so herrlich ornamental verzierten. Ich schrieb die alte Unzial, die gotischen Lettern und die klassische Antiqua, und mein Auge schulte sich an den alten Vorbildern. Neben dem geschriebenen und gezeichneten Buchstaben eine gut gesetzte Buchseite zustande zu bringen, war mir eine willkommene Aufgabe. Diese Arbeit gab mir den Blick für meine späteren Aufgaben im Verlag, das graphische Gesicht des Verlags zu gestalten.

Neben dem Studium waren diese Jahre ein großes Verliebtsein in das Verliebtsein. Ich glaube, es gab damals kaum einen Tag ohne innere Erregungen, Erwartungen und Spannungen. Es war nicht so sehr das Verliebtsein in eine bestimmte Person, sondern vielmehr der Zustand des Verliebtseins an sich, der mich mit Übermut erfüllte und mich mit Energie auflud. Es war wie ein Spiel, ein Ausprobieren, ein Vorbereiten auf das kommende Leben.

Die Freunde des Hauses, jeder einzelne von den »Leuten«, die dem kleinen Mädchen damals so freundlich übers Haar strichen und so schöne Verse in das Poesiealbum geschrieben hatten, sie wurden nach und nach zu neuen Persönlichkeiten, zu denen ich mich zu stellen hatte, deren Werke ich kennenlernte und deren Größe und Bedeutung mir bewußt wurde.

ZWEITER TEIL *Was das Leben brachte*

13
Eigene Familie. Eigenes Heim.
Die drei Töchter. Tod des Vaters.

Die Zeiten des Poesiealbums waren vorbei. Ich war zum Leben erwacht. Alles um mich herum schien voller Wunder und Versprechungen. Die Fülle der Erscheinungen war ohne Grenzen, und die Welt lag offen vor mir, ich brauchte nur nach ihr zu greifen.

Da geschah mir die Begegnung mit dem Menschen, mit dem ich mein weiteres Leben teilen sollte. »Er« kam aus einer anderen Umwelt, war Chirurg an einem großen Hospital im Osten Berlins. Er hatte schon eine eigene Station unter seiner Obhut und große Verantwortung zu tragen. In seiner Freizeit spielte er Violine und Bratsche und scheute nach seiner aufreibenden Tätigkeit nicht, trotz stundenlanger Busfahrt, mit mir und meinen Freunden Kammermusik zu spielen. Seine Ruhe und männliche Entschlossenheit, seine Güte und Liebe umstrahlten mich und nahmen mich ganz gefangen. Wir wußten beide sehr bald, daß das Leben uns füreinander bestimmt hatte.

Es galt nun, meinen Eltern unseren Entschluß klarzumachen. Aber das war keine leichte Aufgabe. Beide, aber besonders mein Vater, lebten noch in der Vorstellung des Besitzrechtes an ihren Kindern, und der Gedanke, mich an »Jemanden« zu verlieren, war für meinen Vater schwer erträglich. Wir mußten uns daher heimlich auf dem Landgut gemeinsamer Freunde, bei denen wir uns auch kennengelernt hatten, treffen, um uns aussprechen zu können und unsere Entschlüsse festzulegen. Jedoch war das Geheimnis sehr bald zu meinen Eltern gedrungen, die mich sofort von Berlin entfernten und auf eine Reise nach Bad Gastein mitnahmen, mit dem strikten Verbot, mit »ihm« in Verbindung zu treten. Es war eine bange Wartezeit für uns beide, und wir lebten nur von Brief zu Brief, die wir auf Umwegen einander zuschmuggelten.

Nach unserer Rückkehr nach Berlin hatte mein Vater dann das entscheidende Gespräch mit »ihm«, indem er ihn fragte, ob er daran denken würde, seinen Beruf als Chirurg mit dem des Verlegers zu vertauschen. »Er« war zutiefst erschrocken und zugleich zutiefst berührt von diesem Vorschlag, den er nicht erwartet hatte, und bat sich Bedenkzeit aus. Bisher war er seinem Arzttum so verwachsen, daß er sich kein anderes Leben vorstellen konnte. Doch die Erkenntnis, daß hier eine Lebensaufgabe auf ihn und auf »uns« wartete, nämlich dem Verlag eine Nachfolge zu sichern, siegte. Er nahm diese Nachfolge an. Welch glückliche Vorsehung hatte da gewaltet! Denn wäre er nicht gewesen, so wäre die Familie und der Verlag S. Fischer acht Jahre später den Nazis in die Hände gefallen.

Gottfried wurde von meinem Vater persönlich in die Geheimnisse eines Verlages und in den Beruf des Verlegers eingeweiht. Er saß meinem Vater in dessen Büro gegenüber und erlebte die täglichen Geschehnisse, die Gespräche, Planungen, Diskussionen und Entscheidungen. Bald konnte er sich ein Bild von dem machen, was man von ihm erwartete. Seine unvoreingenommene, bescheidene und wissende Art, den Menschen gegenüberzutreten – und waren sie auch noch so berühmte und schwierige Autoren wie Gerhart Hauptmann und Thomas Mann – räumte alle Voreingenommenheit gegen den »Neuling« hinweg.

Für mich war ein großer Schritt zu tun: ich sollte meine Freiheit, das bisher nur mir gehörende Leben, in die Gebundenheit einer Ehe einbringen. Das Endgültige dieses Schrittes hatte etwas Furchterregendes – aber die Freude über das Glück, das da auf mich zukam, war größer und stärker als alles andere. Gottfried strahlte eine große Zuversicht aus, die mich hinriß, und so gingen wir diesen Schritt gemeinsam in das neue Leben, das nach der gewaltigen Hochzeit, die meine Eltern uns gaben, sehr bald seinen normalen Lauf nahm.

So begannen unsere ersten Ehejahre, in denen man versuchte, sich kennenzulernen, und in denen unsere drei Kinder geboren wurden. Sich-kennen-lernen und zugleich Eltern werden, ist keine einfache Sache, und dazu kamen die schwierigen ersten Jahre für Gottfried im neuen Beruf des Verlegerseins. Es war nicht leicht für ihn und forderte unendliche Geduld, so Schritt für Schritt in dieses komplizierte Gebilde des Verlags hineinzuwachsen und nach der Selbständigkeit, die er sich als Mediziner schon errungen hatte, wieder von vorn anfangen zu müssen. Es zeigte sich jedoch schon bald, daß es gutgehen würde und daß er in diese für ihn neue Welt schnell hineinwuchs. Seine medizinischen und seine menschlichen Erfahrungen machten ihn bald zum Berater der Autoren, denen er in ihren oft schwierigen Nöten zu helfen wußte. Schon nach kurzer Zeit rückte Gottfried auf den ersten Posten im Verlag, neben meinem Vater, den er mehr und mehr zu entlasten suchte.

Unsere Wohnung – um die Ecke meines Elternhauses gelegen – wurde bald zu einem zweiten Zentrum der Verlagsfamilie. Ein Kreis von jüngeren Schriftstellern und Künstlern scharte sich um uns: Carl Zuckmayer, Kurt Heuser, Alexander Lernet-Holenia, Manfred Hausmann, Joachim Maass, Joseph Roth, Klaus Mann, Ernst Toller, Walter Mehring, Erwin Piscator, der in der Berliner Volksbühne ein modernes Theater für die jungen Dramatiker schuf. Besonders mit uns befreundet war der Maler George Grosz. Schriftsteller aus aller Herren Länder, besonders aus Frankreich kamen zu uns: Jean Giraudoux, Jean Richard Bloch, René Crevel, Pierre Bertaux, Pierre Viénot, Raymond Aron. Eines Tages besuchte uns auch ein Sohn von Leo Trotzki, dessen im Exil lebender Vater auf Anregung meines Vaters für den S. Fischer Verlag seine Lebenserinnerungen schrieb.

Auch die Musik gehörte natürlich zu unserem neuen Leben. Ich hatte ein kleines Kammerorchester mit meinen Freunden gebildet, Gottfried kam dazu mit seiner Bratsche, die uns ein »heiliges« Instrument geworden war, denn durch sie hatten wir zusammengefunden.

Unsere drei Töchter wuchsen heran. Welche Freude hatten wir an ihnen – und welche Entdeckungen und Erfahrungen gab es da täglich. Wie verschieden waren sie voneinander – wie gegensätzliche Variationen eines Themas.

Gaby, unsere älteste Tochter, war ein nachdenklich-verträumtes Wesen. Wir beobachteten sie oft, wie sie lauschend in einer Ecke ihres Zimmers saß; dieses Hin-Lauschen, Hin-Hören und Nach-Denken sollte auch später, als sie erwachsen wurde, ihr eigen sein und bleiben. Sie war den Künsten zugeneigt, sie malte, studierte Musik und drang mit ganzer Hingabe in die Musikwelt Mozarts ein, für die sie ein unendlich feines Gehör und Verstehen entwickelte.

Gisi, unsere zweite Tochter, war ein ganz entgegengesetztes Temperament. Von klein auf war sie eine überaus wache Persönlichkeit, sah und bemerkte alles um sich herum und nahm regen Anteil an allem. Das Schulwissen flog ihr zu. Ich habe sie als Schulkind fast niemals arbeiten gesehen, obwohl sie immer zu den Besten gehörte. Sie liebte Spiel und Sport, hatte viele Freunde und Verehrer und verstand sich auf die Menschen. Als Halbwüchsige schon wurde sie so etwas wie eine Beratungsstelle für die Probleme ihrer Mitschüler. Sie beobachtete die Menschen aufs genaueste und konnte ihre Art zu reden aufs witzigste nachahmen und ihre Zuhörer unterhalten. Wegen ihres Humors und ihrer Phantasie, die bei ihr schon als kleines Kind entwickelt waren, nannte Thomas Mann sie mit drei Jahren schon »den kleinen Herrn Fischer«.

Annette, unsere jüngste Tochter, war vom Moment ihrer Geburt an die Harmonie an sich. Im Sternbild der Waage geboren, war sie ein zufriedenes und immer lächelndes Baby, das niemals weinte, so daß unsere Nachbarn erst Monate nach ihrer Geburt ihr Dasein zur Kenntnis nahmen. Sie blieb ein heiteres und mit ihrer Umwelt einverstandenes Kind, das sich nur wunderte, wenn es zwischen den älteren Geschwistern zu Streitereien kam. Sie erschien uns immer wie ein vom Himmel gefallenes Geschenk, und sie gewann sich das Herz eines jeden Menschen, dem sie begegnete.

Ein paar Jahre des ruhigen Familienlebens in unserer jungen Ehe waren uns inmitten des turbulenten und von Vitalität geladenen Berliner Klimas noch gegönnt. Die Arbeit im Verlag nahm im häuslichen Leben ihren Fortgang, und es verging kein Tag oder Abend, an dem nicht gemeinsame Beratungen und Planungen mit den Eltern stattfanden. Allmählich waren wir das junge Verlegerpaar geworden, und auch mein Verhältnis zu den Verlagsautoren, insbesondere zu dem großen »Altmeister« Thomas Mann, bekam einen anderen Aspekt.

Das Jahr 1929 brachte ihm und uns größten Erfolg. Zwei Ereignisse von Bedeutung fielen hier zusammen: Es wurde ihm der Nobelpreis für seinen Roman ›Buddenbrooks‹ verliehen – und der S. Fischer Verlag hatte zuvor eine Volksausgabe dieses Werks, einen in Leinen gebundenen Band des großen, umfangreichen Romans für nur RM 2.85 veranstaltet, die zu einem lawinenartigen Erfolg wurde. Die Verkaufsziffern stiegen von Tag zu Tag, und das Buch hatte nach zwei Monaten bereits eine Auflage von 600 000 Exemplaren erreicht und überschritt sehr bald eine Million.

Das äußere Glück sollte jedoch nicht lange dauern. Die Anzeichen des herannahenden Sturmes mehrten sich. Die Umtriebe der bis dahin noch unterirdisch arbeitenden Nazis wurden immer stärker, deutlicher und offizieller. Als Thomas Mann am 17. Oktober 1930 im Berliner Beethovensaal seinen Vortrag ›Appell an die Vernunft‹ hielt, wurde er durch wütende Beschimpfungen der im Saal verteilten Nazis unterbrochen. Wir mußten ihm helfen, den Saal durch einen Hinterausgang zu verlassen, um ihn vor Tätlichkeiten zu bewahren. – Es war der Anfang vom Ende unserer unbeschwerten Ehejahre, die wir noch an der Seite meines Vaters verbringen konnten.

Die tägliche und nächtliche Bedrohung durch die 1933 zur Macht gekommenen Nazis, in der wir in diesen unseren letzten

Berliner Jahren bis zu unserer Auswanderung Ende 1935 leben mußten, war nur schwer zu ertragen. Oft, mitten in der Nacht, packte uns die Angst, die braune Mörderbande Hitlers bräche bei uns ein, wie man es schon von vielen Seiten gehört hatte. Dann nahmen wir unser Bettzeug unter den Arm und übernachteten bei Freunden. Wir hatten uns natürlich täglich damit beschäftigt herauszufinden, auf welche Weise wir so bald als möglich diesen Hexenkessel verlassen könnten. Solange mein Vater noch lebte, war es unmöglich, an Emigration zu denken. Er wollte nicht einmal etwas davon wissen – so lange es überhaupt noch möglich war, wenigstens einen Teil seines Vermögens ins Ausland verbringen zu lassen, und gar dem Verlag und Deutschland den Rükken zu kehren, war unvorstellbar für ihn. So mußten wir vorläufig ausharren.

Wir lasen uns Thomas Manns ›Die Geschichten Jaakobs‹ am Abend gegenseitig aus den Druckfahnen vor. Welch eine tröstliche Kraft ging von diesem großen Werk aus! Ich schrieb ihm damals: »… heute aber, in der Zeit schwerer innerer Bedrängnis und in dem täglichen Kampf um die Existenz, heute ist mir Ihr Werk, verschmolzen mit dem Unverrückbaren und Vorbildhaften Ihrer Gestalt, zu einem Halt geworden … und ich habe den Glauben, wenn man solche Schätze in sich trägt und nährt, daß einem die Welt dann nichts mehr anhaben kann. Dafür muß ich Ihnen danken.« (– Berlin, Juni 1935.)

Seit dem Tode meines Vaters im Oktober 1934 hatte Gottfried nun die Leitung des S. Fischer Verlages ganz übernommen. Thomas Mann hatte Deutschland verlassen und lebte im Exil. Es war ein Glück und eine Gnade, daß es meinem Vater erspart blieb, den Einbruch der Barbarei in das Land, das er geliebt und für das er gewirkt hatte, bewußt zu erleben. Die beiden letzten Briefe Thomas Manns an S. Fischer zeugen von ihrer engen Verbundenheit:

Lieber Herr Fischer,

Ihr Brief hat mich tief gerührt und mich aufs Neue mit den ehr-
erbietigsten, freundschaftlichsten Empfindungen für Sie erfüllt.
Wir bewundern Sie wegen der überlegenen Weisheit, mit der Sie
die Dinge betrachten und wegen Ihrer unverwüstlichen Aktivität.
Ihr Leben ist lang, inhaltsreich und im Grunde gesegnet. Das wird
sich bis zum Ende bewähren, denn an dem Grundcharakter eines
Lebens können auch die tollsten und widrigsten Umstände nichts
wesentliches ändern. Wir Beide haben uns im Grunde nicht zu be-
klagen, auch wenn wir jetzt einiges Unvermeidliches abbekom-
men. Das Leben wollte uns wohl und wenn auch, wie Goethe sagt,
›der Mensch wieder ruiniert werden muß‹, so wird auch das, wie
ich vertraue, bei uns glimpflich vonstatten gehen. Ich bin nun ins
Exil geraten – nun ja, ich habe es mir nicht träumen lassen, es ist
mir nicht an der Wiege gesungen worden, aber es sollte so sein.
Was denn nun weiter?

›Ich habe es nicht recht gefunden‹, schreibt Elisa Wille in ihren
Memoiren, ›wenn ich hier und da gelesen und gehört, Wagner
habe in Zürich sichtbare Leiden des Exils gekannt. Der Verbannte,
den alle hochhielten, lebte in der Sicherheit des eigenen Herdes
und hatte Freunde, die für ihn eintraten.‹

... Nun, also Zürich ist gar nicht so schlimm, und auch bei
Ihnen wird bis zum Schluß, der ferne sei, das eigentliche durch-
schimmern ... Ich schreibe in der Sicherheit ›des eigenen Herdes‹
an meiner ›Götterdämmerung‹, dem ägyptischen Bande des
›Joseph‹. An den Urgeschichten des ›Rheingold‹ werden die Leute
noch eine Weile zu beißen haben, so daß es mit dem Erscheinen
des ›Jungen Siegfried‹ nicht eilig ist. Seien Sie herzlich gegrüßt
von Ihrem Thomas Mann.«

Und hier seine letzten Zeilen an meinen Vater:

>>Küsnacht, 23. 8. 34

Lieber Herr Fischer,

Ich war sehr gerührt über den freundschaftlichen Brief, den Sie neulich im Walde an mich diktiert haben, wiederholt habe ich ihn gelesen. Vor allem freut es mich, daß Freudenstadt Ihnen gut tut und daß sein Frieden Sie dem Herbst hoffnungsvoll entgegensehen läßt. Ich habe den Schwarzwald immer geliebt, wenn ich auch gerade die Gegend Ihres gegenwärtigen Aufenthaltes nicht kenne. Aber seitdem wir auf dem Feldberg zusammen waren (erinnern Sie sich, es war zur Zeit der Inflation), bin ich mit dem Auto wiederholt in die Gegend von Titisee gekommen, und der Märchenwald aus Schwarztannen mit dem schönen Unterholz aus Farn gehört zu meinen liebsten Erinnerungen ... Sie sagen, Sie gehören zu den Alten, aber das tun wir alle, Sie nicht mehr als ich, und das Erlebnis ist alt und kehrt immer wieder. Goethe sagt 1811 zu Boisserée: ›Sie glauben nicht, für uns Alte ist es zum toll werden, wenn wir so um uns herum die Welt müssen vermodern und in die Elemente zurückkehren sehen, daß – weiß Gott, wann? – ein Neues daraus erstehe.‹ Mutet uns das nicht recht vertraut an? Recht herzliche Grüße und Wünsche Ihnen und den Ihren,

Ihr Thomas Mann<<

Kaum zwei Monate nach Thomas Manns letzten Zeilen an ihn hatte mein Vater ausgelitten. Sein Tod schien uns wie eine Erlösung von den >>Urängsten<<, die ihn während seiner letzten Lebensjahre befallen hatten. Er starb am 16. Oktober 1934 in unserem Haus im Grunewald. Der >>Segen<< war über ihm geblieben und hatte ihn vor allen Grausamkeiten, die die nächste Zukunft seiner Familie und seinem Verlag bringen sollte, bewahrt.

14
Auswanderung nach Wien.
Gründung des Bermann-Fischer Verlags.
Neue Freunde. Der Gestapo entkommen.

Nach schwierigsten Verhandlungen mit dem Propagandaministerium war es uns 1935 gelungen, einen großen Teil des Verlags mit den Verlagsrechten und dem Buchlager der von den Nazis verbotenen oder »unerwünschten« Autoren nach Wien zu verlegen und Deutschland zu verlassen. Es war ein mächtiges, ein befreiendes Gefühl, dem allen entronnen zu sein!

Der neu eröffnete Bermann-Fischer Verlag befand sich sogleich im Zentrum des Wiener literarischen Lebens. Wir hatten ein altes, kleines Haus im Wiener Vorort Hietzing gefunden, nahe dem Schloß Schönbrunn. Die Wattmanngasse 11 war eines dieser in Maria-Theresia-gelb gestrichenen Häuser Wiens, mit einem barock verzierten gußeisernen Balkon zur Straße und einem alten, steingepflasterten Hof, an den sich ein verwilderter Garten anschloß. Die Kinder nannten es ein »Klebehaus«, da es in der Häuserreihe ähnlicher, kleiner, gelb gestrichener Häuser stand. Die Räume waren schön proportioniert. Die Bibliothek zu ebener Erde war angefüllt vom Boden bis zur Decke mit unseren aus Deutschland mitgebrachten Büchern, mit Erstausgaben, Manuskripten und Briefsammlungen, unter denen die größte der Briefwechsel zwischen Thomas Mann und Gottfried war. Mit unseren Möbeln und vor allem mit den aus dem Besitz der Eltern stammenden und in die Emigration geretteten Bildern wurde das Haus zu einer schönen und wohnlichen Heimstätte für uns. Hier fanden sich bald alte und neue Wiener Freunde zusammen, und auch mancher Freund von »draußen« kam zu Besuch.

Mein Reich in diesem Haus war im zweiten Stock. Dort hatte ich aus zwei kleinen Zimmern ein großes Musikzimmer gemacht, in dem zwei Flügel standen. An der Wand hing Grecos ›Schweißtuch der heiligen Veronica‹, ein Bild, das mich immer wieder unter seinen Bann nahm, wenn ich zu ihm aufschaute. Mit unserem Freund Victor Zuckerkandl, Musikologe, Literarhistoriker und Pianist, musizierte ich regelmäßig und empfing viel musikalisches Wissen von ihm. Er wurde unser Lektor und literarischer Berater im Verlag.

Fast angrenzend an unseren Garten wohnte die Familie des Komponisten Prohaska. Die drei Brüder waren alle Musiker und auf vielen Instrumenten zu Hause. Sie bewohnten das Haus von Johann Strauß, in dem er die ›Fledermaus‹ komponiert hatte. Der Cellist kam des öfteren über den Zaun zu uns mit seiner Viola da Gamba, und ich musizierte mit ihm auf meinem Clavicord aus dem Jahre 1790, das ich aus Berlin hatte mitnehmen können und das ich mit seinem alten Schlüssel täglich nachstimmen mußte.

Am 6.7.1936 berichtete Thomas Mann meiner Mutter über seinen ersten Besuch in unserem neuen Heim:

»Liebe Frau Fischer,
… Ihre Zeilen wurden mir nach Budapest nachgesandt, wo wir eine Reihe bunter und amüsanter Tage hatten. Danach kam Wien, auch reich an Eindrücken … Ich habe meine Freude bei dem Gedanken, daß Sie bald mit eigenen Augen werden feststellen können, wie hübsch es sich Ihre Kinder in Wien eingerichtet haben. Wir haben wieder reizende Stunden verbracht in ihrem Nest, und waren überhaupt aufs Neue entzückt von der Stadt, trotz Stinkbomben im Tristan …«

Ja, wir hatten ein gemeinsames, böses Erlebnis in Wien. Nach Thomas Manns Vorlesung aus ›Joseph in Ägypten‹ im kleinen Konzerthaussaal gingen wir zusammen zu Fuß zum Opernhaus, wo Bruno Walter Thomas Manns Lieblingsoper, den ›Tristan‹, dirigierte. Er selbst schildert unser Erlebnis in einem Brief an seinen Bruder Heinrich vom 2. Juli 1936:

»… Nach meiner Vorlesung gingen wir noch in den III. Akt Tristan unter Walter und gerieten in ein fürchterlich übelriechendes Haus. Die Nazis hatten Stinkbomben geworfen, aber die Aufführung wurde durchgehalten – schließlich nur noch mit dem Orchester, denn die Isolde, die sich während der ganzen Pause übergeben hatte, machte nur noch eine schöne Geste des Unvermögens und erhob sich nicht mehr von Tristans Leiche …«

Wir fanden ein halbleeres, vom Publikum schon fast verlassenes Haus und in Walters Loge seine weinende Frau. In dieser unheimlichen Stimmung hörten wir Bruno Walter zu, der mit letzten Kräften, aber mit um so größerer Hingabe den Schluß der Oper dirigierte.

Im Januar 1937 hatte Thomas Mann wiederum eine Lesung in Wien und besuchte uns in unserem Haus in Hietzing. Er wollte uns etwas vorlesen, das er soeben geschrieben habe, sagte er. So sollten wir die Ersten sein, die das später berühmt gewordene Dokument aus seinem Munde hören durften. Ich sehe ihn noch vor mir, wie er an meinem kleinen Barockschreibtisch Platz nahm und seine Brille langsam und sorgfältig aufsetzte, bevor er zu lesen begann. Es war seine Antwort an den »Herrn Dekan der philosophischen Fakultät der Universität Bonn«, der ihn kürzlich seines Ehrendoktorats entkleidet hatte. Sie war eine gewaltige Anklage gegen das Hitlerregime.

»… Wohin haben sie, in noch nicht vier Jahren, Deutschland gebracht? Ruiniert, seelisch und physisch ausgesogen von einer Kriegsaufrüstung, mit der es die ganze Welt bedroht, die ganze Welt aufhält und an der Erfüllung ihrer eigentlichen Aufgaben … des Friedens hindert …«

Unser Wiener Freundeskreis war erheblich angewachsen. Zu den »alten« Freunden wie Gerty v. Hofmannsthal, den Beer-Hofmanns, Lernet-Holenia und Heini Schnitzler und den in Henndorf bei Salzburg lebenden Zuckmayers kamen neue hinzu. Der Verleger Paul Zsolnay und seine damalige Frau Anna, Tochter Gustav Mahlers, Robert Musil, Egon Friedell, Ödön von Horváth, Fritz Stiedry und Bruno Walter, der ebenfalls Deutschland verlassen hatte, erweiterten unseren Kreis. Ein Heurigenfest in dem kleinen, Efeu-umrankten Hof unseres Hietzinger Hauses, wo wir Holztische und Bänke aufgestellt hatten und bei Kerzenschein unsere Gäste bewirteten, verlief noch im Zeichen unbeschwerter Wiener Heiterkeit und wurde gekrönt vom Erscheinen des Ehepaares Franz und Alma Werfel. Sie waren ein einmaliges Paar, die Alma und der Franzl. Jeder ein eigener Künstler – mit dem Gespür für den Anderen, den er beflügelte. Beide lebten in der Welt der Musik und in der Welt der Literatur. Den »Franzl« mußte man einfach lieben. Er war ein Mensch der Liebe, der Liebe zum Leben, der Liebe zu den Menschen und zur ganzen, ihn umgebenden Welt. Er hatte ein großes Herz und glaubte an die Überwindung des Bösen und den Sieg des Guten. Er kämpfte in seinem Werk für seinen Glauben.

Alma war eine Frau von großem Format. Schon ihre äußere Gestalt hatte etwas Imposantes, und die Ausstrahlung ihrer Persönlichkeit sollte zum Schicksal vieler Künstler werden. Nicht nur in der Wiener Gesellschaft, sondern auch in den intriganten Kreisen der Kirche und der Politik spann sie ihre Fäden hin und her. Zu allen Würdenträgern hatte sie Zutritt und übte ihren Einfluß aus, ganz als lebte sie noch zur Zeit der Höfe und deren Macht. Sie hätte eine Medici der Florentiner Renaissance sein können mit ihrem großen Geltungstrieb und ihrer fast männlichen Entschlossenheit. Durch ihre Leidenschaft für die Kunst beherrschte sie die Künstler, die sie an sich zu fesseln verstand. Scharen großer Musiker, Maler und Dichter waren ihr eng verbunden. Der Maler Gustav Klimt liebte sie, als sie fast noch ein Kind war, der Musiker Zemlinsky, der ihr großes musikalisches Talent entdeckte und sie unterrichtete, wollte sie schon als Halbwüchsige heiraten und brachte sie mit Gustav Mahler zusammen, dessen Frau sie mit 23 Jahren wurde. Als Mahler starb, war sie 32 Jahre alt, eine junge und schöne Frau. Sie erzählte uns später von ihrer Leidenschaft zu dem jungen Maler Oskar Kokoschka, der sie aus ihrer zweiten unglücklichen Ehe mit Walther Gropius gerissen hatte, bis sie dann, sechs Jahre später, Franz Werfel kennenlernte. Es war sofort eine große Liebe von beiden Seiten. Ihre erste Begegnung stand unter dem Zeichen der Musik, die sie verband. Er liebte Mahlers Musik, er sang, sie begleitete ihn. »Wir jubelten Musik«, schrieb sie später. Meine Mutter erinnerte sich an einen Abend im Grunewald, an dem Wassermann die beiden zum ersten Mal mitbrachte: »Werfel war verliebt wie ein Page, er wurde immer rot, wenn Alma mit ihm sprach.« Es war das Jahr 1917, als Alma Franz Werfel in Wien kennengelernt hatte, Werfel war damals 27 Jahre alt und Alma 38. »Werfel ist ein untersetzter Mann mit sinnlichen Lippen, wunderschönen großen, blauen Augen unter einer Goethe'schen Stirn«, so schilderte sie ihn.

Er hatte zwei verschiedene Stimmen, eine musikalische Sprechstimme und eine leidenschaftlich bewegte Vortragsstimme, mit der er seine Gedichte vortrug und mit fast singender Stimme deklamierte.

Von kompromißloser Wahrheitsliebe besessen, arbeitete er an sich mit unbarmherziger Selbstkritik. Die Verbindung mit Alma wurde zu seinem Schicksal. Ihre dominierende Persönlichkeit war ein großes Gewicht für eine so zarte und sensitive Dichterseele wie die seine. Aber sie nahm sein äußeres Leben, das ihm leicht zwischen Versuchungen und Ablenkungen zerfloß, in ihre Hand. Jedoch in ihrer Nähe schöpferisch zu arbeiten, war für ihn schwer möglich. So flüchtete er gewöhnlich in irgendein Hotelzimmer, um dort in völliger Einsamkeit seine großen Romane – »aus der Ferne beflügelt von Almas Genius« – zu vollenden.

Unser Leben in unserem Hietzinger Haus in Wien verlief noch ungestört, obwohl sich die Zeichen des nahenden Unheils mehrten. Die Wiener blieben ihrer Tradition, zu leben und leben zu lassen, treu, so lange es nur möglich war, sie füllten die Theater, die Konzertsäle und feierten Feste miteinander. Das Werfel'sche Haus auf der Hohen Warte war damals das Künstlerzentrum Wiens, und Almas Feste in ihrer Villa, deren Wände mit Mahlers Musik-manuskripten dekoriert waren, gehörten zum beliebtesten Treff-punkt der großen Dirigenten, Dichter, Schriftsteller und bilden-den Künstler aus aller Welt. Das letzte dieser rauschenden Feste, an dem wir teilnahmen, sollte auch das letzte vor »dem Ende« sein, und ein Abschied von der »alten« Welt.

Eines Tages standen Hitlers Truppen an der Grenze. Am 13. März 1938 um die Mittagsstunde läutete unser Telefon: ein Freund, der dem Kanzler Schuschnigg nahestand, unterrichtete uns von dessen Rücktritt. Die deutsche Armee hatte den Ein-marsch begonnen. Wir packten sofort das Nötigste. Ich sehe heute noch unsere drei Kinder, damals sieben, neun und elf Jahre alt, zur Reise angezogen und verwundert der Dinge harrend, die da kom-men sollten. Mehrere Glücksfälle halfen uns aus der furchtbaren Gefahr, vor allem unsere noch gültigen deutschen Pässe, die es uns ermöglichten, die bereits eingesetzte Bahnhofskontrolle in Wien und später die österreichisch-italienische Grenze zu passie-ren. So gelangten wir alle fünf heil nach Italien. Zwei Tage später hatte die Gestapo unser Hietzinger Haus bereits besetzt – wir wa-ren noch einmal davongekommen.

Diesmal war wirklich alles verloren. Alles, was sich in unse-rem Haus befand, wurde beschlagnahmt und später im Doro-theum, dem staatlichen Auktionshaus, versteigert. Der Verlag wurde unter die Leitung eines Nazi-Brückenbau-Ingenieurs ge-stellt und nach einiger Zeit geschlossen. Das gesamte Buchlager war in den Händen der Nazis. Wir mußten von vorne anfangen. Ein glückliches Schicksal lenkte wiederum unsere Wege und führte uns nach Schweden, wo uns das große Verlagshaus Bon-nier in Stockholm unter seine Fittiche nahm. Der Bermann-Fi-scher Verlag, gottlob weiterhin im Besitz seiner Autorenrechte, nahm dort seine Arbeit von neuem auf. Ganz Europa, zum Teil von Hitlers Truppen besetzt, stand jetzt in angstvoller Erwartung des Kommenden.

15
Neuanfang in Stockholm.
Der Kongreß, der nicht stattfand.
Kriegsausbruch.

Schweden, das Land sozialer Gerechtigkeit, des allgemeinen Wohlstands, die Heimat Alfred Nobels, des Stifters des Nobelpreises, öffnete uns seine Tore. Im Mai 1938 erhielten wir die Erlaubnis der schwedischen Regierung, uns in Stockholm niederzulassen und den Verlag von dort aus weiterzuführen. Die schwedische Presse begrüßte das junge Unternehmen. Mitten in der Stadt hatten wir unser Verlagsbüro eröffnet und die Arbeit mit einigen unserer aus Wien geretteten Mitarbeiter, darunter mit unserem treuen Freund und Berater Victor Zuckerkandl, sofort wieder aufgenommen. Sehr rasch waren neue Bücher fertiggestellt, darunter so wichtige wie der Neudruck der Biographie von ›Madame Curie‹, Carl Zuckmayers ›Herr über Leben und Tod‹, Stefan Zweigs einziger Roman ›Ungeduld des Herzens‹ und Thomas Manns Essayband ›Achtung, Europa!‹.

Hier, hoch im Norden Europas, weit entfernt von den mörderischen Horden der Nazis, glaubten wir uns nun endgültig in Sicherheit. In diesem friedlichen Land, in dem alles noch in ruhiger Ordnung verlief, die Menschen schweigsam und zurückhaltend uns mit Freundlichkeit und Hilfsbereitschaft aufgenommen hatten, begannen wir ein neues Leben, das von der Arbeit am Wiederaufbau unseres zerstörten Verlags und der Erziehung unserer Töchter erfüllt war. Unsere Familie hatte sich inzwischen um ein Mitglied vermehrt: wir hatten den zwölfjährigen Sohn von Gottfrieds Schwester, dessen Eltern in ein Konzentrationslager gebracht worden waren, bei uns aufgenommen. Ihm wurde Schweden eine neue Heimat, wo er sich beruflich bewährte und heute dort mit Frau und Kindern ein glückliches Leben führt.

In einer neuen, an der Peripherie Stockholms gelegenen Siedlung hatten wir eine Wohnung gefunden. Die großen Fenster blickten auf grüne Rasenflächen inmitten der breiten Straße, die auf ein großes, weites Feld führte. Für die Kinder, die in kurzer Zeit fließend Schwedisch sprachen, war es ein idealer Spielplatz während der kurzen, lichten Tagesstunden im Herbst und Winter. In den Sommermonaten aber zogen wir alle nach Dalarö, einem schönen, stillen Ort im Skärgarden, wo uns Bonniers ihr Sommerhaus überlassen hatten. Gottfried fuhr täglich mit unserem kleinen Wagen in sein Büro am Stureplan in Stockholm. Ich machte mit den Kindern lange Wanderungen oder kletterte mit ihnen die steilen Felsen zum Meer hinunter. Der Skärgarden gehört zu den Herrlichkeiten dieser Welt. Tausende kleiner, felsiger Inseln, manchmal von dichten Wäldern bestanden, umsäumen die schwedische Küste. Ganze Tage verbrachten wir mit den Kindern auf diesen Robinson-Inseln und genossen den tiefen Frieden eines glücklichen Landes. Die Kinder besuchten die französische Schule und bildeten sich während der langen Wintermonate zu ausgezeichneten Schlittschuhläuferinnen aus.

Die Musik kehrte durch unsere Freundschaft mit Fritz Busch wieder bei uns ein.

»Fritz Busch«, so erzählt Gottfried in seinem Buch ›Bedroht – Bewahrt‹, »war aus Argentinien, seiner ersten Zuflucht nach seiner Auswanderung, nach Stockholm gekommen, wo er als ständiger Gastdirigent der Oper und des Philharmonischen Orchesters wirkte. Er hatte Dresden, dessen Oper er als Generalmusikdirektor vorstand, 1933 aus Protest gegen die Übergriffe der Nazipartei verlassen, ebenso wie sein Bruder Adolf, der berühmte Geiger, der dem Deutschland Hitlers den Rücken gekehrt hatte. Er war einer der wenigen nicht direkt betroffenen deutschen Künstler, die freiwillig unter Aufgabe ihres Besitzes und ihrer Karriere, aus tiefem Haß gegen die Zerstörer der deutschen Kultur, das Land verließen und sein Bestes im Ausland repräsentierten.

Fritz Buschs Konzerte und seine Aufführungen mit dem außerordentlichen Ensemble der Stockholmer Oper gehören zu unseren schönsten Erinnerungen aus diesen Jahren. Unvergeßlich wird mir immer seine ›Così fan tutte‹ an der Stockholmer Oper bleiben, die er kurz zuvor, mit seinem Freund Carl Ebert als Regisseur, in Glyndebourne herausgebracht hatte. Alles, was es Liebenswertes an einem Menschen gibt, war in ihm vereinigt. Er war offen und gerade heraus, Intrigen, wie es sie – wie in vielen anderen Berufen auch – nicht zum wenigsten unter Dirigenten gibt, waren ihm fern. Seine warme Herzlichkeit, sein Humor, gepaart mit einer gesunden Skepsis gegenüber unkritischem Denken und irrationalen Spekulationen, führten zu einem freundschaftlichen Verhältnis zwischen uns, ihm und seiner Frau, die ihrerseits bei großem Kunstverstand die praktischen Seiten des Lebens ihrer Familie zu regeln wußte.«

Fritz Busch war der Musik ganz und gar verschrieben, mir schien es, als sei er »aus Musik« gemacht. Es waren für mich beglückende Stunden, wenn er sich zum Vierhändigspielen mit mir an den Flügel setzte. Wie konnte er sich freuen an allem, was wir da spielten. Er konnte nie genug bekommen von Schuberts ›Fantasie‹, und sein ›Grand Rondeau‹ sowie seine ›Märsche‹ mußten wir immer wiederholen. Mozarts D-Dur-Sonate nahm er in einem Tempo, daß mir Hören und Sehen verging, und Mozarts ›Tema con Variazioni‹ war sein Lieblingsstück. Er kam oft zu uns, meist am Abend, nach anstrengenden Proben. Wenn wir nicht musizierten, ließ er sich von unserer Verlagsarbeit erzählen, denn auch die Literatur interessierte ihn brennend.

Inzwischen hatten wir die Verbindung mit unseren in alle Welt verstreuten Autoren wieder aufgenommen. Thomas Mann und Zuckmayer waren in Amerika, Stefan Zweig in England, Werfels in Frankreich, Joachim Maass auf dem Weg nach den Vereinigten

Staaten. Mit den zwei in Holland arbeitenden Exilverlagen, Allert de Lange unter der Leitung von Walter Landauer und Querido unter der Leitung von Fritz Landshoff, wurde eine gewisse Zusammenarbeit, gemeinsame Auslieferung und Herstellung, vereinbart, die in einer Taschenbuchserie, der »Forum-Bücherei«, ihren sichtbaren Ausdruck fand.

Zwei glückliche und ruhige Jahre waren uns in Schweden beschieden. Wir ahnten nicht, daß sie nur ein Teil unserer langen Odyssee waren.

Ende August 1939 fand die feierliche Eröffnung des internationalen P.E.N.-Kongresses in dem architektonisch einzigartig schönen Stockholmer Stadthaus statt. Mit den großen Autoren aus aller Welt war auch Thomas Mann eingetroffen. Zu seinen Ehren veranstalteten wir im Haus in Dalarö zusammen mit unseren Verlagspartnern Bonniers, die Thomas Mann in Schweden verlegten, einen kleinen Empfang. Gottfried hieß ihn willkommen:

»Herzliche Freude erfüllt uns, daß wir Herrn Dr. Mann und seine liebe Frau zusammen mit Ihnen allen hier in unserem buon ritiro willkommen heißen können, in diesem Lande, das uns gastliche Aufnahme bot, im Kreise unserer hochherzigen Helfer. Als nach dem Verlust unserer zweiten Heimat die tätige Hilfsbereitschaft des Hauses Bonnier uns die Niederlassung hier ermöglichte, waren wir tief berührt von dem Vertrauen zu unserer Sache. – Unsere Sache, das ist die Sache des Geistes, das ist die Aufgabe, die Werte, die dem Vergehen und Vergessen des Exils anheim zu fallen drohen, zu sammeln, zu erhalten und neu aufzubauen, was zerstört wurde. Allem anderen voran ist es Ihr großes Werk, verehrter Herr Doktor, dem unsere ganze Fürsorge gilt. Nach Ihren Worten wollen wir glauben und vertrauen, daß die Sache der Freiheit und des Rechts siegen wird, glauben und vertrauen, daß es uns gelingt, die Werte, für die wir kämpfen, in eine bessere Zeit hinüber zu retten.«

Der Kongreß aber fand nicht mehr statt. Hitler war bereits in Polen einmarschiert. England und Frankreich hatten Deutschland daraufhin den Krieg erklärt. Manns nahmen das nächste Flugzeug nach England, um von Southampton noch ein Schiff zurück nach den USA zu finden. Wir waren glücklich, Katias Nachricht von ihrer Ankunft in England zu erhalten, da am Tag zuvor die gleiche, über Deutschland fliegende Maschine von den Nazis beschossen worden war. Nach ihrer Landung in den USA telegraphierte er uns: »Glücklich entronnen dankbare Wünsche Thomas Mann.«

Unter dem Datum des 22. September 1939 schrieb Thomas Mann uns aus Princeton:

»Es ist nun fast traumhaft, wieder hier zu sein und das unabsehbare europäische Geschehen aus so weiter Ferne zu verfolgen. Es bleibt auch so beklemmend genug, und ich, in meinem Alter, muß mich fragen, ob ich das jenseitige Ufer in meinem Leben überhaupt noch werde wieder betreten können ... Wir hoffen von Herzen, daß Ihre geschäftlichen Pläne, wenn auch modifiziert, durchgeführt werden können. Es scheint ja nicht ausgeschlossen, daß Schweden aus der mehr und mehr hervortretenden Rivalität zwischen den greulichen Riesen Fasolt und Fafner sogar Nutzen ziehen könnte, indem es von beiden unbehelligt bleibt ... Grüßen Sie die Ihren und Bonniers recht herzlich. Der letzte Abend scheint uns weit zurückzuliegen und ist wie in Schleier des Traumes gehüllt. Hoffentlich reißt der Kontakt zwischen uns nie ab! ... Daß man sich vor dieser Dauer-Heimsuchung noch einmal gesehen und ausgesprochen hat, ist unter allen Umständen schön und nützlich. Ihr Thomas Mann«

Thomas Manns neuer Roman ›Lotte in Weimar‹ erschien kurz darauf im Bermann-Fischer Verlag in Stockholm. Ich hatte zum Erscheinen des Buchs einen Text daraus ausgewählt und für ihn auf Pergament geschrieben, wofür er sich mit einem Brief vom 14. Januar 1940 bedankt:

»Princeton, N. J., 14. 1. 1940
65 Stockton Street

Liebe Tutti, mit Ihrem schönen Kunst-Manuskript aus und über
›Lotte in Weimar‹ haben Sie mir eine außerordentliche Freude gemacht, für die ich Ihnen gleich von Herzen danken muß. Das mit
mönchischer Sorgfalt betreute Pergament wird das Prunkstück
bilden der kleinen Sammlung von Dokumenten, die ich mir über
diesen Gegenstand angelegt habe. Sehr reichhaltig kann sie natürlich nicht werden, das Echo ist nicht vielstimmig … Aber ein paar
bewegte Leserbriefe liegen vor, und alles in allem habe ich doch
den Eindruck, daß einige Freude in dem Buch gebunden ist, die
frei wird beim Kontakt mit Lesern, die für solche Dinge überhaupt
noch empfänglich sind. Goethe selbst hat einmal gesagt, bei einem
Kunstwerk komme alles auf die Konzeption an. Und in der Konzeption dieser Geschichte war von Anfang an etwas Ansprechen-
des, das vorgehalten und sich auch gegen Langweiligkeiten der
Ausführung durchgesetzt zu haben scheint. – An den alten Herrn
Bonnier haben wir neulich geschrieben, um ihm zu sagen, mit
welcher Teilnahme, Spannung, Besorgnis wir immer die Entwicklung der Dinge im europäischen Norden und damit Ihrer aller
Schicksale im Auge haben. Das Quälende und Widersinnige ist,
daß die kleinen Staaten sich an ihre ›Neutralität‹ klammern, bis es
dem einzelnen unmittelbar an den Kragen geht. Als ob Neutralität
irgendeinen Sinn hätte und sie nicht wissen müßten, auf welche
Seite sie alle zusammen nach ihrem Lebensinteresse gehören!

Möchten Sie mit Ihren reizenden Kindern noch ein heiteres
nordisches Jul-Fest verbracht haben! (Heißt es nicht wirklich
noch Jul bei Ihnen dort oben?) Ins neue Jahr sind wir alle mit ge-
spannten, aus Hoffnung und Furcht gemischten Erwartungen
eingetreten. Was wird es bringen? Gewiß noch nicht das Ende des
im Gange befindlichen grundstürzenden Prozesses. Aber 1940
muß diesen wohl, unter Schrecken, ein entscheidendes Stück vor-
wärtstreiben. Unterdessen muß man seine Tage möglichst würdig
und der Zukunft dienlich auszufüllen suchen. Ihnen allen herzliche Grüße! Ihr Thomas Mann«

In meiner Antwort an ihn vom 2. April 1940 spreche ich der Brief-
zensur wegen nur sehr vorsichtig von den schweren und schrek-
kensvollen Ereignissen, die unserem Abflug nach den USA noch
vorangingen:

»Lieber und verehrter Herr Doktor, schon lange wollte ich
Ihnen Dank sagen für Ihre lieben Zeilen vom Januar, in denen Sie
mir sagen, daß ich Ihnen mit dem kleinen Pergament eine Freude
bereiten konnte. Sie haben mir wiederum mit Ihrem Brief eine
große und anhaltende Freude bereitet.

Inzwischen hat sich das Jahr 1940 schon in vieler Hinsicht und
nicht nur zum Guten entwickelt und wird wohl noch viele
Schrecken für uns alle bergen. Der zweite Münchner Friede war
und ist ein Elend und bedrückt dieses Land physisch und psy-
chisch ganz besonders. Wir haben recht aufregende Wochen hinter uns, in denen wir startbereit waren, mit gepackten Koffern, die
übrigens dem schnellen Wechsel der Umstände angemessen ge-
packt stehen bleiben.

Wir haben ein sehr schönes ›Jul‹ (das hier noch ganz im heid-
nischen Brauch mit dem Julbock gefeiert wird) und inzwischen
auch ein noch sehr winterliches Pask (Ostern) mit den Kindern
verbracht. Diese Bande findet das Leben so herrlich und voller
Abenteuer und gewinnt allen Situationen das Beste ab, daß einem
nichts anderes übrig bleibt, als das Gleiche zu tun. Und so halte ich
mich an Ihren schönen Ausspruch zu Ende Ihres Briefes, daß man
seine Tage möglichst würdig und der Zukunft dienlich auszufüllen suchen sollte, und versuche, im kleinen und kleinsten das Meinige zu tun. Ihnen und Frau Katia alles Herzliche, Tutti.«

Es war für uns erschreckend zu erkennen, daß der Terror in
Deutschland und Hitlers Aggressionen grundsätzlich an der
deutsch-freundlichen Einstellung des schwedischen Bürgertums
nichts änderten. Genau die gleichen Phrasen, die das deutsche
Bürgertum angesichts der Exzesse des Nazismus zu seiner Entschuldigung und Entlastung bereithielt, wandten auch die Bürger
Schwedens an, um nicht die gewohnten und bequemen Beziehun-

gen zu Deutschland aufgeben zu müssen. So fing das Unglück überall an, Bequemlichkeit, Geschäft, Neutralität. So war es typisch bis zum Ausbruch des Krieges, daß jeder nazistische Exzeß – Judenpogrome im November 1938, Besetzung der Tschechoslowakei, etc. – zunächst eine spürbare Entrüstung auslöste, daß diese sich aber nach wenigen Tagen wieder beruhigte und nach wenigen Wochen vergessen war. Als wäre das Bürgertum, das auf dem Boden der Demokratie aufgewachsen war, aus ihm seine Kräfte und seine Vorrechte bezog, von allen guten Geistern verlassen und drauf und dran, sich der Diktatur auszuliefern. Glücklicherweise sah es bei der schwedischen Arbeiterschaft anders aus. Sie war stolz, klassenbewußt und gebildet und eindeutig antinazistisch, denn sie wußte, welche Gefahr ihren Rechten vom Nazismus drohte.

Die deutsche Propaganda im Lande blühte. Das deutsche Reisebüro in der Hauptstraße Stockholms strotzte von politischen Lügenmeldungen und schamlosen Nachrichten. Die unterirdische Wühlarbeit nahm enorm zu, da es deutlich spürbar wurde, daß die schwedische Regierung nichts mehr dagegen unternahm. Um so aktiver wurde die Tätigkeit der schwedischen Polizei gegen »englische Spione«. Tatsächlich waren es die Regierung und das Königshaus, die in diesen Notzeiten die nazifreundliche Haltung des Landes bestimmten. Sie wurde für uns immer unerträglicher und gefährlicher. Wir wollten das Land verlassen, wir wollten Europa verlassen! Es gab keinen anderen Ausweg mehr für uns! Um damals aber nach Amerika zu gelangen, konnte man den üblichen Weg nach Westen nicht mehr benutzen, da alle Schiffsverbindungen und Fluglinien über den Atlantik gesperrt waren. So mußten wir uns entschließen, den Weg um die halbe Welt, über Rußland und Japan, vorzubereiten. Es war keine leichte Aufgabe, die notwendigen Visa für vier Länder, die wir passieren mußten, einzuholen.

Wie würde sich ein Leben in der »Neuen Welt« für uns gestalten? Was war diese »Neue Welt«? Wir waren voller Neugier, aber sie lag im Dunkel vor uns. Wir hatten nur durch einen in Schweden neu gewonnenen Freund, der uns in Stockholm aufgesucht hatte, eine erste Ahnung davon. Dieser neue Freund, ein Amerikaner, war Hendrik Willem van Loon, eine einzigartige Persönlichkeit, Freund und Studiengenosse Franklin D. Roosevelts, Schriftsteller, Kämpfer für Menschenrecht und Freiheit, die er von den Kanzeln der Kirchen predigte, über die Radionetze in Amerika verkündete und mit der Feder verteidigte. Er war der Mann mit dem großen Herzen für die Notleidenden und wurde zur Hilfsstation für die Entwurzelten.

»Wir werden mit Deutschland brechen, es wäre das Beste, was möglicherweise geschehen kann«, schrieb er uns schon 1938 nach Stockholm, und später, inmitten der Flut von Hilferufen der Emigranten aus aller Welt an ihn, stöhnte er: »Warum erschießt sie nicht jemand, ihn – sie –? Ich habe meine ganze literarische Arbeit aufgegeben, um mich gänzlich der Anti-Hitler-Bewegung zu widmen ... Nur eines bleibt zu tun: wir müssen in den Krieg mit Deutschland eintreten. Chamberlain betrog die Zivilisation in München. Wir werden sie retten müssen ... aber es wird eine schwere Arbeit sein ...«[*]

Und dann erreichte uns am 22. April 1939 folgender Brief von ihm:

»Montag morgen, 10. April und wir bereiten uns auf den Krieg vor ... wenn nicht Chamberlain und Daladier uns mutwillig ausverkaufen, werden wir am Ende dieser Woche Krieg haben. Und damit hat sich's. Er muß jetzt kommen, sonst werden wir alle vollkommen und hoffnungslos verrückt ... was zweifellos ein Teil von Hitlers Plan ist. – Ich habe lange und komplizierte Telegramme verschickt ... laßt mich wissen, ob Ihr die Erlaubnis bekamt, herzukommen ... wenn nicht, so gehe ich über die Köpfe aller Offiziellen hinweg und direkt zum Premierminister. Bitte gebt Antwort, denn Euer Schweigen läßt mich befürchten, daß etwas nicht klappt ... Ich schreibe sehr wenig, da ich vollauf damit beschäftigt bin, unser Volk aufzuwecken und es auf den Krieg

---

[*] Originalbriefe in englischer Sprache siehe Anhang.

vorzubereiten, den wir zu kämpfen haben werden ... Diese Zeilen sollen Euch nur sagen, daß wir Euch wie immer lieben, und sollten alle Stricke reißen, haben wir genug Platz für Euch alle, wir haben genug Betten und einen Kühlschrank voller Lebensmittel und eine Katze und einen Hund für die Kinder ...«

Er wurde zu unserem »guten Engel« in dem düsteren letzten Winter, den wir noch in Europa verbringen mußten. Wir fühlten uns isoliert und verlassen in Schweden, wie auf einer Insel, rings umgeben von Hitlers braunen Horden. Hendrik war voller Sorge um uns und tat alles, um uns zum amerikanischen Visum zu verhelfen. Am 27. November 1939 schrieb er: »... es muß zum offenen Krieg kommen, und wir tun alles, was wir können, um dieses Ziel so schnell wie möglich zu erreichen. Ich habe niemals gewußt, daß man so müde sein kann, wie ich es jetzt bin, aber ausruhen werde ich mich erst nachher. Die Lage ist zu grauenhaft ... Gott helfe uns allen ...«

16
Polizeigewahrsam. Neue Gefährdungen. Hendrik Willem van Loon, der rettende Engel.

Durch unsere Bemühungen und mit Hendriks Hilfe erhielten wir schließlich das amerikanische Besuchervisum. Wir konnten den Moment kaum erwarten, den von Hitlers Sturmtruppen umzingelten Kontinent Europa verlassen zu können! Aber Hendrik sollte mit seinen Ängsten um uns recht behalten, denn ein böser Schlag traf uns aus dem Hinterhalt: Von jeher hatte Gottfried vielerlei Beziehungen nach England. Englische Verleger und englische Autoren gehörten zu unseren Freunden. Daß seine ganze Sympathie in diesem Krieg auf Seiten der Alliierten stand, war bekannt. Als Verleger war er den nazifreundlichen Kreisen ein Dorn im Auge. Ein Anlaß, ihn unschädlich zu machen, sollte sich leicht finden. Zusammen mit schwedischen und in Stockholm lebenden englischen Freunden half er bei der Beförderung von antinazistischem Propagandamaterial nach Deutschland unter Ausnutzung seines großen deutschen Adressenmaterials. Seine antinazistische Tätigkeit aber war verraten worden. Eines Abends drang die schwedische Kriminalpolizei bei uns ein und durchsuchte die ganze Wohnung. Die Beamten forderten Gottfried auf, ihnen zu folgen. Zunächst ging es in den Verlag, wo sie ebenfalls alles durchsuchten, und dann in das Stockholmer Polizeigefängnis. Es waren furchtbare Tage der Ungewißheit für uns alle. Für Gottfried wurden es Wochen, ja Monate der Qual des Alleinseins und der Angst um unser aller Leben. Denn täglich konnte es Hitler einfallen, jetzt auch Schweden zu besetzen – Norwegen war bereits in seinen Händen –, und das wäre unser sicheres Ende gewesen. Unsere wohlvorbereitete Reise in die Staaten hing nun völlig in der Luft. Eine Leidenszeit des Wartens unter dieser ständigen Bedrohung begann. Ich lief von Ämtern zu Ministern, zu Zeitungsredaktionen und Prominenten aller Art, um den Skandal von Gottfrieds Verhaftung publik zu machen. Aber die Menschen schienen wie gelähmt, niemand wagte es unter dem dauernd zunehmenden Einfluß der siegestrunkenen Nazis, die sich in Schweden immer breiter machten, öffentlich für Gottfrieds Freiheit einzutreten. Es herrschte überall die berühmte »Neutralität«! Hans Busch, der Sohn von Fritz Busch, war einer der wenigen Menschen, die mir in den schweren Monaten, in denen Gottfried in Stockholmer Polizeigewahrsam festgehalten wurde, zur Seite standen.

Endlich, nach fünf schrecklichen Tagen der Ungewißheit um sein Schicksal, kam Gottfrieds erstes Lebenszeichen aus der Haft:

»Stockholm, Rannsakningsfängelse, 24. April 1940
Liebstes, endlich eine gute Nachricht. Bitte besuche mich morgen, Donnerstag früh, 10 Uhr. Melde Dich bei Constapel Falander, Rum 413 (Telefon Police 179). Ich glaube, daß nun alles gut ist, und erwarte Dich mit Sehnsucht. Grüße an die Kinder und Mutter und Hilla und Hans. G.«

Nachdem wir uns nur für ein paar Minuten hatten sehen können, schrieb ich ihm am 1. Mai:

»Liebster, jetzt haben wir uns schon so lange nicht sehen und sprechen können, daß ich auf diesem Wege versuchen will, Dir nahe zu sein. Daß unsere Gedanken immer bei Dir sind, weißt Du bestimmt, und daß ich jede Stunde, jede Minute daran denke, wie es Dir geht und wie Du das Alleinsein durchhältst, mußt Du fühlen. Ich habe Mut und Gewißheit, daß alles gutgehen wird, und will Dir von dieser Gewißheit und diesem Mut abgeben! Die Kinder sind sehr lieb und fragen immer nach Dir. Gaby hat heute geträumt, daß Du wieder bei uns bist, das ist sicher ein gutes Omen!

Sie helfen mir über den langen Tag hinweg, der ohne Dich so endlos erscheint ...«

Dann hörte ich zwei Wochen lang nichts mehr von ihm. Wie sich später herausstellte, wurden die Briefe, die er in dieser Zeit schrieb, nicht weiterbefördert. Sein nächster Brief aus dem Gefängnis war vom 8. Mai:

»Liebste, am Ende eines langen Tages noch einen Brief von Dir zu bekommen, ist eine große Freude, eine Beglückung. So sehr ich mich an diesen Zustand hier gewöhnt habe und mich ganz in die Lektüre und das Denken versenkt habe, so kommen doch immer wieder Augenblicke der Unruhe, die immer die gleiche Ursache haben – ob es mir wohl gelingt, Euch rechtzeitig nach USA zu bringen. Ich bin doch so von der Umwelt abgeschnitten, daß ich mir absolut kein Bild von der politischen Lage mehr machen kann. Und wie wenig Anlaß habe ich wiederum, dem Urteil anderer zu trauen. – So ist ein Brief von Dir immer eine große Beruhigung in solchen Augenblicken ...

Ich lese gerade die ›Karamasoffs‹. Ich hatte das Buch fast ganz vergessen. Es schüttelt mich durch und durch. Dabei kommt es mir als besonders merkwürdig zum Bewußtsein, daß es noch fast 40 Jahre nach Dostoj. u. Tolstoi bis zur russischen Revolution gebraucht hat. In den Karam. und der Anna Karenina ist sie ja bereits drin. In unheimlicher Prägnanz.

Liebste, ich hoffe immer und immer wieder, daß ich nun bald hinaus kann. Sei umarmt von Deinem G.«

Am 10. Mai berichtete ich ihm:

»Seit heute Nacht ist der Krieg in eine furchtbare Phase eingetreten. Die Deutschen sind in Holland und Belgien einmarschiert. Ich wollte, daß Du das durch mich zuerst erfährst ... vielleicht bringt dieser neue Schlag überhaupt die Entscheidung? ... Ich glaube an uns, so stark, wie vielleicht schon lange nicht, und das liegt vor allem an Deiner wunderbaren inneren Kraft. Ich werde mich sehr anstrengen müssen, Dir ebenbürtig zu sein, aber ich werde mich sehr anstrengen, das sollst Du wissen! ...«

Acht Tage später schrieb er mir:

Adress: Kungsholmsgatan 37, ö. g., n. b., Stockholm C.

Utskriv alltid fullständigt namn.

Besök få i regel mottagas av för brott eller för lösdriveri häktade *två gånger* och av bötesfångar *en gång* i veckan.

Före första inställelsen inför Rådhusrätten äger för brott häktad *icke* mottaga besök.

Besöksdagar: onsdag och fredag kl. 11—13, söndag kl. 11—13.

Hrs. Dr. Bormann-Fischer, 149

d. 18. Mai 40

Liebste, ich bin seit heute mittag im Untersuchungsgefängnis (obige Adresse) in Verwahrung, also nicht verhaftet.

Soweit ich es verstehe, muß ich hier die Entscheidung darüber abwarten, ob eine Ausweisung erfolgt. Zu einer Gerichtsverhandlung kommt es also jetzt nicht mehr.

Ich hoffe, Dich morgen Sonntag zur Besuchszeit sehen zu können. (siehe obige Besuchszeiten)

Bitte veranlasse auch, dass Philipson zu mir kommt. Ich möchte bald wissen, was er tun kann. Danach müssen sich unsere Reisepläne richten.

Es geht mir hier gut. Ich habe vor allem mehr Luft.

Auf bald   Dein

Bitte schreibe mir   Gottfried
jedenfalls

»Liebste, ich bin seit heute mittag im Untersuchungsgefängnis in ›Verwahrung‹, also ›nicht‹ verhaftet. Soweit ich es verstehe, muß ich hier die Entscheidung darüber abwarten, ob eine Ausweisung erfolgt. Zu einer Gerichtsverhandlung kommt es also jetzt nicht mehr. Es geht mir hier gut. Ich habe vor allem mehr Luft. Auf bald – Dein G.«

Am gleichen Tag schrieb ich ihm:

»… Uns geht es gut, aber die Situation an der Front ist mindestens als ernst zu bezeichnen. Brüssel ist gefallen und der Vormarsch ist gewaltig. Trotzdem glaubt man und vertraut weiter dem guten Stern, das solltest Du tun wie ich, nicht wahr? Wir werden es schon schaffen, Du und ich, meine ich, ich bin so voller Vertrauen und möchte Dich umarmen, um es Dir zu zeigen! …«

Am 20. Mai 1940 schreibt Gottfried:

»… Alles ist zu ertragen, das Warten, das Gefühl des Unrechts, das mir geschieht, die Sorge um die gefährliche politische Lage, alles dieses. – Was aber tief drinnen in mir zehrt und quält und klopft und sich nicht zum Schweigen bringen läßt, das ist die Sehnsucht nach Dir … nach Deinem Blick, Deinem Wort, Deinem Lachen und Deinem Händedruck. Nur das und immer das ist es. – … Und noch einen Satz aus ›Krieg und Frieden‹, der mich deshalb so berührte, weil ich wenige Tage, bevor ich ihn las, ganz Ähnliches an die Kinder schrieb: ›Wir meinen immer, daß wir verloren sind, wenn uns etwas aus dem gewohnten Geleise wirft. Aber es beginnt nur etwas Neues, Gutes. Solange wir im Besitz des Lebens sind, sind wir glücklich. Es liegt noch viel, sehr viel vor uns.‹ – Wie wahr ist das. Das kann nur ein Mensch sagen, der sehr viel erlebt und erlitten hat. Und weißt Du, daß ich nicht mehr der Mensch von 1926–35 sein möchte, ja nicht einmal der von 1936–38? Wir hätten uns wohl bequemer aus der Affäre ziehen können, ohne diese Umwege und Bemühungen. Aber dann wären wir nicht die Menschen geworden, die wir heute sind. Und ich finde – ohne überheblich zu sein oder etwa zu glauben, daß wir nun eine Vollendung erreicht hätten – nein, ich finde nur, daß wir etwas bessere Menschen geworden sind, etwas Wissendere, etwas Gläubigere. Und darum glaube ich auch an die Zukunft, unsere Zukunft.«

Am 22. Mai 1940 schreibt er:

»… Ja, diese Türen, Schritte, Stimmen, halbzuverstehende Gespräche, alles das wird nun bedeutungsvoll, aufschlußreich, auch erschreckend und drohend. Ein Schritt nähert sich – nein, er geht vorüber – wieder Verhör? – plötzlich schlägt der Schlüssel an die Tür, sie öffnet sich – ›Ihre Frau!‹ – oh welches Glück … gewiß, sie tun ihre Pflicht, und die allermeisten sind menschlich, freundlich, hilfsbereit und höflich. Aber was wissen sie von uns, unseren Gedanken, Erlebnissen, unserem Wissen?

Nun, ich will nichts verlangen – d. h. ich bin zu der Erkenntnis gekommen, daß man nichts verlangen kann. Ich stehe den Menschen mit tiefstem Pessimismus gegenüber. Sie haben das einzige moralische Grundgesetz, das ihnen die Religion gab, verloren – denn sie glauben nicht mehr – verblieben sind noch einige restliche Bestände von gesetzlich Zugelassenem und Verbotenem – einige Überbleibsel, deren Innehaltung und Beachtung vor dem Strafgesetz schützt und dem Bürger das Gefühl seiner Hochanständigkeit erlaubt. Auch dieser Restbestand schwindet dahin, wenn es, wie in Deutschland, einer Partei gelingt, an die Macht zu kommen, die die moralischen Grundgesetze von Gut und Böse aufhebt. In keinem Lande Europas würde das heute noch auf ernstlichen Widerstand stoßen, am allerwenigsten aber in den sogenannten neutralen Ländern.

Nur die Gefährdung des Besitzes vermag, den Bürger aus seinem Dämmerschlaf moralischer Teilnahmslosigkeit zu erwecken. Dann erwacht er allerdings nicht zur Moral, sondern lediglich – oder im Gegenteil – zu der Erkenntnis, daß er nun schleunigst dort Anschluß suchen müsse, wo man seinen Besitz schützt, und er bringt eine erstaunliche Gehässigkeit und Brutalität gegen alles und jedes auf, was ihn daran hindern würde und etwa zur Verteidigung von Recht, Sitte, Glauben aufruft. Dieser Umstand ist zu allen Zeiten das Zeichen für den endgültigen Niedergang einer herrschenden Gesellschaftsordnung gewesen. Wir stehen heute am Ende des Bürgertums als herrschender Klasse. Was kommen mag, ist nicht zu sehen.

Zu beachten ist dabei, daß durch eine merkwürdige, aber folgerichtige Entwicklung die Verteidigung der bürgerlichen Länder gegen die Unterjochung durch den Faschismus nur durch die Entmachtung des kapitalistischen Bürgertums möglich ist, und diese Entmachtung von diesem Bürgertum selbst vorgenommen wird.

Es flieht in den autoritären Staatssozialismus. Es hat sich also selbst aufgegeben und sucht Schutz in den Armen seines Feindes.«

Am 26. Mai 1940 schrieb Gottfried mir:

»… So führe ich also ein Klosterleben. In meiner Zelle steht ein Bett, das man an die Wand klappen kann, ein kleiner Tisch und ein Stuhl, zwei Wandborde über Eck neben der Tür, voll mit Büchern und Toilettensachen nebst Süßigkeiten. Ein kleiner Spiegel hängt an der Wand, und durch das vergitterte Fenster scheint ab halb vier bis sechs die Sonne. Ich sehe mir gegenüber, in einem großen Garten gelegen, ein Krankenhaus, ich glaube, es ist das Kinderkrankenhaus, in dem Dr. Hindmarsh praktiziert. Und wenn ich mich auf die Zehenspitzen stelle, kann ich in den Fånggården sehen. Der sieht so aus:

In diesen spitzwinkligen Käfigen kann man in einer Stunde vier Kilometer laufen. Wenn man Glück hat, scheint dazu die Sonne. Über einem thront ein Aufseher, damit keiner mit dem Nachbarn, den man nicht sehen kann, spricht. – Von meinem Fenster sehe ich vormittags die Untersuchungsgefangenen umherlaufen. Ich werde niemals mehr in einen Zoo gehen!

Um halb 7 Uhr Wecken vermittels einer Glocke. Ich bin gewöhnlich schon früher auf und lese. Kurz danach wird die Tür geöffnet und mit freundlichem ›Gott morgon‹ (wirklich freundlich) der am Abend vorher mit Anzug und Schuhen herausgestellte Stuhl hineingeholt. Dann halte ich große Wäsche in der kleinen Waschschüssel. Ich habe darin bereits große Technik und halte mich für mindestens so sauber gewaschen wie mit Badewasser und Brause. Nach der Wäsche wird das Bett gemacht, hochgeklappt und ausgefegt. Um 8 Uhr wird der Abfall abgeholt. Dann kommt das Frühstück. Da ich Extraverpflegung auf eigene Kosten habe, besteht es aus Kaffee mit Wienerbröd –. Um 9 Uhr gewöhnlich eine Stunde Fånggården. Um 11 Uhr Besuch oder auch nicht. Um 12 Uhr Lunch, gewöhnlich smörgas, 5 verschiedenes, Fleisch, Milch, Nachspeise. Danach Lesen, etwas Schlafen, manchmal um halb 4 Sonne, wenn es geht dann wieder Lesen, Schreiben. Um 6 Uhr Middag, viel zu viel. Zwischendurch gibt's übrigens um 3 Uhr noch mal Kaffee, Wienerbröd –. Um halb 8 Uhr klingelt es wieder zum Auskleiden, um ¾ 8 wieder Stuhl mit Kleidern vor die Tür. Dann ist der Tag zu Ende. Bis 9 Uhr kann man noch lesen. Dann geht auch das nicht mehr. Nur wenn die Sorge, die Unruhe um Euch kommt, wird es schlimm. Dann renne ich wie im Käfig herum, fünf Schritte hin und her, und dann wird es besser. Aber das ist manchmal nicht einfach. – Ach Tutti, wenn wir zusammen sein können, ist alles gut. Nur darauf warte ich. Ich hoffe von Tag zu Tag, daß es sein möge. G.«

Und am 1. Juni 1940:

»... wenn nur die Sorge wegen der Ausreise nicht wäre! ... Wie mag nur dieser Krieg ausgehen? Soll es wirklich eine Hitler-Tyrannis über ganz Europa und womöglich Amerika geben? Denn dazu kommt es zunächst wohl, wenn die Alliierten unterliegen und kapitulieren. Ich kann mich an diese Gedanken nicht gewöhnen. Wenn es eine große neue Idee wäre, die sich anschickte, die

Welt zu gewinnen – ja gewiß, das wäre plausibel. Aber diese Barbarei, diese nur zerstörenden Kräfte sollen eine Welt beherrschen!? Wir können es nicht übersehen, wohin die Entwicklung geht. Genausowenig wie in der Naturwissenschaft hat das teleologische Denken in der Geschichte einen Sinn und eine Berechtigung. Erst spätere Betrachter können überblicken, zu welchen Endergebnissen eine den Zeitgenossen unlogisch, unmöglich erscheinende Entwicklung geführt hat und dann einen Sinn unterlegen. Aber bei den großen Umwälzungen in der europäischen Geschichte, die einem Sieg des Nazismus gleich kämen – Reformation mit allen Folgeerscheinungen – franz. Revolution mit ihren Folgen bis zu Napoleon – sahen doch schon die Zeitgenossen, wenigstens die einsichtsvollen, die Hintergründe, die neue Idee (man denke nur an die gewaltigen geistigen Vorbereiter dieser Bewegungen – Luther, Rousseau, Voltaire, Kant, Schiller etc. etc.).

Hier aber – wo ist die Idee, die neu zu erobernde Welt, der neue Stand – die neue Freiheit? – Nichts – nur Gewalt, nur Kampf um die reine, brutale Macht. Reinster Materialismus! Ich kann, trotz objektivster Bemühung, nichts anderes finden. Das also kann nicht siegen – oder nicht für längere Zeit die Macht besitzen. Geschichtsanalogien sind wohl von Übel. Aber ich kann den Gedanken an Napoleons Schicksal nicht loswerden. Man darf natürlich den Vergleich nicht zu weit führen. Die Verhältnisse lagen sehr verschieden. Aber der Verrat Napoleons an der französischen Revolution mußte sich wohl rächen, wie sich auch hier der Verrat an der europäischen Entwicklung zum Humanitarismus rächen muß. Dies ist mein letzter Optimismus, den ich mir noch bewahren will ...«

»den 4. VI. 40
Liebste, ich bin jetzt nicht im Stande, mich zu irgend etwas Bestimmtem für die Zukunft zu entschließen, abgesehen davon, daß ich mit Euch allen so schnell wie möglich nach Amerika will. Wir müssen froh sein, daß wir leben und zusammen sein können und wollen täglich beten, daß uns das auch weiterhin vergönnt sein möge. Wir müssen so bescheiden wie möglich leben ... Es bleibt

die Hoffnung, daß dieser Krieg nicht ewig dauert, daß die Verhältnisse sich wieder ändern. Vor allem aber werde ich nach einer gewissen Zeit wohl in die Lage kommen, wieder etwas zu unternehmen und zu verdienen. Wann das sein wird, kann ich jetzt nicht
sehen. Aber es wäre auch bei der augenblicklichen Lage gefähr-
lich, sich in Abenteuer zu stürzen. Erst sehen – abwarten – wohl-
überlegt sich entschließen. – Vielleicht gehen wir doch ganz aufs
Land – vielleicht setzen wir die Verlagstätigkeit in irgendeiner
Form fort. Vielleicht wird es zunächst eine gewisse literarische
Arbeit sein, die mich fesselt, oder die Medizin. Dafür ist es, glaube
ich, zu spät. Ich habe kaum mehr Kontakt und nicht das Verlangen, das ich früher hatte.

Wir wollen also Geduld haben und einmal zuerst ganz für uns
leben – nur für uns. Wir wissen jetzt, mehr als je, was das bedeutet. – Um den Zusammenhang nicht zu verlieren, müssen wir aber
zuerst nach USA. Das weiß ich jetzt, soweit man etwas wissen
kann. Oder ich bilde es mir ein. Was wissen wir schließlich? Oder
sagen wir: ich habe das Gefühl, daß es gut und richtig wäre, mit all
diesen Leuten dort zu reden, im besonderen aber mit Thomas
Mann und den Geschäftsfreunden. Es kommt noch hinzu, daß ich
der einzige der drei Verleger* bin, der dann in USA frei verfügen
könnte … Ob die Kinder in ein College kommen sollen, werden
wir ebenfalls dort sehen. Wir werden das dann in Ruhe entscheiden. – Endgültiges gibt es ja vorläufig für keinen Europäer, wo es
auch sei. Vielleicht für die Amerikaner auch nicht – diese wissen
es bloß noch nicht so gut wie wir.

Vieles wird natürlich davon abhängen, wie lange wir in USA
bleiben können. Auch das können wir erst beurteilen, wenn wir
drüben sind. Für jetzt also und bis zur Ankunft in New York gilt
die Devise: ›So schnell und so gut wie möglich hinüberkommen.‹
An nichts anderes ist jetzt zu denken. Alles übrige findet sich
dann, wie es sich immer bisher gefunden hat.«

* Walter Landauer/Allert de Lange und Dr. Fritz Landshoff / Querido Verlag,
beide Amsterdam.

»Daß diese Prüfungszeit letzten Endes eine Stärkung und Berei-
cherung bedeuten konnte, verdanke ich insbesondere der unent-
wegten, nie erlahmenden Hilfe meiner Frau, die alles in Bewegung setzte, um mich zu befreien«, schrieb Gottfried damals in
einem Brief an einen Freund. Er mußte noch bis zum 24. Juni ausharren, bis die schwedische Regierung ihn endlich aus der Haft
entließ und ihren Spruch fällte, nämlich den der Ausweisung. Da
ich inzwischen alles für unsere Abreise vorbereitet hatte, konnten
wir noch am gleichen Morgen das Flugzeug nach Moskau besteigen. »Als das weiche Polster der Douglasmaschine mich aufnahm,
erschien mir, inmitten meiner Familie, alles, was hinter mir lag,
schon wie ein Traum«, so beschrieb es Gottfried später.

17
Unfreiwillige Weltreise
Moskau – Japan – Santa Monica.
Wiedersehen mit Thomas Mann.
Old Greenwich, die neue Heimat.

Unsere erste Station nach dem Abflug von Stockholm war Moskau, wo wir im Hotel Metropol übernachten mußten, das ebenso verkommen war wie die Stadt selbst. Alles befand sich in einem erbärmlichen Zustand, zu kaufen gab es nichts, die Läden zeigten nur Attrappen in den Schaufenstern. Die Drähte der Straßenbahnen hingen in einem Gewirr über dem Fahrdamm. Die Menschen gingen aneinander vorüber, ohne sich anzusehen. Es war eine erdrückende Atmosphäre, und wir waren erleichtert, als wir den transsibirischen Expreß besteigen konnten, der uns in zwölf glühend heißen Tagen, in denen man sich vor dem schwarzen Ruß der Lokomotive kaum retten konnte, zu viert in einem Abteil zusammengepreßt, mit brüllenden Lautsprechern zu beiden Seiten des Waggons, nach Wladiwostok brachte. Wir hatten von der Fahrt aus einen Blick in dieses unermeßliche Land getan, herrliche Landschaften gesehen, tagelang blühende Wiesen und wildes Gebirge durchquert. Großartige Bauerntypen, die an tolstoische Gestalten erinnerten, waren zuweilen in den Zug gestiegen. In den kleinen Siedlungen an der Bahnlinie sahen wir die große Armut der Menschen, die in Lumpen gekleidet den Zug bestaunten und um Zigaretten bettelten.

In Wladiwostok gab es zwar eine Unterkunft, aber ich konnte die Kinder nur in unsere eigenen Laken gewickelt zum Schlafen auf die Erde legen, denn die Betten starrten vor Schmutz. Wir hungerten, da in der ganzen Stadt kein Stück Brot zu finden war. Als wir am nächsten Tag auf einem blank geputzten, sauberen japanischen Schiff nach Japan übersetzen konnten, fühlten wir uns wie neu geboren und in die Welt zurückgekehrt. Drei Tage über die japanische See und ein Tag per Bahn durch Japan – das damals eines der malerischsten und gepflegtesten Länder der Welt war – brachten uns nach Yokohama, wo wir wiederum durch ein glückliches Schicksal die »Kamakuru Maru«, einen der schönsten japanischen Überseedampfer, erreichten, auf dem wir den Pazifik überquerten. Es wurde zu einer märchenhaft schönen Fahrt, mit einem Tag auf der Insel Hawaii, der ersten amerikanischen »Erde«, die wir berührten.

Die Rufe unseres Freundes van Loon aus der großen und freien Welt Amerikas waren an unser Ohr gedrungen und hatten uns aufhorchen lassen. Welche Offenheit des Herzens, welche Brüderlichkeit, die wir zuvor nie gekannt hatten, war uns von dort entgegengekommen! Als wir nun eines frühen Morgens in strahlender Sonne unter der Brücke des »Golden Gate« vor dem Hafen von San Francisco erwachten, schlug unser Herz vor Glück. Wir waren angekommen! Wir hatten die Ufer dieses lang ersehnten Erdteils erreicht! Und schon wurde uns auf dem Schiff die erste Botschaft von Hendrik Willem van Loon überbracht:

»Liebe Freunde, für den Augenblick ... Ende gut alles gut und Ihr seid hier und Ihr seid wohlbehalten und wir werden Euch bald sehen, und dann können wir über alle die endlosen Abenteuer dieser unglaublichen Tage sprechen ... Die Schweden haben all das, was sie je an goodwill hatten, verloren ... sie sind von einem materialistischen Eigennutz wie kaum je eine andere Rasse und zum Teufel mit ihnen, sagt Amerika ... alle ihre guten Handelsbeziehungen mit Amerika und ihr goodwill in Sachen der ›Fremdenindustrie‹ sind vorbei ... aber darüber können wir sprechen, wenn wir Euch hier treffen ... Ich arbeite Tag und Nacht ... wir müssen Amerika in den Krieg bekommen und dann ist alles gewonnen ... sonst fürchte ich, sind wir alle verloren ...

Ich bin froh, daß unsere Freunde funktioniert haben ... wie

wenig kann man heutzutage tun ... Ich kann Telegramme an offizielle Stellen schicken, aber, erstens, kommen sie an und zweitens, was können die offiziellen Stellen tun? Not a damned thing ...

So ist es vor allem Glück und ›der große Jehovah‹, der Euch herbrachte und der Rest, vivavissima voce, wenn wir Euch hier treffen ...«

Während wir für zwei Monate in Santa Monica in Kalifornien, dem Ort, an dem sich Thomas Mann niedergelassen hatte, in einer blitzblanken, modernen kleinen Wohnung blieben, die Frau Katia für uns gefunden hatte, dachte unser guter, väterlicher Freund Hendrik Willem an unsere künftige Unterkunft im Osten Amerikas und schrieb dazu am 21. August an mich:

»Ich will Ihnen etwas sagen, liebe Dame ... Sie sollten lieber vor dem Rest der Sippe nach New York kommen, denn Sie wissen, was Sie wollen und sich leisten können und wie weit entfernt von New York Sie leben wollen ... da sind natürlich endlose kleine Vorstädte, aber ich persönlich würde Ihnen raten, so weit hinaus wie Stamford und recht weit entfernt von der Hauptstraße zu ziehen ... aber wenn Sie hier sind, fahren wir Sie einen Tag herum, und dann können Sie selbst sehen, what is what ... was in einem Brief nie möglich ist ...

Sie leben natürlich jetzt im hübschesten aber unnützesten Teil Amerikas ... keine Idee im Kopfe ... nichts als Klima und Film ... Nach meiner Meinung werden wir in 3 Wochen im Krieg sein ... zu dem wir absolut keine Vorbereitungen getroffen haben ... ja, auch das ist wahr, aber wir sind ein wenig weiter entfernt von den Geschehnissen und wir werden die Möglichkeit haben, die Maschinen in Gang zu setzen ... und sind sie einmal in Gang, dann laufen sie sehr schnell ... lassen Sie uns wissen, wann Sie nach Osten kommen, und dann finden wir ein Haus für Sie mit Ihnen.«

Und er hielt Wort! Als wir nach New York kamen – wir hatten einen Teil des herrlichen und noch so wilden Riesenlandes mit den Kindern innerhalb von zehn Tagen mit dem Auto durchquert – fanden wir mit Hendrik Willems Hilfe sogleich ganz in seiner

Nähe in Old Greenwich im Staate Connecticut am Long Island Sound ein Haus, eine neue Heimat, der wir bis heute treu geblieben sind.

Was war das also für eine Neue Welt, dieses Amerika? Wie oft hatte man in Europa schon von Amerika gehört und wie viel über die Amerikaner gelesen. Ein deutscher Freund hatte mir von seinen ersten Eindrücken berichtet: »... Diese Amerikaner ... es ist eine große Gemeinsamkeit der seelischen Haltung da. Diese gleichmäßige Freundlichkeit, gute Laune, Harmlosigkeit, diese Bemühung um den Mitmenschen ist eigentlich dauernd vorhanden ... Sehr merkwürdig ist das Problem des Individualismus. Die Amerikaner sind das einheitlichste Volk in ihrem Leben und in ihrer Denkweise, aber sie sind es prinzipiell nur aus freier Wahl. Man nimmt für sich in Anspruch, sich genauso zu verhalten, wie es einem gefällt ... – Der Mangel an Tradition geht bis in die Landschaft hinein. Manche ist wunderschön, aber es fehlen die Häuser und Dörfer, die mit der Landschaft gewachsen sind. Das Leben der Menschen und das Leben der Natur ist nicht so verbunden, wie wir es kennen. Die Menschen sind zu spät gekommen – zu einer Zeit, als man schon Mittel gefunden hatte, um außerhalb der Natur zu leben. Sie haben keinen Zusammenhang mehr mit ihr.«

Dies waren kluge Beobachtungen von einem Europäer, aber man mußte drüben fern der Städte, auf dem Lande gelebt haben, um erfahren zu können, wie stark auch der Amerikaner auf seine Weise noch mit der Natur verwachsen ist. Das unermeßlich große Land ist noch häufig eine ungezähmte Wildnis, die man, wie etwa den »Indian Trail«, der das Land von Norden nach Süden durchquert, streckenweise nur mit einer »machete« passieren kann. Der Mensch ist Wetter und Wildnis noch ganz anders ausgesetzt als der Europäer.

Es war eine für uns sehr »neue« Welt, die uns da erwartete. Der kleine Ort Old Greenwich im Staate Connecticut, eine Autostunde von der Weltstadt New York entfernt, hat etwas Liebliches, Stilles, Verträumtes. »New England«, wie man die an der Ostküste liegenden Staaten nennt, zeigt auch heute noch seine mehr als 200 Jahre alte Bautradition. Die weiß gestrichenen, niedrigen Holzhäuser mit ihren grünen Fensterläden, ihren gepflegten Gärten, die zaunlos ineinander übergehen, mit herrlichem alten Baumbestand, sind den alten englischen Landhäusern angeglichen, ebenso wie die dazugehörigen weiß gestrichenen Holzkirchen.

Ein solches Haus hatte uns unser Freund Hendrik Willem gefunden, und hier verbrachten wir unseren ersten Winter. Die Nachbarn kamen sofort nach unserer Ankunft zu uns, um zu hören, womit sie behilflich sein könnten. In allem wurden wir freundschaftlich beraten. Man ging mit mir zum Direktor der Volksschule, der die Kinder aufs freundlichste willkommen hieß und gar nicht als Fremde behandelte. Er fragte sie, in welcher Klasse sie gern beginnen wollten. Sie kamen alle drei in eine höhere Stufe, als es ihrem Alter entsprach.

Die kleine neunjährige Annette, die vier Jahre alt war, als unsere Emigration aus Nazideutschland begann, und die seither von Schule zu Schule, von Land zu Land und dann um die halbe Welt mit uns wandern mußte, fragte, nachdem wir uns nun in Connecticut niedergelassen hatten, ganz erstaunt: »Wo gehen wir jetzt hin?« Daß man irgendwo bleiben und »zu Hause« sein konnte, hatte sie bisher noch nicht erlebt. In der neuen Schule wurde sie in ihrer Klasse mit einer großen Landkarte empfangen, auf der sie mit einem langen Stock den Kindern ihre Reise um die Welt zeigen sollte. Ihre schriftliche Beschreibung dieses Abenteuers mit den paar englischen Worten, die sie damals kannte, wurde in der Schulzeitung abgedruckt. Kein Kind konnte sich eine bessere Einführung in seine neue Umgebung wünschen.

In ein paar Tagen kannte ich die wichtigsten Persönlichkeiten unserer Community persönlich: Johnny von der Benzinstation, George vom Postamt, Jimmy vom Supermarkt, Mrs. Watts vom hardwarestore, Mr. Kerr vom drugstore. Auf der einzigen Main Street waren sie alle zu finden, und so gehörte man sozusagen sofort mit zur Familie. Sobald sich ein Zugewanderter, der jeder von ihnen einmal gewesen war, hier niedergelassen hatte, gehörte er dazu, wie alle anderen. Die Kameradschaftlichkeit, die nachbarliche Hilfsbereitschaft war für uns Europäer ein ganz neues Erlebnis. Hier war noch etwas vom alten Geist der Pioniere lebendig, die die Neue Welt gemeinsam entdeckt hatten und gemeinsam die Gefahren des Lebens dort bestehen mußten. Neben unserem Freund Hendrik Willem, der vor unserem Einzug den Kühlschrank gefüllt hatte und der liebevoll versuchte, unsere Sorgen zu erleichtern, hatten wir gleich am ersten Tag ein typisch amerikanisches Erlebnis: »Die Türglocke schellte«, so schilderte es Gottfried in seiner Autobiographie.* »Ein freundlich lächelnder Herr trat ein, schaute uns lustig durch seine goldgefaßten Brillengläser an und sagte: ›How are you, folks? My name is Alfred Harcourt. Ich habe durch Hendrik Willem von Euch gehört. Ihr kennt mich nicht. Aber ich kenne Euch. Denn ich habe meinen Verlag nach Eurem Beispiel aufgebaut. Ich möchte einmal sehen, ob Ihr etwas zu essen habt.‹ Und dann ging er in die Küche, schaute in die Töpfe und in den Kühlschrank und zog sich nach einer Einladung in sein Haus, das ganz in der Nähe lag, zurück.«

Der Verlag Harcourt-Brace ist eines der führenden Verlagshäuser Amerikas. Alfred Harcourt lud Gottfried in sein Büro in der Madison Avenue in New York ein und wies ihm einen Schreibtisch mit Telefon und Schreibmaschine zu »to give him a chance for a new beginning«. Auch übernahm er den Vertrieb unserer deutschsprachigen, in Schweden hergestellten Publikationen, die er herüberkommen ließ, in Amerika. Es war ein ermutigender Anfang und half Gottfried, den Weg zur eigenen Verlagsgründung zu finden.

Meine Mutter war uns, zusammen mit meiner Schwester und deren kleinem Baby, von Schweden nach den USA gefolgt. Ihre Reise – sie nahm ein Jahr später als wir die gleiche Route über Rußland, Japan und den Pazifischen Ozean – verlief durch die verschärfte Kriegssituation besonders abenteuerlich und qualvoll.

* Gottfried B. Fischer, ›Bedroht – Bewahrt‹, S. Fischer Verlag, 1967.

Beide ließen sich in New York nieder, wo meine Schwester auch heute noch lebt. Sie widmete ihr Leben ganz der Welt der Musik. Sie wurde Sekretärin von Fritz Busch, mit dem sie eine nahe Freundschaft verband und für den sie bis zu seinem Tode tätig war. Seither arbeitet sie als Repräsentantin für viele Sänger der Metropolitan Oper.

18
Amerika, die neue Welt.
Franz und Alma Werfel.

Daß wir unseren lieben und verehrten Freund und Autor Franz
Werfel nach Jahren so wiederfinden sollten, hatten wir nicht geahnt. Im Herbst 1940 landete er mit Alma im New Yorker Hafen,
wo wir sie von einem griechischen Schiff abholten, das sie nach
langer, gefährlicher Überfahrt über den von Nazi-U-Booten
kontrollierten Atlantik nach USA gebracht hatte. Erschöpft und
elend, knapp der Lebensgefahr entronnen, aber glücklich des guten Ausgangs, sanken sie uns in die Arme. Sie hatten eine ganze
Odyssee hinter sich. Seitdem Hitler 1938 in Österreich einmarschiert war, hatten wir uns nicht mehr gesehen. Werfel war damals gottlob schon außer Landes, während Alma in vollkomme-
ner Unerschrockenheit, ihr Geld im Unterkleid verborgen, über
die Grenze fuhr. Furcht kannte sie nicht. In Frankreich gerieten
sie dann beide beinahe in die Fänge der Nazis, wurden aber im
letzten Moment von dem von Amerika eingesetzten »Emergency
Rescue Committee« gerettet, das sie bei Nacht und Nebel zu
Fuß über die Pyrenäen durch Spanien nach Portugal bringen ließ,
von wo sie, zusammen mit anderen Flüchtlingen, darunter Heinrich und Golo Mann, nach den Vereinigten Staaten eingeschifft
wurden.

Nun standen sie auf dem Boden der »Neuen Welt«, zunächst
dem Nichts gegenüber. Werfel jedoch hatte etwas mitgebracht,
ein Manuskript. Es war ›Das Lied von Bernadette‹, das er unter-

wegs – als Dank für seine Rettung – sich vom Herzen geschrieben hatte. Dieses Lied der kleinen »heiligen« Bernadette rührte die Menschen. In kürzester Zeit waren Werfels durch den brausenden Erfolg nicht nur gerettet, sondern aller Sorgen enthoben! Der Roman erschien im Bermann-Fischer Verlag in Stockholm und bald danach in englischer Übersetzung in Riesenauflagen in New York, wo sich auch der »Book of the Month Club« mit seinen Hunderttausenden von Mitgliedern anschloß. Als Film hatte die ›Bernadette‹ dann einen Welterfolg.

Alma und Franz genossen den neuen Ruhm und das Leben in der Weltstadt New York. Wir verbrachten mit ihnen dort vergnügte Abende im Hotel St. Moritz, wo sie sich zunächst niedergelassen hatten. Ohne die bei Alma obligatorische Flasche Sekt und den Hummer ging es dabei nicht ab. Die englische Sprache war ihnen beiden damals noch nicht sehr geläufig, und ich höre noch Werfels wohlklingende Tenorstimme durchs Restaurant rufen: »waiter, smashed potatoes please!«

Die Werfels siedelten sich in Kalifornien an und bezogen ein Haus in Beverly Hills, wo Franz mit dem Schreiben seines neuen Buches begann. Werfels Gesundheit jedoch war untergraben durch die furchtbaren Aufregungen der letzten Jahre der Flucht. Bald konnte er sein Haus kaum mehr verlassen. Um ihm ein wenig Freude zu bereiten, schrieb ich ihm einige seiner Gedichte, die mir besonders lieb waren, auf Pergament. Er dankte mit einem liebevollen Telegramm aus Beverly Hills vom 19. Februar 1943, es war zwei Jahre vor seinem Tode: »I am enthusiastic and very touched about your masterful writing of poems like medieval page of illumination, it looks down to me and calms my nerves, I embrace you grateful and with love forever yours Franz Werfel.«

Er arbeitete rastlos mit allen Kräften, die ihm noch zur Verfügung standen, an der Fertigstellung seines letzten, prophetischen Romans, ›Der Stern der Ungeborenen‹, einer Vorahnung der Erforschung des Orbit und einer Vision vom Untergang der »Alten Welt«, ja wohlmöglich der ganzen Menschheit. Ein Herzschlag ereilte ihn über den letzten Zeilen seines Werkes. Er starb, nur 55 Jahre alt, im gleichen Alter wie Hugo von Hofmannsthal. Sein Gedicht ›Morgensturm‹ erhielt ich von ihm kurz vor seinem Tode.

Morgensturm

Des Morgensturms aufbrüllende Gefahr
macht diese Erde wieder planetar.

Mit hunderttausend Schultern rennt das Meer
im Urwelt-Irrsinn an das Felsenwehr.

Das Zwielicht der Äonen steigt wie Dampf.
Die Bäume röcheln noch im Todeskrampf.

Der Ortschaft Häuser stehen ausgehöhlt
wie Mumien, von Verschollenheit umgröhlt.

Der Vogel weiß nicht, der darüber saust,
was so ein Haus ist und wer darin gehaust.

Der Sturm hat längst mit seiner Hand aus Gischt
die Menschheit von dem Erdentisch gewischt.

Sie ist in Gottes Schlaf, im Mund des Alls
ein leiser Nachgeschmack noch bestenfalls.

Alma überlebte Franz Werfel fast um zwanzig Jahre. Sie zog nach New York, wo sie sich ein Haus kaufte. Hier lebte sie inmitten ihrer Bibliothek, ihrer Briefe und Bilder, der Manuskripte Werfels und Mahlers Partituren. Man fand sie oft am offenen Flügel, auf dem sie spielte und phantasierte. Nicht selten fand sich einer ihrer Dirigentenfreunde – sei es Bruno Walter oder Dimitri Mitropoulos – vor ihren Konzerten zu einem musikalischen Gespräch bei ihr ein. Alma hatte sich ganz in den Vereinigten Staaten eingelebt und liebte das rege Kunst- und Musikleben New Yorks, wo sie starb, ohne Europa wiedergesehen zu haben. Inzwischen war Thomas Manns Manuskript des vierten Bandes der ›Geschichten Jaakobs‹, ›Joseph der Ernährer‹, bei uns eingetroffen. Ich schrieb ihm daraufhin:

»Old Greenwich, 11. Mai 1943
Lieber Herr Mann: ... Ich, die ich ganz unverdientermaßen in diesem Schatz an Schönheit und Weisheit graben darf, bevor er anderen Sterblichen geöffnet wird, habe das Gefühl, ich müßte es jeden sogleich wissen lassen, was ihn erwartet. Es ist wohl die innere Heiterkeit, das Lächeln, das über dem Wissen steht, und aller Erkenntnis die tragische Schwere nimmt, die diesem Werk etwas so Verklärtes gibt. Anmut und Würde, Humor und Weisheit, es ist ein ganz spezielles Gemisch, und man muß es lieben! – Gottfried und ich lasen uns das Buch gegenseitig vor, und es sollte eigentlich jedem Leser empfohlen werden, laut darin zu lesen, denn die Schönheit und der musikalische Klang der Sprache werden einem so offenbar ... Der heutige Tag schien mir der rechte zu sein, um Ihnen zu danken, lieber Herr Mann. Heute früh kam die gute Botschaft, daß das Manuskript den brennenden Kriegsboden Europas überflogen hat und sicher auf der schwedischen Insel gelandet ist, um dort schnellstens in die Druckerei zu gehen. Es ist nicht nur Überwindung des Raums, die hier wunderbarerweise so schnell gelang, es liegt wohl auch ein besonderer Sinn darin, daß dieses Werk, in der Zeit der tiefsten Dunkelheit entstanden und geschrieben, in dem Augenblick das Licht der Welt erblicken soll, in dem die Überwindung des Bösen begonnen hat. Was dort mit den Waffen geschieht, geschah hier im Geistigen, und es wird wirken und dauern. Eigentlich kommt es mir vor, als wäre Ihr Werk immer schon dagewesen, von Urzeiten her, und so ist es im Grunde mit allem Großen, es ist immer dagewesen und wird immer dasein. Nehmen Sie dafür allen meinen Dank,   Tutti«

Für mich begann in Amerika ein neues Leben! Ich ließ mir den frischen Wind um die Ohren wehen und gewann diese neue Welt täglich lieber. Welche Befreiung, nicht nur von den Gefahren und der Bedrückung der letzten Jahre! Hier gilt die Frau so viel wie der Mann und ist ihm in viel stärkerem Maße als in Europa gleichgestellt. Auch die männliche Vorherrschaft in der Familie, wie sie in Europa heute noch üblich ist, gibt es in diesem Umfange in den Vereinigten Staaten nicht. Die Frau trägt mit an der Verantwortung in der Verwaltung ihrer »Community«, und ihre Stimme gilt mindestens so viel wie die des Mannes. Sie ist diejenige, die sich für Erneuerungen im Erziehungswesen, für Schutz, Sicherheit und Hygiene einsetzt. Sie hat durch den Zusammenschluß der Frauenschaft zur »League of Women Voters« eine offizielle Vertretung in Washington. Aber auch damit begnügen sich die Frauen heute in Amerika nicht. Sie kämpfen mit großer Energie für die Gleichberechtigung in der Besetzung leitender Positionen in Industrie, Wirtschaft und Politik.

Meine Arbeit teilte sich zwischen der der Mutter und Hausfrau, die in Amerika durch einfallsreiche, praktische Erfindungen sehr erleichtert wird, der für die Community und der Hilfe im Berufsbereich von Gottfried.

Für den von Gottfried, zusammen mit unserem Freund Fritz Landshoff, begründeten L. B. Fischer Verlag in New York konnte ich durch meine Studien und Herstellungserfahrungen erhebliche Arbeit leisten. Ich wurde für eine Reihe von Buchtiteln der verantwortliche Graphiker, entwarf die Schutzumschläge und half bei Anzeigen und graphischer Werbung.

Wir fühlten uns alle bald ganz heimisch in unserem neuen Zuhause. Die Kinder wuchsen in ihre Schule und in ihren Alterskreis hinein. Am Nachmittag war die große Wiese vor unserem Haus der Treffpunkt mit ihren Freunden von ringsumher. Oft ging es im Ruder- oder Segelboot aufs Meer hinaus. Ein schöner Sandstrand, nur für die Anwohner der Community reserviert, war ganz in unserer Nähe, und dort verbrachten wir die Freizeit des Sommers. Unser altes Holzhaus, von einem Austernfischer vor gut siebzig Jahren erbaut, hatte drei Stockwerke und genug Zimmer für jedes unserer fünf Familienmitglieder. Im Parterre war eine Diele, von der eine breite Holztreppe in die oberen Stockwerke führte. Wir hatten unten ein Eßzimmer, verbunden mit dem Wohnraum mit offenem Kamin und Wänden voller Bücher. Hier stand auch mein guter, alter Bechsteinflügel, der uns von Stockholm gefolgt war. Vom Wohnzimmer aus ging man auf die »Porch«, eine gedeckte Terrasse, die uns während der Sommermonate als Eßplatz diente und die um das halbe Haus herumführte. Wir hatten einen herrlichen Blick auf unsere Meeresbucht bis hinüber nach Long Island und hörten die Sirenen der ausfahrenden großen Überseedampfer. Im Herbst und Winter kamen die im Stakkato hustenden Warnsignale der Nebelhörner hinzu, so daß man oft das Gefühl hatte, auf offenem Meer zu sein.

Wir liebten unser neues Heim und fühlten uns geborgen. Ich hatte eine große Hilfe an Queen, unserer klugen, gutherzigen und von uns geliebten Schwarzen, die ein paarmal in der Woche in ihrer tüchtigen und raschen Art das Haus in Ordnung hielt.

Die Zusammenkünfte unserer Abteilung der »League of Women Voters« fanden immer abwechselnd zwischen uns Nachbarn in einem unserer Häuser statt. Meine Aufgabe innerhalb der League wurde es, Vorträge über das Schicksal des S. Fischer Verlags, seiner Autoren und seiner Emigration zu halten und meinen Zuhörerkreis über die Auswirkungen des Nationalsozialismus in Deutschland, über die Verbrechen, die im Namen Hitlers nicht nur an den Juden, sondern an der ganzen Menschheit begangen wurden, aufzuklären. Zu meinem größten Erstaunen mußte ich feststellen, daß die meisten unserer Nachbarinnen fast nichts davon wußten, was sich da drüben in Europa begab, und sie wollten mir meine Berichte über die Vernichtung von Millionen von Menschen in den Konzentrationslagern kaum glauben.

Europa war damals in den Augen vieler Amerikaner noch so etwas wie ein fernes, schönes und kaum zu erreichendes Märchenland, wo alles »besser«, »gescheiter«, »nachahmenswerter« war als bei ihnen. Ich wurde wie ein fremdartiges Wesen bestaunt, weil ich von dort zu ihnen gekommen war. – Über den S. Fischer Verlag und sein Schicksal in der Emigration sprach ich an einigen Mädchen-Colleges und hatte Freude daran, den Mädchen zu erzählen, wie ein Buchverlag arbeitet und welche verschiedenen Berufsmöglichkeiten es innerhalb eines Verlages gibt.

Ich begleitete unsern lieben Freund und Nachbarn Hendrik Willem van Loon zuweilen nach New York, wo er von der Kanzel der am Central Park gelegenen Unitarier-Kirche zu einer großen Menschenmenge in seiner einzigartigen lebendigen und klugen Art und Weise über die Probleme unserer Zeit sprach. Jede Woche machte er auch von Boston aus Radio-Sendungen nach dem von den Nazis besetzten Holland, seiner alten Heimat, um seinen früheren Landsleuten Mut zuzusprechen. Man nannte ihn dort Oom Henk.

Eines Tages bat mich Hendrik Willem, einen Text auf Pergament zu schreiben, den er im Auftrag der »Women's Trade Union League« zu Ehren von Eleanor Roosevelt verfaßt hatte. Diesen schönen Text für die große Frau, die so viele Jahre im Schatten ihres überragenden Gemahls, dem Präsidenten der Vereinigten Staaten, für ihre Mitbürger gewirkt hatte, schreiben zu dürfen, empfand ich als eine große Ehre.

19
Hermann Hesse, der Dichter,
der Maler, der Musiker.

Im Jahre 1914, als ich noch ein kleines Mädchen von neun Jahren war, hatte mir Hermann Hesse eine gute Lehre auf meinen Lebensweg mitgegeben. Er schrieb mir in mein Poesiealbum:

Es führen über die Erde
Straßen und Wege viel,
Aber alle haben
Dasselbe Ziel.

Du kannst reiten und fahren
Zu zwei'n und zu drei'n –
Den letzten Weg mußt du
Gehen allein.

Drum ist kein Wissen
Noch Können so gut
Als daß man alles Schwere
Alleine tut.

Von Deinem H. Hesse*

---

* Die mir von Hesse handschriftlich oder in Maschinenschrift zugesandten Gedichte weichen verschiedentlich von der in der Buchausgabe erschienenen Fassung ab.

H. Hesse

Meine Eltern trafen ihren Freund und Autor meist, wenn sie ihre Reisen nach Süden in der Schweiz unterbrachen. Einen strahlenden Frühling verbrachte er mit uns in Gardone am Gardasee, das damals noch ein lieblich-ländlicher Platz war. Hesse war noch ein junger Mann, mittelgroß, hager, sehnig und ein wenig bäurisch aussehend, mit gebräunter Haut und winddurchwehtem Haar und sehr blauen Augen, die einen durchdringend ansahen, mit einem schelmischen Lächeln dahinter. Sein Gang, seine einfache Kleidung deuteten auf den Mann vom Lande hin.

Wir stiegen gewöhnlich unseren Lieblingsweg nach Gardone »di sopra« hinan bis zu einer kleinen alten Kapelle, die in Wiesen gebettet vor uns lag. Er war voller guter Laune und lustiger Geschichten, gerade das Rechte für ein kleines Mädchen, wie ich es damals war.

Hesse kam im Jahre 1903 mit seinem ersten Roman ›Peter Camenzind‹ zum Verlag. Meine Mutter schrieb in ihren Memoiren: »Seine Hauptwerke kamen erst in seiner zweiten Periode, nach dem ›Demian‹. Das Manuskript hatte er uns 1917 als das Werk eines Freundes zugeschickt unter dem Pseudonym ›Emil Sinclair‹. Als ich es gelesen hatte, meinte ich sofort, es sei von Hesse selbst geschrieben, es war unverkennbar. Als wir ihn fragten, gab er es zu, daß das Buch von ihm sei. Er bat jedoch um strengste Diskretion, schrieb, daß ihm jede Freude an dem Buch zerstört wäre, wenn die Öffentlichkeit von seiner Autorschaft erführe; er hätte einen neuen Ton angeschlagen und wünsche vorurteilslos gelesen zu werden.«

Das Buch erregte großes Aufsehen, und Thomas Mann schrieb an meinen Vater: »Sagen Sie mir bitte: Wer ist Emil Sinclair? Wie alt ist er? Wo lebt er? Sein ›Demian‹ hat mir mehr Eindruck gemacht als irgend etwas Neues seit langem. Das ist eine schöne, kluge, ernste, bedeutende Arbeit.« Und später sagte er: »... der ›Demian‹ ist eine Dichtung, die mit unheimlicher Genauigkeit den Nerv der Zeit traf und eine ganze Jugend ... zu dankbarem Entzücken hinriß ...«

Der »neue Ton« des ›Demian‹, der Hesses zukünftiges Werk

bestimmte, sollte ihm auch die zukünftige Jugend als Leserschaft zuführen. Nach der indischen Dichtung ›Siddhartha‹, die der nach neuem Glauben suchenden Jugend eine erste Begegnung mit der Philosophie des Ostens vermittelte, wurde später der im Jahre 1927 erschienene Roman ›Der Steppenwolf‹ das von der deutschen intellektuellen Jugend am meisten diskutierte Buch. Vierzig Jahre später aber ergriff es die jungen Menschen der ganzen Welt, da es genau die Probleme darstellte, mit denen sich die geistige Bindungen entbehrende Jugend beschäftigte. Die Jugend von heute hat sich Hesses »bemächtigt« und verschlingt buchstäblich alles, was er geschrieben hat. Ich wünschte, er hätte diese »Auferstehung« noch miterleben können.

Hesse widmete meiner Mutter und mir des öftern handgeschriebene oder auch getippte Gedichtsammlungen. Jedes Blatt war von ihm handkoloriert. Meinen Eltern schrieb er – mit einer handgemalten Widmung – sein Märchen ›Pictors Verwandlungen‹ mit köstlichen kleinen Aquarellen im Text verstreut, und zu meiner Verlobung sandte er mir das gleiche Märchen mit handschriftlicher Widmung und einem gemalten Titelblatt des inzwischen berühmt gewordenen »Pictor-Baums«.

Viele seiner Briefköpfe trugen solche Aquarelle der von ihm geliebten Landschaft um Montagnola und den Luganersee, wo er in einem schönen, ihm von seinem Freunde Hans C. Bodmer zur Verfügung gestellten Hause wohnte. Dort führte er ein zurückgezogenes Leben – es war sogar für seine nächsten Freunde oft schwer, ihn dort zu besuchen und durch das stets verschlossene Gartentor eingelassen zu werden. Am Eingangstor hing ein Schild: »Besuche nicht erwünscht.« Sogar sein Freund Thomas Mann kehrte einmal angesichts dieser Tafel um. Trotzdem konnte er sich freuen, wenn man zu ihm kam. Man fand ihn meist im Garten mit einem großen Strohhut auf dem Kopfe und einer Gießkanne in der Hand die Pflanzen betreuend. Meine Mutter erfüllte einen seiner Wünsche und schenkte ihm einen Gartenschlauch zum Geburtstag.

Hesse lebte auf das allereinfachste, und obwohl er durch den großen Erfolg seiner Bücher finanziell keine Sorgen hatte, wurde er allmählich zu so etwas wie einem »Geizkragen«. Er schrieb seine Briefe aus Ersparnisgründen auf leeren Rückseiten von anderer Leute Briefbogen und schickte sie in einem großen Couvert unfrankiert an den Verlag, damit man sie dort expedierte. Wenn wir ihn besuchten, erwartete uns seine seit Wochen aufgestapelte Post, die wir in Berlin zu frankieren und weiterzusenden hatten. Eine an uns gerichtete Postkarte, die er einem Wiener Freund zur Weiterbeförderung mitgegeben hatte, erreichte uns nach unserer Flucht mit dem Poststempel »17.3.1938 – Der Führer in Wien«, (dem Tag der Besetzung Wiens durch die Nazis) in unserem italienischen Zufluchtsort. Er wußte nicht, daß wir gerade, als er diese Karte schrieb, noch im allerletzten Moment den in Österreich eingedrungenen Nazis und der unser Haus sofort besetzenden Gestapo entflohen waren und uns nach Italien gerettet hatten:

»Liebe Frau Tutti! Dank für Ihren lieben Gruß mit dem willkommenen Bildchen, dem süßen Kinderbild! Der Weltgeschichte sehe ich schon bald mit der Schadenfreude des Alten zu, der bei allem denkt: ›Ja morgen bin ich ja doch nicht mehr da‹, aber es wird bis dahin noch vieles zu schlucken geben – möge für uns alle auch Schönes und Gutes dabei sein! Ihnen beiden herzlichste Grüße von Ihrem H. Hesse.«

Aus dem Frühjahr 1938 stammt auch sein Gedicht ›Föhn-Nacht‹, das ich noch vor unserer Flucht aus Wien mit einem Gruß von ihm empfing und das viel von dem Zauber seiner Jünglingsjahre und der Melancholie seines Alterns zu mir trug.

Föhn-Nacht

Schaukelt im wehenden Föhnwind der Feigenbaum
Wieder wie Schlangen wirr die gewundenen Äste,
Steigt übers kahle Gebirg zu einsamem Feste
Vollmond empor und beseelt mit Schatten den Raum.
Spricht zwischen gleitenden Wolkenschiffen der Lichte

Träumerisch mit sich selber und zaubert die Nacht
Über dem Seetal still zum Seelenbild und Gedichte,
Daß mir im Herzen zu innerst Musik erwacht,
Dann erhebt sich in drängender Sehnsucht die Seele,
Fühlt sich jung und begehrt ins flutende Leben zurück,
Kämpft mit dem Schicksal und ahnt, woran es ihr fehle,
Summt sich Lieder und spielt mit dem Traume vom Glück,
Möchte noch einmal beginnen, noch einmal der fernen
Jugend heiße Gewalten beschwören ins kältere Heut,
Möchte wandern und werben und bis zu den Sternen
Dehnen der schweifenden Wünsche dunkles Geläut.
Zögernd schließ' ich das Fenster, entzünde das Licht,
Seh' die weißglänzenden Kissen des Bettes warten,
Weiß den Mond und die Welt und das wehende Wolkengesicht
Draußen lebendig im Föhn überm silbrigen Garten,
Finde zurück mich langsam zu meinen gewohnten Dingen,
Höre bis in den Schlaf das Lied meiner Jugend klingen.

Februar 38   *Gruß für Tutti von Hermann Hesse*

Mit der Widmung »Für Frau Tutti von ihrem Hermann Hesse«
und »Gruß zu Ostern 1940« sandte er mir das – von unserer heutigen Weltsituation gesehen – prophetische Gedicht später nach
Amerika:

Müßige Gedanken

Einmal wird dies alles nicht mehr sein,
Nicht mehr diese töricht genialen Kriege,
Diese teuflisch in den Feind gewehten
Gase, diese Beton-Wüstenei'n,
Diese Wälder, statt mit Dorn mit Drähten
Dicht bestachelt, diese Todeswiegen,
Drin so viele Tausend schaudernd liegen,
Minen-Netze über Land, Luft, Meer.

Berge werden in die Bläue ragen,
Sterne werden durch die Nächte leuchten,
Zwillinge, Kassiopeia, Wagen,
Ewig in gelassener Wiederkehr.
Laub und Gras mit seinen Morgenfeuchten
Silber wird dem Tag entgegen grünen,
Und im ewigen Wind wird Meerflut schlagen
An den Fels und an die bleichen Dünen.
Doch die Weltgeschichte ist vorüber:
Mit dem Schwall von Blut, von Leid, von Lüge
Ist die Prahlerische als ein trüber
Kehrichtstrom zerronnen, ihre Züge
Sind erloschen, ihre unermessen
Schlingende Gier gestillt, der Mensch vergessen.

Mit vergessen sind die Kinderspiele,
Deren wir so holde und berückende,
Deren wir so unersättlich viele
Ausgedacht, so fremde und entzückende.
Die Gedichte, die wir uns ersonnen,
Jene Zeichen all, die unser Lieben
Rings der willigen Erde eingeschrieben,
Unsre Götter, Heiligtümer, Weihen,
Alphabeth und Einmaleins sind nicht mehr.
Unsrer Orgelfugen Himmelswonnen,
Unsre Dome mit den trotzig schlanken
Türmen, unsre Bücher, Malereien,
Sprachen, Märchen, Träume und Gedanken,
Sie sind ausgelöscht. Die Erde hat kein Licht mehr.

Und der Schöpfer, der dem Untergange
All des Scheußlichen und all des Schönen
Stille zugeschaut, betrachtet lange
Die befreite Erde. Heiter tönen
Um ihn der Gestirne Reigen, dunkel
Schwebt die kleine Kugel im Gefunkel.

Sinnend greift er etwas Lehm und knetet.
Wieder wird er einen Menschen machen,
Einen kleinen Sohn, der zu ihm betet,
Einen kleinen Sohn, von dessen Lachen,
Dessen Kinderei'n und Siebensachen
Er sich Spaß verspricht.
                    Sein Finger waltet
Tief im Lehm. Er freut sich. Er gestaltet.

geschrieben Ende Januar 1940

Und noch ein zweites Gedicht enthielt diese Ostersendung von ihm, und mit diesem hatte es eine besondere Bewandtnis:

Flötenspiel

Vor einem Hause blieb ich stehn
In wolkiger Vorfrühlingsnacht,
Kaum wissend, was mich hergebracht:
Es war der Flötentöne Wehn.

Das fremde Haus durch Strauch und Baum
Ein Fenster leise schimmern ließ
Und dort im unsichtbaren Raum
Ein Flötenspieler stand und blies.

Es war ein Lied so altbekannt,
Es floß so gütig in die Nacht,
Als wäre Heimat jedes Land,
Als wäre jeder Weg vollbracht.

Es war der Welt geheimer Sinn
In seinem Atem offenbart,
Bezaubert gab das Herz sich hin
Und alle Zeit war Gegenwart.

Geschr. im März 1940

Mich bezauberte dieses Gedicht sehr, und ich schrieb es ihm zu seinem Geburtstag im Juli auf Pergament. Darauf kam seine Antwort:

»Liebe Frau Tutti, … Heute Morgen kam Ihr liebes Pergamentblatt mit dem Gedicht, dafür sage ich Ihnen vielen Dank, es ist schön, und berührte mich so gut und freundschaftlich, als wäre alles noch da, was vor Jahren unser war. Und es ist ja auch in Wirklichkeit da, und ist unvergänglich, und hat mehr Substanz als die sogenannte Weltgeschichte, die so viel Radau macht.

Übrigens ist jenes Gedicht aber noch immer nicht völlig fertig, der erste Vers störte mich von Anfang an. Vorläufig hat es jetzt die folgende Gestalt; sehen Sie es sich in dieser einfachen Form nochmals an, und seien Sie herzlich bedankt und gegrüßt von Ihrem H. Hesse.«

Flötenspiel

Ein fremdes Haus durch Strauch und Baum
Ein Fenster leise schimmern ließ,
Und dort im unsichtbaren Raum
Ein Flötenspieler stand und blies.

Es war ein Lied so altbekannt,
Es floß so gütig in die Nacht,
Als wäre Heimat jedes Land,
Als wäre jeder Weg vollbracht!

Es war der Welt geheimer Sinn
In seinem Atem offenbart,
Und willig gab das Herz sich hin
Und alle Zeit ward Gegenwart.

In der endgültigen Fassung, die gedruckt vorliegt, hat er nochmals eine kleine Änderung gemacht, da heißt es:

Ein Haus bei Nacht durch Strauch und Baum

Seine große Liebe galt Mozart, und die ›Zauberflöte‹ war ihm ganz besonders ans Herz gewachsen. Zu Tamino hatte er eine Art brüderliches Verhältnis. Wenn ich sein Gedicht ›Mit der Eintritts-karte zur Zauberflöte‹ wiederlese, so ist es mir, als hörte ich seine Stimme:

So werd' ich dich noch einmal wiederhören,
Geliebteste Musik, und bei den Weih'n
Des lichten Tempels, bei den Priesterchören,
Beim holden Flötenlied zu Gaste sein.

So viele Male in so vielen Jahren
Hab' ich auf dieses Spiel mich tief gefreut,
Und jedesmal das Wunder neu erfahren
Und das Gelübde still in mir erneut,
Das mich als Glied in eure Kette bindet,
Morgenlandfahrer im uralten Bund,
Der nirgend Heimat hat im Erdenrund,
Doch immer neu geheime Diener findet.

Diesmal, Tamino, macht das Wiedersehen
Mir heimlich bang. Wird das ermüdete Ohr,
Das alte Herz euch noch wie einst verstehen,
Ihr Knabenstimmen und du Priesterchor –
Werd' ich vor eurer Prüfung noch bestehen?

In ewiger Jugend lebt ihr, selige Geister,
Und unberührt vom Leben unsrer Welt,
Bleibt Brüder uns, bleibt Führer uns und Meister,
Bis uns die Fackel aus den Händen fällt.

Und wenn einst eurer heitern Auserwählung
Die Stunde schlägt und niemand mehr euch kennt,
So folgen neue Zeichen euch am Firmament,
Denn alles Leben dürstet nach Beseelung.

Hesse sandte mir dieses Gedicht mit einem Brief vom 10. Juni 1941:
»Liebe Frau Tutti ... Heute sandte ich Ihnen ein neues Gedicht, es gehört noch zu denen von Josef Knecht und ist das einzige, was ich seit einem halben Jahr geschrieben habe. Ich konnte
mehr als zwei Monate die rechte Hand nicht brauchen, nicht einmal einen Bleistift halten, und am ersten Tag, wo infolge eines
neuen Medicaments die Finger sich wieder etwas biegen lassen,
schrieb ich das Gedicht auf, um es nicht zu verlieren ... Wenigstens ist es endlich Sommer geworden, ein launischer und wilder
Sommer, mit langen schweren Gewittern (zweimal Blitzschlag in
unserem Haus mit allerlei Schäden) und Wolkenbrüchen, aber
doch nicht mehr kalt, und oft wunderbar schön.
Grüßen Sie die Ihren und J. Maass tausendmal, auch von
Ninon!   Herzlich Ihr H. Hesse«

Ich habe ihm zuweilen eines seiner Gedichte auf Pergament kalli-
graphiert, und er dankte fast immer umgehend:

                                    »Montagnola, 1. Mai 1941
Liebe Frau Tutti, Ihr Brief und Geschenk ist vorgestern wohlbehalten zu mir gelangt, und ich freue mich an Ihrer schönen
Handschrift recht sehr; die Post bringt jetzt nicht oft so erfreuliche Sachen. Haben Sie vielen Dank! Ich wollte, ich könnte Ihnen
diesen Dank in einem richtigen Briefe sagen, aber seit mir bei dem
schlechten Winter ein noch weit schlimmeres Frühjahr gefolgt ist
und die Gelenkrheumatismen nun sich beinahe aller Glieder bemächtigt haben ... bin ich auch in diesen für mich bisher nicht ra-
tionierten Sachen sehr knapp gehalten. Ich muß zufrieden sein,
daß ich noch jeden Tag einige Schritte vors Haus humpeln kann ...
Daß es immer wieder Jugend und holde Unvernunft auf Erden

gibt, zeigte mir neulich der Brief eines Knaben aus Schweden, 17 Jahre alt, er teilt mir mit, daß er Dichter werden wolle, sich als meinen Schüler betrachte, und sobald der dumme Krieg zu Ende sei, sein Bündel schnüren, loswandern und mich aufsuchen wolle. Der Dichter A. Mombert ist, 70 jährig, in einem schrecklichen Lager in Frankreich gestorben. Aus Nizza schrieb Wolfenstein einigemal. Wenn möglich erbitte ich mir aus Schweden den Schubert von Annette Kolb und etwaige andere Neuigkeiten. Ihnen Beiden viele herzliche Grüße von uns!   Ihr H. Hesse«

Sein letztes und größtes Werk, das ›Glasperlenspiel‹, dessen Fertigstellung er im nachstehenden Brief an mich erwähnt, war sein Vermächtnis an die Nachwelt.

»Montagnola, 23. Sept. 42
Liebe Frau Tutti,
Ihr Brief war mir eine Freude, und da wir grade in den Tagen sind, wo der lange schöne Sommer gestorben ist und Herbst, Nässe und Kühle beginnen, und die für mich schon in jungen und gesunden Zeiten immer eine Qual waren (es kommt schon in Lauschers Tagebuch vor), war ich doppelt dankbar dafür … Im Frühling habe ich die letzten paar Sätze der großen Arbeit geschrieben, die ich vor elf Jahren begonnen habe; nun ist sie also doch noch fertig geworden, woran ich oft zweifelte. Sonst tue ich nichts mehr, d. h. nichts Produktives. Ich sammle meine Gedichte zu einer Gesamtausgabe … Oft lebt man wie in einem Alptraum und wünscht, es wäre vorüber. Im übrigen kümmere ich mich um die Einzelheiten des Krieges etc. sehr wenig …   Ihr H. Hesse«

Thomas Mann nannte Hesses ›Glasperlenspiel‹ später »revolutionär … in einem seelischen, dichterischen Sinn … zukunftssichtig … zukunftsempfindlich«. Inzwischen liegen wichtige Studien über die Bedeutung des »Spiels« und des »Spieltriebs« für die menschliche Gesellschaft von heute vor, und mit Verwunderung wird das von Hesse schon vor 45 Jahren konzipierte Werk zitiert.

Hesse selber gibt eine »allgemeinverständliche Einführung« zu Beginn des ›Glasperlenspiels‹. »Das ›Glasperlenspiel‹ ist Spiel mit sämtlichen Inhalten und Werten unserer Kultur, es spielt mit ihnen, wie etwa in Blütezeiten der Künste ein Maler mit den Farben seiner Palette gespielt haben mag. Was die Menschheit an Erkenntnissen, hohen Gedanken und Kunstwerken in ihren schöpferischen Zeitaltern hervorgebracht, was die nachfolgenden Perioden gelehrter Betrachtung auf Begriffe gebracht und zum intellektuellen Besitz gemacht haben, dieses ganze ungeheure Material von geistigen Werten wird vom Glasperlenspieler so gespielt wie eine Orgel vom Organisten … theoretisch ließe mit diesem Instrument der ganze geistige Weltinhalt sich im Spiele reproduzieren …«

Ein handgeschriebener, undatierter Brief Hesses, der wahrscheinlich aus dem Jahre 1946 stammt, lautet:

»Liebe Frau Tutti, seit Monaten habe ich keine Briefe mehr schreiben können, so sehr bin ich mit aktueller Arbeit überbürdet. Aber ich fand, aus anderen Zeiten her, noch dies bemalte Blatt, auf dem danke ich Ihnen für Ihren lieben Brief.

Das Blatt, das ich beilege, ist eine Antwort auf einen Stoß von Schmähbriefen, der wieder einmal aus Deutschland kam, sie erschien in der Zürcher Zeitung.

Möchte es Ihnen gut gehen! Es grüßt Sie herzlich

Ihr H. Hesse«

Beilage zum Brief:

»Seit Deutschland im Jahr 1914 einen ungerechten Krieg und eine immer hemmungslosere Kriegspropaganda begann, habe ich je und je, zuerst im Herbst 1914, zuletzt im Frühling 1946, an die Besonnenen und anständig Gesinnten dort einen Anruf oder eine Mahnung gerichtet, und bin seit 1914 bis heute dafür jedesmal teils ausgelacht, teils diffamiert und geschmäht worden. So ist Ihr Brief, der noch lange nicht zu den schlimmen zählt, einer von mehreren tausend Schmähbriefen, die ich seit 32 Jahren aus Deutschland erhalten habe.

Daß mein ›Brief nach Deutschland‹ ungefragt und unberechtigt von der Neuen Zeitung* abgedruckt, dabei vielleicht auch durch Kürzungen entstellt wurde, ist nicht meine Schuld.

Ich spreche in diesem Brief, der Sie so sehr empört, denjenigen Deutschen, die sich gegen Hitler gewehrt und unter ihm gelitten haben, meine höchste Verehrung und Liebe aus, nenne sie sogar das Salz der Erde. Auch dafür werde ich nun in einer Flut von empörten Briefen angepöbelt. Es fehlt mir jedes Verständnis dafür. Viele meiner Freunde sind durch Hitler-Deutschland gepeinigt, beraubt, getötet worden, viele haben in Gefängnissen und Konzentrationslagern geschmachtet, unter ihnen auch mein treuer Freund und Berliner Verleger P. S.

Alle meine ›politischen‹ Äußerungen werden im Herbst 1946 in Zürich gesammelt in einem Bande erscheinen. Sie haben mir nicht nur jene zahllosen Haßbriefe eingetragen, sondern auch die Freundschaft Romain Rollands und andrer großer Vertreter der Humanität und Vernunft, und die Liebe und Gefolgschaft einer kleinen Elite im deutschen Volk. Diese kleine Elite kämpft dafür, daß das hochbegabte, aber politisch völlig unerzogene deutsche Volk auch im politischen Leben Vernunft lerne und sich einordne.

Viele meinen, einem schwer leidenden Volk solle man nicht zumuten, etwas zu lernen. Ich wüßte aber nicht, welche Zeit der Einsicht und Einkehr bedürftiger wäre als gerade die der tiefsten Not und Demütigung.   Hermann Hesse«

Mit welchem Spaß er zeit seines Lebens mit musikalischen Formen »spielen« mochte, zeigt ›Ein Satz über die Kadenz‹, den er mir eines Tages mit folgender Bemerkung zusandte: »Das etwas lange Sätzchen ist, wie man sieht nicht so sehr ein Versuch, das Phänomen der Kadenz zu erklären, als vielmehr der Versuch, es mit dem Mittel der Prosa des Spaßes wegen gewissermaßen nachzuahmen.«

---

* ›Neue Zeitung‹, München.

»Wenn, wie es in jenem musikalischen Dialoge, Wettstreit oder Liebesverhältnis zwischen dem Orchester und einem Solo-Instrumente, das seit zweieinhalb Jahrhunderten als ›Konzert‹ zu bezeichnen die Fachsprache der Musiker sich angewöhnt hat, immer wieder manche Takte lang geschieht, eben jenes Solo-Instrument, der Auseinandersetzung mit dem gewaltigen Gesprächspartner sowohl wie der Rolle des bloßen Gehilfen bei der Entwicklung, Wandlung und Fortführung eines musikalischen Themas für eine Atempause enthoben, sich gewissermaßen aus der Verstrickung in eine beinah allzu komplizierte Welt von Funktionen, Ansprüchen, Aufgaben, Verantwortungen und Verführungen, aus einer ungemein differenzierten, vielfach abhängigen, vielen Mitspielern verpflichteten Existenz entlassen und in seine eigene, heimatliche, individuelle Welt (zurückkehrt) zurückgekehrt findet, scheint diese befristete Heimkehr in sein ihm allein gehöriges Reich, in die Unschuld, Freiheit und Eigengesetzlichkeit seines eigenen Wesens ihm einen ganz neuen Auftrieb und Atem, eine zuvor durch die Rücksicht auf den Partner gebundene und eingeschränkte Beschwingtheit, eine beinahe berauschte Freude an sich selbst und seinen Möglichkeiten zu verleihen, scheint es zum Genuß seiner wiedererlangten Freiheit, zum Schwelgen in der ihm allein eigenen Atmosphäre einzuladen und zu ermuntern, daß es gleich einem der Gefangenschaft entronnenen Vogel erst in langen Folgen von Trillern seiner Kräfte jubelnd wieder bewußt wird, um alsdann in bald wiegenden, bald triumphal emporsteigenden, bald bacchantisch baßwärts abstürzenden Passagen, Schwüngen und Flügen das scheinbar unüberbietbare, ja Unmögliche an virtuoser Ekstase zu erleben.«

Der letzte Brief, den ich von ihm erhielt, ist undatiert:

»Liebe Frau Tutti,
Haben Sie Dank für Ihren lieben Brief vom Februar. Ich bin zwar noch immer nicht fähig, Ihnen einen Brief zu schreiben und werde es vielleicht nie mehr sein, da dem schlechten Zustand mei-

ner Augen und Nerven eine immer erdrückender werdende Über-
bürdung gegenübersteht. Aber ich habe ein kleines Geschenkchen
für Sie: das beiliegende liebe Blatt, das ich diesen Winter in einem
alten, nach Marin mitgenommenen Buch gefunden habe. Möge es
Sie wohlbehalten erreichen und Ihnen etwas Freude machen.

Grüßen Sie Gottfr. Bermann und J. Maass von mir. Ich denke,
in den nächsten Tagen, nach fünf Monaten Abwesenheit, nach
Montagnola zurückzukehren, allerdings mit sehr gemischten Ge-
fühlen. Um am Leben und an der Welt, so wie sie geworden sind,
etwas Spaß zu haben, müßte man kräftig genug sein, ganz neu
anzufangen, statt in eine abgelebte und antiquierte Lebensform
zurück zu kehren.   Herzlich grüßt Sie Ihr H. Hesse«

Wie ein Abschied von der Welt klingt das Gedicht, das dem Brief
beilag:

Herbstgeruch

Wieder hat ein Sommer uns verlassen,
Starb dahin in einem Spätgewitter.
Regen rinnt geduldig und im nassen
Walde duftet es so bang und bitter.

Herbstzeitlose starrt im Grase bläßlich
Und der Pilze wucherndes Gedränge.
Unser Tal, noch gestern unermeßlich
Weit und licht, verhüllt sich und wird enge.

Enge wird und duftet bang und bitter
diese Welt, dem Lichte abgewendet.
Rüsten wir uns auf das Spätgewitter,
Das des Lebens Sommertraum beendet!

September 1947   *Gruß für Frau Tutti*
                                       von H. Hesse

20

Kriegsende. Wiederbegegnung mit Europa.
Die zerstörten Städte. Neubeginn in Wien.
Ilse Aichinger. Doktor Faustus.

Am 9. Mai 1945 war der Krieg gegen Deutschland beendet. Bald danach kam ein erstes Lebenszeichen von Peter Suhrkamp, der 1935, als wir Deutschland verließen, den dort verbliebenen Teil des S. Fischer Verlages übernommen hatte. Sobald es nach Kriegsende möglich war, schickte ich ihm regelmäßig Carepakete. Am 25. Februar 1946 schrieb er mir aus Berlin einen Bericht, der sich über eine ganze Woche erstreckte:

»Lassen Sie sich umarmen, Tutti! – Das pflegt meist am Ende eines Briefes zu stehen und ist dann eine rasche Redensart, mit der man sich wohl verabschiedet. Sie haben mich in den letzten Monaten einige Male dem Weinen nahe gebracht. Und es war kein blasses Gerührtsein, das uns hier heute schon leicht anwandelt – so bloß liegen die Nerven! – sondern ein Dankopfer aus ergriffenem Herzen. Wie haben Sie gesorgt! Einmal muß ich offen darüber schreiben: ohne die unausgesetzte Hilfe seit September 45 ginge ich gewiß nicht mehr über der Erde. Seit ich jetzt wieder aufstand, habe auch ich das Gefühl, wieder etwas zuzusetzen zu haben. Sie können nicht wissen, was es bedeutet, wenn ich das gerade jetzt schreibe. Jetzt, wo sonst allgemein aus den Äußerungen der Menschen Todesahnung schauert. Aus fast allen Briefen, die ich in letzter Zeit bekam. Auch wenn sie von noch jüngeren Menschen waren. Dabei sind sie immer noch tapfer. Aber dieser Winter hat allen – nein: nicht den Rest gegeben! – sondern sie entblößt, es ist sichtbar geworden, was sie seit langem sind. Sie sind ganz und leidenschaftlich Trauer. Wortlos, aber in ihrer ganzen Erscheinung, im Ausdruck. Nicht schamlos, und nicht verzweifelt. Ein Nackt-im-Gericht-stehen: das ist es. Das ist keine Übertreibung von mir. Möglich, daß andere das nicht sehen. Vom Lager her habe ich einen Blick dafür: wenn die Neueingelieferten sich auszogen, ihre Kleider abgegeben hatten, nackt durch die große Halle zu einem Scherer hin, der sie überall kahl schor, und dann wieder einen langen Weg durch die weite große Halle gehen mußten, zu einem Häufchen dreckiger, stinkender Lumpen, den sie auf ihre Blöße tun konnten, der sie aber niemals bedeckte. Danach wagte keiner dem anderen ins Gesicht zu sehen ... An diese Szene muß ich jetzt denken, wenn ich Menschen sehe. – Dies heute. Es ist spät und es wird kalt in meiner kleinen Kammer. Morgen schreibe ich mehr. Heute aber wollte ich diesen Dank wenigstens geschrieben haben. Sie sehen, ich tu das mit Ihrem Federhalter, der mir gestern gebracht wurde. Morgen mehr! –

26. Februar. Es ist schon spät, Tutti. Ich mußte nachmittags nach Frohnau. Unter heutigen Verhältnissen ist das eine lange Reise. Allein die Fahrt vier Stunden. Wegen einer Stunde Gespräch mit dem französischen Kulturattaché. Mitten im Gespräch mußte ich an Pierre Bertaux denken. Warum wohl. Wissen Sie, wie er überstanden hat? – Und dann natürlich Loerke. Ich hätte gern sein Grab besucht, aber meine Kräfte reichten nicht ... Über seinen Tod haben Sie sicher inzwischen Berichte bekommen. Als es zum Krieg gekommen war, konnte es keinen anderen Weg mehr geben. Er ist buchstäblich an gebrochenem Herzen gestorben ... In seinem Nachlaß fand ich einen Brief an mich: ›Daß Niemand behauptet, ich sei an einer Krankheit gestorben, ich bin allein an der braunen Pest gestorben‹, heißt es darin.

... Am 3. März: Drei Tage vergingen, ohne daß ich weiterschreiben konnte ... im Nebenzimmer saß Zuckmayer, der am Abend aus Wien gekommen war, nur noch für ein paar Tage. Er ist zurückgerufen. Darüber sind wir so erschrocken und traurig wie er. Seine offene schenkende Herzlichkeit wirkt hier geradezu erschütternd und hinreißend. Wie ein Frühlingssturm. Er bringt jeden zum Lachen und Weinen in einem. Wenn nur viele solche kämen, meint man, dann würde hier noch etwas werden. Wieviel das ist, einfach ein natürlich-herzlicher Mensch! Wenn so einer kommt, merken wir, daß wir das wohl seit einem Jahrzehnt am meisten entbehrt haben! – Am Freitag kamen für den Verlag zwei Pakete von Ihnen. Sie haben die Leutchen damit recht glücklich gemacht … Seit Mitte Januar stockt im Verlag die Herstellung völlig, weil Druckereien und Bindereien völlig still liegen. Kein Gas, kein Strom, keine Kohlen … Diese Schwierigkeiten können Sie sich kaum vorstellen. Es gibt kaum willige Mitarbeiter dafür …

Ich grüße Gottfried, Gabi, Gisi, Annette, Ihre Mutter, Hilla und auch Monika, die ich nicht kenne. – Wenn ich alle wirklich umarmen könnte! Stets und herzlich   Ihr alter Peter«

Im Februar 1946 flog Gottfried zum ersten Mal nach Europa, wie die Friedenstaube nach dem Weltuntergang, um im Bermann-Fischer Verlag, der in Stockholm – sechs Jahre lang von uns abgeschnitten – ferngeleitet weitergearbeitet hatte, nach dem Rechten zu sehen.

Diesen ersten Kontakt seines Verlegers mit seinen europäischen Lesern empfand auch Thomas Mann als hoffnungsvollen Neubeginn.

»1550 San Remo Drive
Pacific Palisades, Cal.
17. Februar 1946

Liebe Tutti … Telegraphische Abschiedsgrüße für Gottfried konnten wir wegen des Streiks nicht mehr schicken. Wir wissen nicht einmal, ob er eigentlich geflogen oder per Schiff gefahren ist. Im ersten Fall müßte er ja schon seit Tagen in Schweden sein. Bitte halten Sie uns doch wenigstens in großen Zügen über den Gang seiner Reise auf dem Laufenden. Sie können sich denken, mit welcher Anteilnahme wir sie begleiten. Mit herzlichen Grüßen von uns beiden – Ihr Thomas Mann«

Und meine Antwort:

»Old Greenwich, Conn.
20. Februar 1946
Lieber und verehrter Herr Doktor ... Gottfried ist am 9. Februar
hier abgeflogen und am 12. Februar in Stockholm eingetroffen.
Schon sein Abflug wurde durch die Sonnenflecke und dadurch
hervorgerufene atmosphärische Störung um 48 Stunden verscho-
ben. Auf der Strecke mußte er in Neufundland zwölf Stunden
unterbrechen, weil ein Unwetter über dem Atlantischen Ozean
wütete. In Irland wurde er in einem offenbar seltsamen und sehr
verlassenen Nest abgesetzt, wo es abermals galt, Geduld zu üben,
denn da war es die Maschine, die nicht in Ordnung war und ihn
wieder acht Stunden Verspätung kostete. Aber dann war er in offenbar sehr ruhigem Flug in Kopenhagen und schon zwei Stunden
später in Stockholm.

Nach seinen ersten Berichten aus Stockholm liegt ein riesiger
Berg von Arbeit vor ihm, denn es gilt ja, den ganzen Verlag von
Kriegs- auf Friedenszustände oder wenigstens friedensähnliche
umzustellen. Das erste interessante Angebot kommt von einem
englischen Legationsrat der dortigen Gesandtschaft, der sich
für unsere Bücher interessiert, die er für den britisch besetzten
Teil von Deutschland kaufen und, was das Wichtigste dabei ist,
in schwedischer Währung in Stockholm bezahlen will. Es klingt
so phantastisch, daß man es besser noch nicht für bare Münze
nimmt, aber immerhin könnte es eventuell ein erster Schritt nach
Deutschland sein. – Außerdem kam Gottfried mit dem russischen
Gesandten in Stockholm zusammen, der ein Dinner für ihn und
Bonniers gab und ihm, nachdem er ungeheure Alkoholmengen
hatte trinken müssen, sein großes Interesse an den deutschen
Schulbüchern, die hier vorbereitet wurden, zeigte.

Gottfried versucht nun, mit Hilfe der britischen und der amerikanischen Militärleute nach Deutschland fahren zu können ...
Die Stimmen aus Deutschland, die nach Büchern verlangen, werden immer lauter, und unter dem allgemeinen Druck werden die

Militärbehörden etwas zur Klärung der Lage tun müssen. Ich werde Sie jedenfalls alles sofort wissen lassen, was sich auf diesem Gebiet ereignen sollte.

Wie gefällt Ihnen das Januarheft der ›Neuen Rundschau‹? Eine Kritik von Ihnen wäre lehrreich und wichtig für die am Hefte Arbeitenden. Die ›Rundschau‹ wird von nun an vom Stuttgarter Sender aus regelmäßig für Deutschland besprochen und zitiert werden … Ihnen Beiden alles Herzliche, Ihre Tutti«

Nach seinem abenteuerlichen ersten Flug nach Europa berichtete Gottfried mir täglich von seinen Erlebnissen und Eindrücken. Er saß inzwischen wieder in Stockholm an seinem alten Schreibtisch im Verlag am Stureplan, den er seit seiner Verhaftung im Jahre 1940 nicht mehr betreten hatte. Mit seinen Mitarbeitern, die den Verlag die ganzen schweren Kriegsjahre hindurch betreut hatten, war er an der Arbeit, ihn neu zu beleben. Aber Schweden schien jetzt zu abgelegen und in seiner neutralen Apathie zu weit entfernt von dem neuen, lebendigen Impuls des befreiten Europas. Nachdem es Gottfried gelungen war, mit seinem bereits nach Holland zurückgekehrten Freund Fritz Landshoff in Amsterdam in Verbindung zu treten, entschloß er sich sofort, dessen dringendem Ruf nach Amsterdam zu folgen, wo man nach dem freien deutschen Buch hungerte. Die holländischen Verleger konnten damals ihre eigene Produktion noch nicht aufnehmen. Gottfrieds erster Brief, gleich nach Betreten des kriegszerstörten europäischen Kontinents, kam aus Amsterdam vom 4. März 1946:

»… Der einstmals so schöne Airport Schiphol bietet einen traurigen Anblick, man sieht nur noch Eisengerippe … die Stadt desgleichen … nur wenige Geschäfte sind beleuchtet … Taxis gibt es nicht … den Menschen sieht man die furchtbare Hungerszeit an … Der Kontrast zu Stockholm ist ungeheuer, die ganze Geschichte der letzten sieben Jahre liegt zwischen diesen beiden Städten … Aber hier ist wirklich Europa lebendig. Wie freundlich sind die Menschen, wie sehr erfüllt von dem Glück der Freiheit! Alles arbeitet am Wiederaufbau, voll von Optimismus und

Unternehmungslust. Jedoch friert man ganz entsetzlich ... Die Zimmer sind ungeheizt. – Die Erzählungen über die Vorgänge in den letzten Monaten vor der Befreiung, die Erschießungen auf offener Straße ... die Unmöglichkeit, die am Hunger Gestorbenen zu begraben, alles das ist furchtbar ... Wenn ich durch die alten Straßen gehe, die wir früher so fröhlich durchwandelten, muß ich immer daran denken, welche Greuel hier geschahen. Das Judenviertel ist eine leere Höhlenstadt ... Die Preise auf dem Schwarzmarkt sind völlig märchenhaft: ein Pfund Butter – 70 Gulden (ca. $ 35,–), ein Anzug 750 Gulden. Das höchstwertigste Zahlungsmittel aber sind amerikanische Zigaretten, zwischen $ 5,– bis $ 8,– per Paket. Du kannst also für hundert Pakete Chesterfield einen Anzug haben! ... Sehr komisch sind die alten Pferdedroschken, mit uralten Rössern oder Ponys bespannt. Die Wagen müssen aus dem Museum stammen ...«

Gottfrieds Besuch in Amsterdam war sehr erfolgreich. Er konnte für den Gegenwert von 100 000 Gulden Bücher des Stockholmer Verlags verkaufen und erhielt die offizielle Genehmigung zur Überweisung dieser damals beträchtlichen Summe nach Stockholm. Der Hunger nach dem deutschen Buch, der sich hier zeigte, war nach der langen Dürre der Kriegsjahre eine erste Bestätigung unserer Zukunftshoffnungen.

Da Gottfried die Genehmigung zur Einreise nach Deutschland vom »Allied Military Government« in diesem Jahr nicht mehr erhalten konnte, kehrte er nach Old Greenwich zurück in der Hoffnung, im kommenden Jahr einen entscheidenden Schritt vorwärts tun zu können für eine neue Konsolidierung des Verlags und für den Import unserer von den deutschen Lesern so lang entbehrten Bücher. Ein Jahr später, im April 1947, flog er wieder nach Stockholm, von wo er nun mit aller Energie versuchte, die notwendigen Visa zur Einreise nach Deutschland zu erhalten. Am 3. Mai 1947 schrieb er mir:

»My darling, heute habe ich nun das britische und das amerikanische Permit für Deutschland erhalten, und zwar drei Wochen für die US-Zone und zwei Wochen für die britische. Die französische Erlaubnis werde ich mir in Berlin besorgen … Ich habe nun alles, was ich brauche für diesen trip ins Ungewisse – und ich wünschte nur, Du wärest mit mir …«

Inzwischen war Fritz Landshoff zu ihm nach Stockholm gekommen, um eine Zusammenlegung der Verlage Querido und Bermann-Fischer in Amsterdam vorzubereiten, von wo die Reaktivierung des Gesamtbetriebs sich viel schneller und besser verwirklichen ließ.

Am 7. Mai 1947, unmittelbar vor der lang ersehnten Abreise nach Deutschland, schrieb er mir: »… morgen früh geht es nun dahin. Mir ist sehr komisch zu Mute. Das bevorstehende Wiedersehen geht mir an die Nerven. Mehr als ich erwartet habe.«

Ich verfolgte mit allen Sinnen und Nervenfasern Gottfrieds erste Schritte in Berlin und schrieb ihm am 5. Mai: »… wenn Du diese Zeilen bekommst, hast Du schon Berlin gesehen und wer weiß, wie Du Dich fühlst und wie traurig und entmutigt Du bist. Ich gehe im Geist mit Dir durch die Öde und Verlassenheit unserer ehemaligen Heimat und stehe mit Dir vor der Pforte der geliebten Erdenerstraße.«

Am 11. Mai kam sein erstes Lebenszeichen aus Deutschland: »Als mich der Zubringerbus vor dem Frankfurter Bahnhof absetzte, fand ich mich inmitten unendlicher Hoffnungslosigkeit, die von den drahtgespickten öden Trümmerhaufen ausging und von den verhungerten Menschengestalten, die zwischen ihnen gebückt und müde einherschlichen … Man kann schwer beschreiben, was es ist, was diese Menschen so verändert hat. Es ist nicht der Anzug allein, der zerschabt an ihnen herumhängt, auch nicht die Abgemagertheit, schon mehr das Graue der Gesichtsfarbe und eine scheue Art des Blicks, das Verzagte, Geschlagene …

Nach Berlin reiste ich mit den Papieren des Military Government als V. I. P. (very important person). Diese Papiere machten einen zum Übermenschen, der wie ein Zaubergott den armen, im Schmutz kriechenden Gestalten ein wenig Glück bringen konnte. Man mußte die Zähne zusammenbeißen, um das durchhalten zu

können … Ach Tutti, manchmal denke ich, wie gut, daß Du nicht
hier bist. Es ist so furchtbar, so deprimierend und so hoffnungslos,
daß mir das Heulen kam … Von dem Augenblick an, in dem man
Deutschland betritt, ist man in einer sonderbar künstlichen, fremden Welt. Alles ist von einer ›höheren‹ Macht geregelt, für alles
und jedes gibt es ein besonderes Büro und wenn Du zum amerikanischen Hauptquartier OMGUS kommst, glaubst Du Deinen
Augen nicht zu trauen, Du fährst durch ein gepflegtes, blühendes
Paradies … Durch riesenhafte, durch M. P.s bewachte Gittertore
betritt man ein weitausgedehntes Gelände, in dem zahlreiche Ge-
bäude inmitten herrlicher Blumenanlagen stehen. In diesen Ge-
bäuden befinden sich die Büros der Militärverwaltung … und dort
liegt auch die ›Truman Hall‹, wo Visitors wie ich sowie viele der
amerikanischen Beamten ihre Mahlzeiten einnehmen. Ein Schild
ist am Eingang: ›Keine deutschen Gäste‹ … Um einem verhungerten deutschen Mädchen zu helfen, gehe ich hinein und kaufe vier
doughnuts, die ich unter großen Schwierigkeiten heimlich in meinen Hut bugsiere und sie ihr dann Stück für Stück draußen zu-
schmuggle … Tutti, so schön es ist, die alten Freunde wiederzuse-
hen, so krank und elend macht mich doch dieses Leben hier, das
Bewußtsein der hoffnungslosen Isoliertheit dieser deutschen
Welt von der westlichen und der unheimlich drohenden von der
so nahen russischen Zone, die eines Tages diese isolierte Insel ver-
schlingen mag. Diese Menschen hier leben in der ständigen
Angst, die amerikanische Besatzung könnte eines Tages sie verlassen … Liebes, Du schriebst mir, wie sehr Du wünschtest, mit
mir vor der Erdenerstraße 8 zu stehen. Ich war glücklich, daß Du
nicht mit mir warst. Du mußt Dich damit abfinden, da ist keine
Erdenerstraße 8 mehr und niemals mehr wird eine sein außer in
unserem Herzen und in uns und unseren Kindern … Ich hielt es
gestern nicht mehr aus, nahm mir ein Taxi und fuhr in den Grunewald. Dort gibt es kein Haus, das nicht mehr oder weniger beschädigt ist und Dich wüst und leer anblickt. Das Taxi hielt vor der
Erdenerstraße 8. Da ist es. Es steht noch da. Unversehrt, umgeben
vom dem alten weißen Holzzaun … Die Tür ist offen, ich gehe

hinein, der Tennisplatz ist ein Gemüsegarten, ich gehe um das Haus herum, da sind die alten Platanen mit ihren scheckigen Stämmen ... ich stehe auf der Steintreppe zur Terrasse, auf der wir so viele glückliche Stunden verbrachten ... es ist alles arm und verfallen ... das Glas in den Türen ist teilweise durch Pappe ersetzt. Der Mörtel der Wände weist große Löcher auf ... ein todtrauriger Anblick ... Liebstes, das ist die Erdenerstraße nicht mehr. Verstehst Du, daß ich froh bin, daß Du nicht hier warst. Ich wäre noch trauriger gewesen, als ich es war, Dich neben mir trauern zu sehen. Laß' es in Dir leben, wie es war, als Du es verließest ...«

»15. Mai 1957: ... Gestern nachmittag war ich auf dem Friedhof Weißensee. Tutti, es war erschütternd. Der einzige Platz in Berlin, der noch etwas vom alten Berlin widerstrahlt, ist dieser Friedhof. Außer zwei Bombentrichtern, nicht weit von Papas Grab, keine Zerstörung. Die alten Gräber und Tafeln, die noch den Reichtum der alten jüdischen Familien Berlins zeigen, viele bekannte Namen von Rang und Größe, auch viel von dem schlechten Prunk, der nun einmal dazugehörte, alles das umgeben von den alten Bäumen, dem alten Duft – es ist unglaublich – aber hier durch die Toten lebt das Alte. Draußen ist es tot und vorbei. Das Grab ist unversehrt. Der große Stein mit Papas und Gerharts Namen, dem Fischer auf Papas Seite und der Harfe auf Gerharts, ist da ... Das alte Zentrum Berlins, Wilhelmsplatz mit Kaiserhof, Propagandaministerium ... Reichskanzlei sind bizarre Trümmer – Friedrichstraße, Leipzigerstraße, Potsdamerplatz völlig tot, manchmal ein Radler – ein Fußgänger, dessen Schritte laut durch die Öde hallen, am hellichten Tag. Ein Windstoß bläst Dir weiße Staubwolken entgegen. Potsdamer Bahnhof eine hohe Mauer mit der Eingangstreppe und nichts mehr dahinter ... Der Kurfürstendamm ist eine bessere Dorfstraße. Die Fassaden stehen noch. Die Menschen kriechen von irgendwo unter dem Schutt heraus ... Vom Wittenbergplatz an aber beginnt das große Grauen. Dort ist nur noch eine große Schuttwüste, in der man auf Straßen herumirrt, die einem so fremd sind, daß man nach einer Weile absolut nicht mehr weiß, wo man ist ... Der Tiergarten ist eine Art Schuttabladeplatz mit Schrebergärten. Gespenstisch leuchten aus dem Gewühl die alles überdauernden Hohenzollern, die man weiß Gott warum nicht abgeräumt hat. Einsam sitzt Diana auf ihrem Pferd, allein und verlassen, rechts ragt das gewaltige Russenmonument, dahinter der ausgebrannte Reichstag mit verbogener Kuppel, dahinter die Siegessäule mit der Tricolore und dem Union Jack ...

Ich war in der Städtischen Oper, hörte ›Peter Grimes‹ und traf alte Bekannte ... Alle hell begeistert, mich zu sehen und glücklich, daß jemand von draußen da ist. Ich beginne erst jetzt zu realisieren, daß ich einer der ganz wenigen Zivilisten bin, die bisher überhaupt nach Berlin kommen konnten, wohl nahezu der erste ...

Ich wäre selig, Dich hier zu haben, neben mir, obwohl Du weißt, wie sehr ich gleichzeitig auch den Gedanken hasse, Dich diesen furchtbaren Eindrücken auszusetzen. Ich bräuchte Dich hier jede Minute – Deinen Rat – Deine Hilfe, aber ich sehe keinen Weg. Ich habe aber immer noch eine leise Hoffnung, daß es Dir gelingt, das französische Visum zu bekommen ...«

Ich hatte inzwischen von Amerika aus alle Hebel in Bewegung gesetzt, um für mich eine Einreiseerlaubnis nach Deutschland zu erhalten. Mein Freund Pierre Bertaux, der zu dieser Zeit Préfet du Rhône geworden war, setzte es durch, daß die französischen Militärbehörden mir in Paris die Einreise in die französische Zone Deutschlands bewilligten. Gottfried schreibt mir am 4. Juni 1947 aus Berlin: »... Ganz selig bin ich bei dem Gedanken, Dich schon in kurzer Zeit in Baden-Baden in die Arme schließen zu können ... daß Pierre so gut funktioniert hat, ist herrlich! ...«

Wir trafen uns noch im gleichen Monat in Baden-Baden und fühlten beide: hier war ein Neubeginn unseres Lebens und unserer Arbeit, die wir nur mit vereinten Kräften bestehen konnten. – Da es für uns als Amerikaner zunächst nicht gestattet war, in Deutschland unsere Verlagstätigkeit wieder aufzunehmen, war es die erste, sehr aufregende gemeinsame Aufgabe, unseren Arbeitsplatz in Wien zu etablieren, wo man Papier bekam und mit der Drucklegung wichtiger Verlagstitel sofort beginnen konnte. Das Wiedersehen mit der Stadt, aus der wir vor neun Jahren nur mit knapper Not der SS entkommen waren, hatte etwas Unwirkliches, Märchenhaftes. Die Stadt war relativ unbeschädigt, im Gegensatz zu den deutschen Städten, aber die Menschen waren ebenso verhungert, verängstigt, heruntergekommen und ernüchtert nach Hitlers Wahn von »Großdeutschland«. Man betrachtete uns wie Wundertiere, und alle Pforten öffneten sich. Binnen kurzer Zeit fanden wir einen Leiter für den neuen Verlag. Wir fanden die notwendigen Verlagsräume, das Papier und die Druckereien, die mit dem Druck der Bücher, nach denen eine so große Nachfrage herrschte, begannen. Wir fanden auch eine junge, neue Autorin. Kurz nach Wiedereröffnung des Verlags brachte man uns mit zwei jungen Mädchen zusammen, die schüchtern und etwas verlegen lächelnd vorbeihuschten. Von der einen hieß es, sie hätte gerade ihren ersten Roman geschrieben. Sie hieß Ilse Aichinger, und ihre Freundin Ingeborg Bachmann. Ilses Manuskript lasen wir beide mit Herzklopfen und Bewunderung. Hier waren zwei Dinge glücklich vereint: ein echtes schriftstellerisches Talent und ein großer Stoff, nämlich das Drama ihrer Kindheit inmitten grausamer Verfolgungen durch den Nazismus. Wir waren tief beeindruckt und nahmen ihr Buch ›Die größere Hoffnung‹ sogleich für den Verlag an. In unserem Hotelzimmer im »Roten Hahn« tat sie Freudensprünge, als sie von unserem Entschluß erfuhr. Kurz danach schrieb sie:

»Wien, 29. Juli 1947
Liebe gnädige Frau – lieber Herr Doktor!
Seit Sie hier waren, hat die ganze Stadt einen neuen Glanz und ich möchte das am liebsten jedem fremden, traurigen Menschen erzählen, der an mir vorbeigeht und ich möchte allen beweisen, daß es unvorstellbar schöne und wunderbare Dinge gibt – wie es mir vor ganz kurzer Zeit bewiesen wurde! Die Erfahrung, glücklich zu sein, ist für mich eine sehr neue und hinreißende Erfahrung und

ein großer Impuls, dieses Wissen, daß es so viel Wärme und Verständnis gibt! Weil es aber nicht möglich ist, allen fremden, traurigen Menschen von Ihnen zu erzählen, will ich lieber schreiben. Und ich wollte, daß dieses Buch ein großer Dank für Sie wird. Nein, Sie sind gar nicht weggegangen – Sie sind hier, ich weiß es!   Ihre Ilse Aichinger«

»Wien, den 20. August 1947

Liebe gnädige Frau …

Es ist heute ein Monat her, seit wir uns das erste Mal gesehen haben. Daß auch Sie es wie seit immer empfinden, macht es im Tiefsten wirklich … Aus Ihrem Brief atmet die weite Welt, wo sie wirklich weit ist. Es hilft mir so sehr zu wissen, daß Sie da sind! Alle diese Trennungen sind ja nur scheinbar … Die Arbeit ist immer wie ein Gehen über das Wasser. Sie verlangt so viel Vertrauen. Und gerade das Vertrauen haben Sie mir geschenkt! Noch nie hab' ich so regelmäßig arbeiten können wie jetzt. Wenn alles gut geht, werde ich im Oktober fertig sein … In allen Schwierigkeiten und Unergründlichkeiten sind Sie beide ein Halt für mich geworden! Worte können so wenig sagen von dem, was man eigentlich meint, sie bleiben doch immer nur Tore in ein Tieferes. Aber ich weiß, Sie wissen alles, was ich sagen will.

Immer Ihre Ilse«

Seither sind wir innige Freunde geworden. Ilse arbeitete eine Zeitlang im Verlag und wuchs in unsere Familie hinein. Inzwischen hat sie sehr eigenartige und zarte Dinge geschrieben in einer schwebenden Sprache, ein Gedanken-Gewebe, Ausdruck einer sensiblen und aufgerührten Seele.

Um diese Zeit

Ich lasse mich
von den Jagdhörnern
aus meinen Schlupfwinkeln jagen,

hin zu der Morgenröte
unterm Schnee,
zum vergilbenden Gras.

Mit meinen Händen
erreiche ich
schon die Gelübde der Kinder,
die mich rasch aufwärts ziehen,
hol mir
den winkligen Mond.

Für Gottfried und Tutti
mit vielen herzlichen Wünschen
von Ilse

Der Leiter unseres Wiener Verlags, Joseph Berger, führte den Verlag mit großem Geschick und Verständnis und wurde uns zu einem guten Freund. Wir hatten uns ein kleines Pied-à-terre in Verbindung mit den Verlagsräumen eingerichtet am berühmten »Graben«, mit dem Blick auf die alten Dächer der Stadt, und wenn wir auch nur sporadisch dort wohnen konnten, so brachten die Wiener Wochen uns allen Charme des alten Europa zurück. Wir mußten aber, nach Ablauf unserer Visa, nach den USA zurückkehren, und wir waren froh, wieder zu Haus, in Old Greenwich zu sein.

Inzwischen hatte Thomas Mann uns einen Teil seines soeben beendeten Romans des ›Doktor Faustus‹ zugesandt. Wir hatten schon zuvor einige Kapitel dieses Buches lesen können und hörten von ihm die Teufelsszene, die er in kleinem Freundeskreise in New York vorlas. In dem halb verdunkelten Raum, in dem nur ein wenig Licht auf sein Manuskript fiel, übertrug sich diese düstere Vision in unheimliche Nähe.

Ich schrieb ihm nach der ersten Lektüre:

»Old Greenwich, Conn.
2. November 1946

Verehrter Herr Dr. Mann,

zehn volle Tage laufe ich nun herum mit einem Brief an Sie im Kopf ... zu dem Manuskript von 713 Seiten des ›Doktor Faustus‹. Schließlich habe ich sie noch einmal, ein zweites Mal gelesen. Aber ich sehe voraus, daß es mir auch danach nicht glücken wird. – Und wie könnte es auch. Es mutet mich wie Vermessenheit und Unbescheidenheit an, zu diesem Werk, das mich in erschrecktes Staunen gestürzt, das Denkgrundlagen erschüttert und neue aufgerichtet hat, irgend etwas wie Bewunderung oder Lobpreisung zu äußern.

Ich möchte Sie selbst oder besser Adrian zitieren: ›Sag, was hältst Du von der Größe? Ich finde, es hat sein Unbehagliches, ihr so Aug' in Aug' gegenüberzustehen, es ist eine Mutprobe – kann man den Blick denn eigentlich aushalten? Man hält ihn nicht aus, man hängt an ihm.‹ –

Und so ergeht es mir jetzt – ich hänge an ihm, er macht mir zu schaffen und wird es nun wohl mein lebelang tun – und so jedem, der in seinen Bereich gerät ... mein Gott, wo anfangen, wo aufhören bei der unerschöpflichen Fülle der Gestalten, Betrachtungen, Diskussionen und Untersuchungen, die den geistigen Bau unseres Jahrhunderts durchleuchten. Ich stehe voller Ergriffenheit vor Ihrem neuen Werk, dessen Vollendung uns bald vergönnt sein möge.   Ihre B. B. F.«

Der ›Doktor Faustus‹ erschien Ende 1947 im Bermann-Fischer Verlag in Stockholm und kam 1948 als Lizenzausgabe in Deutschland heraus. Sein Erscheinen hatte dort große Polemiken hervorgerufen und viel Staub aufgewirbelt. In meinem Brief aus Old Greenwich vom 9. August 1948 an Thomas Mann kehrte ich unter anderem nochmals zum ›Faustus‹ zurück:

»Lieber und verehrter Herr Doktor ... Ihre Phantasie über Goethe ist mir besonders lieb und wert. Dieser Essay erscheint mir von einer wunderbaren Lebensnähe und Wesensabrundung der Goethe'schen Persönlichkeit, wie ich sie noch nirgends fand, darüber hinaus könnte man ihn fast ›Phantasie über das Wesen des Genies‹ nennen. Der junge Joseph und der junge Goethe – wie treffen sie sich in der ›Erhöhung‹, in dem natürlich gewachsenen Königlichen in ihnen … diese Verbindung von ›Zartheit und Zähigkeit, die die besondere Vitalitätsform des Genies ausmacht‹, wie ist gerade sie der Schlüssel zu allen Meistern. Der Kampf für die Vollkommenheit des Kunstwerks, der die Zweckfremdheit der Kunstschöpfung als Gesetz anerkennt und das künstlerische Talent als Naturaufgabe allein betrachtet, ist ja auch das Glaubensbekenntnis Adrians. Wie kehrt sich nur bei ihm alles Begnadetsein des Goethe'schen Genies zum verderblich Bösen und welche Schmerzen müssen wir alle erleiden, ihn diese Höllenfahrt antreten zu sehen, mit welchen Qualen und Schaudern werden wir Zeugen der Mächte des Abgrunds, die Adrian herabziehen. Es ist wohl noch nie zuvor geschehen, daß eine dichterische Gestalt so bis ins Letzte zum Symbol eines ganzen Volkes werden konnte. Das müßte den Deutschen heute zur Selbsterkenntnis dienen, und ich bin sicher, viele von ihnen, besonders von den Jungen, werden aus dieser Höllenfahrt geläutert hervorkommen.

›Doktor Faustus‹ hat fast nichts mehr mit dem herkömmlichen Roman als Form zu tun, seine vielfältigen Episoden sind daher keine Verzögerung der Handlung, sondern sie sind Varianten eines Themas, sind Durchkreuzungen und Verstärkungen. Ja, der letzte Sinn, die Enthüllung einer geistigen Haltung und ihrer Zerstörung von innen heraus, würde ohne die Episoden gar nicht verständlich werden … Die letzten, der Tod des kleinen Nepomuk und Adrians Abschiedsrede, sein Abschied von allem Liebenswerten und Lebenswerten, erscheinen mir als das unerbittliche Ende, und mit diesem Ende unserer Welt haben wir uns nun abzufinden. Alle diese ›Episoden‹ führen im Einzelnen sowie im Ganzen zur Auflösung und lassen keinerlei Möglichkeiten zum Anklammern an bürgerliche Sicherheit mehr zu. Bleibt uns allen wirklich nur noch das Bündnis mit den Mächten der Abgrundtiefe? Sie selbst lassen eine leise, fast rührende Hoffnung auf eine Auferstehung …

Die Welt des Geistes weht aus unmenschlich-übermensch-
licher Nähe eisig daher, und das Jenseits rückt ewig und kalt in
fürchterliche Nähe. Es ist das Grauen vor der Größe, das mich am
Ende Ihres Buchs beschlich, dem Grauen ähnlich, das jede Größe,
sei es auch eine scheinbar heitere, wie die der Mozart'schen ›Zauberflöte‹, um sich hat. Es war eine Begegnung, die das Leben verändert …   Mit herzlichen Grüßen, Ihre Tutti«

»1550 San Remo Drive
Pacific Palisades, Cal.
11. August 48
Liebe Tutti, gleich danke ich Ihnen herzlichst für Ihren Brief, der
ja ein ganz schöner essay ist und ohne Weiteres in der ›Neuen
Rundschau‹ erscheinen könnte. Ja, aus Kindern werden Leute.
Wenn ich denke, daß ich Sie auf den Knien geschaukelt habe und
immer vom Stuhl fallen wollte, wenn Sie unartig waren! Und nun
wissen Sie mit Zungen zu reden und einem alten Autor das Herz
zu erfreuen …

Nun freuen wir uns darauf, Sie und Gottfried bald hier zu
sehen …   Herzlich Ihr Thomas Mann«

21
Joachim Maass,
Autor, Freund, Schicksalsgenosse.
Manfred Hausmann.

Zu Ende der zwanziger Jahre wurde in Deutschland ein junger Schriftsteller bekannt, dem Hermann Hesse, Thomas Mann und Stefan Zweig besonders zugetan waren, ihn immer wieder in seiner Arbeit ermutigten und sein Werk anerkannten. Er hieß Joachim Maass und war, wie Thomas Mann, ein geborener Hanseate. Joachim Maass kam im Jahre 1929 zu uns. Sein erster Roman ›Bohème ohne Mimi‹ erschien im Jahre 1930 im S. Fischer Verlag und erregte einiges Aufsehen. Stefan Zweig hat dieses Erstlingswerk des jungen Dichters mit einfühlendem Verstehen im damaligen »Berliner Tageblatt« gewürdigt: »Das ist die besondere Kunst dieses jungen Joachim Maass, ebenso gut zu verschweigen wie zu erzählen, von Leidenschaft nie zu sprechen und sie doch fühlen zu lassen, gerade also das Persönlichste und Intimste nicht im Wort, sondern in der Schwingung zu geben. Seine unverkennbare und natürliche Anmut, sein besonderes literarisches Profil wird die Aufmerksamen aufmerksam machen.«

In einem Aufsatz über Thomas Mann gibt er ein Bild seiner Generation:

»Ich erinnere mich als ein Kind meiner Zeit, als einer aus der Generation der um 1900 Geborenen, die den Ersten Weltkrieg noch zuhause erlebten und dann, als sie zum geistigen Leben heranreiften, alle Werte heillos ins Schwanken geraten sahen: Geld, materielle Zukunft, Berufsaussichten, die soziale Schichtung, die

in unserer Kindheit als unantastbar, das Vaterland, das als heilig
gegolten hatte, die Ideale, die samt und sonders fragwürdig geworden zu sein schienen, selbst in der Kunst, in der jetzt die
›Seele‹ triumphieren sollte … Im Ganzen war es eine düstere Zeit,
lichtlos glasend, wie ein verwehter Frühabend im Herbst, und die
Gesichter der Kunst schwankten darin wie ein Gespensterrei-
gen … Die Proletarisierung hatte begonnen. In den Studenten-
buden wurde bis tief in die Nächte diskutiert … man schrie und
ereiferte sich … In Wahrheit war es nicht das Formale, was uns
am ›Zauberberg‹ unbefriedigt ließ, es war die Verstandesklarheit,
Akkuratesse und Deutlichkeit des Denkens in dem wärmlichen
Niesel-Nebel unserer mystischen Weltempfindung. So hatten wir
uns den ›neuen Inhalt‹ nicht gedacht … Wohin der Mystizismus,
der offenbar nicht nur in der intellektuellen, sondern in der ganzen Jugend Deutschlands schicksalhaft dämmerte, wohin er, von
heulenden Derwischen geführt, später aufgebrochen ist, im Sozialen und Politischen – wir haben es erlebt, die Welt steht noch in
Flammen davon … Es war derselbe ›Mann‹, der seit eh und je …
gegen den gefährlichen Mystizismus stand und schrieb, der
Deutschland und die ganze Welt in so heilloses Unglück gebracht
hat … Mir ist, als wäre die Veröffentlichung des ›Zauberberg‹ ein
Markstein in Entwicklung und Entschluß der intellektuellen
Nachkriegsjugend Deutschlands. In ihm hatte der größte und ver-
antwortlichste Vertreter des Bürgertums sich programmatisch
geäußert … Nie habe ich einen berühmten Menschen seinen
Ruhm leichter und kleidsamer tragen sehen; der Ruhm, wie er ihn
trug, erzeugte in dem Unberühmten, was Ruhm durchaus nicht
immer erzeugt, nämlich Sympathie, ja eine sanfte Herzensbegei-
sterung …«

Joachim hat uns in den schweren Zeiten der Naziverfolgung ge-
treu zur Seite gestanden. Mit meinem Vater verband ihn ein herz-
liches und humorvolles Verhältnis. Meine Mutter suchte er immer wieder auf, besonders in der für sie so schweren Zeit nach
unserer Emigration 1935, als sie allein noch bis 1939 in ihrem

Haus im Grunewald wohnen blieb. Joachim scheute nicht die persönliche Gefahr, in die er sich mit seinen Besuchen bei der Witwe S. Fischers brachte. Er warnte sie vor ihrem Verbleib in Nazi-Deutschland und versuchte immer wieder, sie zur Emigration zu bewegen, zu der sie sich dann endlich Anfang 1939, als es schon beinahe zu spät war, entschloß. – Joachim besuchte uns auch mehrmals in Stockholm – ein Wagnis, das der Gestapo nicht verborgen blieb. Im Sommer 1939 entschloß er sich, Deutschland zu verlassen und nach den USA auszuwandern. Vorher hatte er noch seinen Roman ›Ein Testament‹ zum Vorabdruck für die ›Berliner Illustrierte‹ umgearbeitet, um mit dem großen Honorar Hamburger Freunden die Emigration zu ermöglichen.

Joachim und ich fühlten uns wie Geschwister, der gleichen Generation entsprungen, beide aus dem »guten alten«, so gefestigt erscheinenden deutschen Bürgertum in eine Welt des Umsturzes aller Werte und Begriffe gesetzt. Beide zu Hause im Bereich der Literatur, er vom schöpferischen aus, ich als Verlegerskind. Es war ein Einander-Verstehen in vielen Bereichen. Aus diesem Jahr der ersten »inneren« Begegnung stammt sein Gedicht, das er mir in mein Stammbuch schrieb:

Morgens

Früh die kindlichen Lieder
taten gut;
aber sie kommen nicht wieder,
vertropft ist das Kinderherz-Blut.

Und ein Vorhang zerriß
seither;
Nacht war als Nacht gewiß,
und zu schlafen war schwer.

Doch nun, siehe: der Tag ist nah,
Stimmen schon grüßen dich;

Wünsche sind wieder da,
und das Herz bevölkert sich.

Für Tutti, Stockholm, April 39

Unsere Freundschaft befestigte sich immer mehr während der für uns alle schweren ersten Jahre in der »Neuen Welt«. Seine Briefe an mich zeugen von seinem inneren Auf-und-ab, von seinem Leiden an Deutschland und an der Welt, und sie zeigen vor allem, mit welcher Leidenschaft und Hingabe er seinen Beruf als Schriftsteller ausübte.

In Amerika schrieb Joachim seinen Roman ›Das magische Jahr‹, den wir in beiden Sprachen verlegten, das deutsche Original im Bermann-Fischer Verlag in Stockholm und die englische Übersetzung in der L. B. Fischer Publishing Corporation, New York. Zu beiden Ausgaben entwarf ich den Schutzumschlag. Über dieses Buch schrieb Thomas Mann am 21. Oktober 1944 an Gottfried:

»Lieber Dr. Bermann, das Manuskript von Joachim Maass habe ich schon ganz gelesen. Ich habe großes Vergnügen daran gehabt. Die deutsche Emigranten-Literatur ist um ein schönes, bedeutendes, hochpersönliches und hochdichterisches Prosawerk reicher, durch das Maass alle Erwartungen erfüllt, die er mit seinem Erstling ›Das Testament‹* erregte.

Gleich die Einleitung zu ›Zwischen den Zeiten‹, die in Amerika, in einem einsamen winterlichen Farmhaus, spielt, und deren Dialoge ganz echt und natürlich auf englisch geführt sind, – gleich diese Einleitung ist außerordentlich originell und packt den Leser nicht nur durch die Seltsamkeit der gegenwärtigen Situation, sondern auch durch die bedrängend nahe Erinnerung an die letzten Erlebnisse in der zu gräßlichem Unsinn ›erwachten‹ Heimat. Und selten ist wohl die recherche du temps perdu, diese Hinabfahrt in

---

* Tatsächlich hatte Joachim Maass vor dem ›Testament‹ schon drei Romane veröffentlicht: ›Bohème ohne Mimi‹, 1930, SFV, ›Der Widersacher‹, 1932, SFV, ›Die unwiederbringliche Zeit‹, 1935, SFV, ›Das Testament‹, 1938, Eugen Claassen Verlag, Hamburg.

die Tiefen der Kindheit mit reicherem poetischen Ergebnis geübt worden, als auf den vielen lebensvollen Seiten, die dann folgen. Die farbigen, unheimlichen, grotesken, tragischen, lieblichen Erinnerungsbilder, deren Rahmen die große Hafenstadt Hamburg ist, drängen sich; an intensiver Traumlebendigkeit übertrumpft eine die andere, ich habe in dem ganzen Buch keinen leeren Fleck, keine matte Stelle gefunden. Daß Dichtung ›des Lebens Leben‹ ist, die Steigerung des Lebens durch den Geist, erfährt man hier wieder – auf die besondere Weise, daß es die phantastisch verklärende und schaudernde Kinderseele ist, die hier die steigernde Rolle des Geistes übernimmt.

Das Schönste an dem Buch ist die *Sensitivität gegen das Böse*, die ohne Anspruch auf große Worte wie Moral, Religion, Humanität, auf eine rein schmerzhafte Weise, als ein tiefes, zartes und unbesiegliches Nein darin waltet. Es ist dieser feine, scheinbar hilflose und doch mächtige Zug von Verletzbarkeit, der schon heute Geheimstes im Grunde einer von Grausamkeit ächzenden Epoche mitschwingen läßt, und den eine nicht ferne Zukunft noch bewußter zu schätzen wissen wird.   Ihr Thomas Mann«

Joachims Freundschaft zu uns umfaßte schließlich auch die dritte Fischer-Generation, unsere Kinder, vor allem unsere älteste Tochter Gaby, die zwei Jahre lang im Mount Holyoke College, wo Joachim Professor für deutsche Literatur geworden war, bei ihm studierte und durch seine brillanten Vorlesungen in die Geheimnisse und Hintergründe deutscher Dichtung eingeweiht wurde.

»Schwerlich hätte ich's mir träumen lassen«, schrieb er, »daß ich einmal als Lehrer in einem amerikanischen Mädchen-College stehen und in unbeholfenem Englisch über Literatur reden würde, über moderne deutsche Literatur. Aber was ich im Geiste immer gründlicher lieben lernte, ist tröstlich mit mir gezogen, und es ist Thomas Mann vor allen anderen, über den ich zu meinen jungen Damen redete, und wenn ich über ihn rede, ist mir heimisch in den fremden Umständen – ich fühle, es ist das Beste des deutschen Geistes, worüber ich spreche, sein immer wiederholter Aufbruch aus der persönlichen Todes-Versponnenheit in die große, begütigende Lebens-Freundlichkeit, aus nationaler Eigenwilligkeit und Eigenbrötelei ins Weltbürgertum.«

Mit Humor versuchte er die beiden Berufe, den des Lehrers, der den »Schneegänsen«, wie er seine Schülerinnen nannte, etwas beizubringen hatte, und den des Schriftstellers, zu vereinen. Er arbeitete intensiv an den Vorbereitungen zu seinen »lectures« über deutsche Literatur. Wenn ich Gaby im College besuchte, benutzte ich jede Gelegenheit, um Joachim zuzuhören, und ging beschenkt durch den Gedankenreichtum seiner Ausführungen von dannen.

»Gestern habe ich meine letzte Vorlesung für dieses akademische Jahr gehalten«, schrieb er mir, »über Grillparzer, Grabbe und Büchner. Büchners Lebensgeschichte und die Umstände, unter denen ›Dantons Tod‹ geschrieben wurde, ist so, als ob die Geschichte sich zuweilen in geistreichen Wiederholungen gefiele. Was dieser geniale junge Mensch erlebte (er starb noch nicht vierundzwanzigjährig im Exil in Zürich), das haben die meisten von uns auch erlebt, die die Übermacht und die Vergötzung der schändlichen Mißgeburten, wie die des Hitler, aus diesem oder jenem Grunde nicht länger ertragen konnten. Was mich, wenn ich eine solche Geschichte lese, immer am meisten erschüttert, ist jedoch nicht die espritvolle Übereinstimmung von ehedem und heut', sondern die Tatsache: daß wir diese Geschichten nicht verstanden haben, bevor wir sie selbst erlebt hatten. Das macht mich traurig, denn wenn die Erfahrungen, die jene lang Verschollenen gemacht haben, uns so gar nicht belehrt haben, warum sollten dann unsere Erfahrungen die Nachkommenden belehren? Ach, Tutti, es ist eine Welt ohne viel Hoffnung, zur Beute den Schuften bestimmt, die Herzensträgheit der Menschen ist stärker als aller Kummer und alles Leid, das hier gelitten wird. Gegen dieses Empfinden, das mich oft lähmen will, hilft mir das Dostojewski-Wort, das Du mir so schön aufgemalt hast wie ein mittelalterlicher Mönch und auf dem, wenn ich an meinem Schreibtisch sitze, oft mein Auge ruht: ›Arbeite, arbeite unermüdlich‹.«

Als ich im Jahre 1941 meinen von mir heiß geliebten und verehrten Onkel, den Bachforscher, Musikologen und Dirigenten Ludwig Landshoff, den Bruder meiner Mutter, ganz unerwartet verlor und über dessen Tod untröstlich war, schrieb mir Joachim:

»… ich frage mich immer bei solchem Geschehnis: tun wir wohl recht, allzu traurig zu sein? Ist es nicht wünschenswert im höchsten Grade, sich so rasch davon zu machen – aus einer Welt, die mit ihrem Schmutz und ihrer bestialischen Verkommenheit einem erfahrenen und gesättigten Herzen ja doch unmöglich noch irgend etwas zu bieten haben kann? Daß uns Wehmut anfaßt, ja: das ist recht, aber Schmerz? Wenn ich von einem belangreichen Tode höre, dann fallen mir immer Grabbes herrliche Worte ein, die ein Mann zum anderen sagt, als es zu sterben gilt: ›Ja, aus der Welt werden wir nicht fallen, wir sind einmal darin.‹ – Das ist auch, was ich glaube, und es hebt den Schmerz mystisch auf und verwandelt ihn in eine größere Schau über unser aller Schicksal und Bestimmung … Wenn man starke Gefühle hat, muß man ihnen viel zumuten und zwar ganz besonders: daß sie sich ins Große und immer Gültige erheben und sich dort, in einer reineren Ebene, verfestigen und adeln. Ich muß manchmal zwanghaft denken: ob nicht vielleicht das Leben ein Traum eines jeden ist, der lebt, und er träumt genau, was zu erfahren und zu wissen ihm nötig ist? … Denk' Dir diesen Einfall einmal in einer ruhigen, dunklen, einsamen Stunde nach – und ob sich Dir nicht auch Manches in ihm verwandelt und plötzlich anders zeigt – so ist es mir gegangen … Mit dem Tode hängt es jedenfalls so tief und innig zusammen, daß ich nicht ganz sicher bin, ob es eigentlich ein Gedanke über das Leben oder einer über den Tod ist.«

Später, mitten aus der Arbeit an seinem neuen Roman ›Der Fall Gouffée‹, umschreibt er aus dem eigenen schöpferischen Prozeß heraus auch die innere Situation des Künstlers seiner Generation:

»Wenn ich meine Arbeit mit denen früherer Schriftsteller vergleiche (ich lese augenblicklich in Vorbereitung meiner Vorlesungen fürs nächste Semester Fontane), so kommt mich ein seltsam unausgeglichenes Gefühl an: ich weiß nicht, ob ich diese Söhne einer besseren Zeit beneiden oder ob ich mich über sie erhaben dünken soll – ihre große Sicherheit, ihre fast erstaunliche Anspruchslosigkeit, bei der aber doch so viel herauskommt, die Unbescholtenheit ihrer Psychologie, die Kindlichkeit ihrer Technik: mein Gott, wie leicht sie's doch hatten! Da war alles klar und eindeutig, Gott war noch immer im Himmel, der Staat noch keine Banditenanstalt, es gab Klassen, und man war's zufrieden … und wir sitzen auf den Trümmern unter einem ausgestorbenen Himmel: aber unsere Gesichte, will mir scheinen, zünden neue Sterne an, die Fackeln unserer Ängste leuchten in die tiefsten Abgründe, die Geister, Feinde jeder selbstsicheren Epoche, schwanken wieder heran, die Nächte, die Herzen, unser Grauen und unsere Frömmigkeit – das alles scheint mir unendlich geheimnisreicher, wenn sich's auch vielleicht zum großen harmonischen Gebilde noch nicht fügen läßt. Und ich frage mich: ob ich lieber damals gelebt und in Frieden geformt hätte, oder ob es nicht doch eine größere Gnade ist, in diese Zeit hineinverflucht und ihr im Schöpferischen dienstbar zu sein, ohne viel Hoffnung auf die große Vollendung, aber das Auge unabgelenkt auf die unverlierbaren Heimlichkeiten der menschlichen Schickung und der menschlichen Würde gerichtet? Es liegt doch Ehre darin, geistige Ehre, in diesem Sud umherwaten zu müssen und sich die geliebten Augen nicht mit dem Kot beschmutzen zu müssen! Tutti, ich muß Dir einmal anvertrauen: so grauenhaft mir das Leben fast immer erscheint – ich bin ein glücklicher Mensch. Und ich sehe mit Freude auf meine kummerreichen Jahre zurück und finde, daß ich nicht ein einziges Mal in eine ernsthaftere Verwirrung geraten bin; nicht Freunde noch Feinde haben mich getäuscht, wie ein anderer Stern von Bethlehem ist mir ein Ahnen dessen vorangezogen, was ich in gnadenvollen Stunden als meine Sendung empfinde. Und ich habe ein Vertrauen, daß ich nun auch nicht mehr davon lassen werde, bis ich sterbe.«

Es war bewundernswert, wie dieser von Natur aus zarte Mensch sich immer wieder von neuem den Glauben an sich und an seine Arbeit errang, obwohl den Tag und die Stunde zu bestehen ihm oft eine unzumutbare Last dünkte.

Joachims Freundschaft zu besitzen war ein kostbares und seltenes Geschenk; er erfüllte das Ideal der Freundesgestalt an sich, wie sie eigentlich nur in der Zeit der Romantik ihre Prägung fand. Er war immer da, wenn man ihn brauchte, immer bereit, aus den eigenen Problemen in die des anderen zu steigen und sie so zu lösen, wie es seiner unumstößlichen Überzeugung von »Recht« entsprach. Dabei versuchte er immer auf liebevolle, aber durchaus energische Weise vorzugehen, und man hatte am Ende das Gefühl, von gütiger Bedachtsamkeit geleitet worden zu sein. Es scheint mir in der heutigen Zeit, da dieses Bewußtsein der Verantwortung für den Mitmenschen so ganz verloren zu gehen droht, von großer Wichtigkeit, dieser Art – heute schon historisch gewordener – Freundschaft ein Loblied zu singen. Sie sollte zwischen den Menschen wieder auferstehen: »Laß uns festhalten an unserer Freundschaft, es gibt nichts Besseres in der Welt und nichts Nötigeres in dieser apokalyptischen Zeit, in der wir alle einander helfen sollten zu bestehen: klar zu hassen, klar zu lieben und niemals bitter zu werden. Denn das ist alles gleichmäßig notwendig.« So schrieb er mir.

Als ich ihm für sein Studierzimmer einen Vers von Schiller, den er besonders liebte, in schönen Lettern auf Pergament schrieb, dankte er mir folgendermaßen: »… Allmählich wachse ich zu mit hübschen Tutti-Dingen, und das habe ich furchtbar gern. Denn auch in Dingen können Menschen sich nahe sein, wenn die Dinge ihr Wesen tragen; was von Dir kommt, hat Dein Wesen … Du bist ein guter Gedanke in meinem Leben – im Sinne Schlegels, der für einen künstlerisch guten Gedanken immer einen solchen hielt, der zugleich auch ein Gefühl wäre!«

Vor Ende des Krieges 1945 beschlich ihn große Zukunftsangst: »… wo jetzt der große Ausgleich in den katastrophenschwangeren Fragen der Nachkriegszeit herkommen soll? Churchill, bei aller Genialität des Temperaments, ist doch ein fanatischer Konservativer, und was es mit Stalins politischem Ethizismus auf sich hat, hat man ja gesehen, als er mit den Nazis seinen Pakt abschloß am Vorabend des Nazi-Angriffs auf Rußland … Wir werden vielleicht keine gute Zeit mehr zu sehen bekommen, Tutti: auch innerlich scheint die Zeit böse, und man kann ihr nirgendhin entfliehen, außer auf den ›Ararat des Herzens‹, aber wer hat die Kraft, dorthin zu gelangen? Und doch fühle ich: das ist's, woran ich arbeite; eigentlich ist es nicht so sehr, daß ich an meinem ›Roman‹ schreibe; ich versuche, indem ich schreibe, hinaufzuklimmen, bis auf die Grate der Gesteinsklippen des Herzens, rein, kalt und klar wird es oben sein, und unten braut in dickem Gewölk das irdische Schicksal. – Verzeih – … ich kann wirklich heute keinen Brief schreiben. Kämest Du doch bald. Immer Dein Joachim.«

Am 15. August 1945 schreibt er:

»… ich bin matt und hinfällig, vermutlich, weil ich gestern allerhand getrunken hatte, um das Kriegsende zu feiern: es war mir aber alles andere als feierlich dabei zumute, da vielmehr die ungeheuren Probleme der nahen Zukunft ihre düsteren Schatten auf alle Welt zu werfen scheinen. Gott allein weiß, was aus der Erfindung der Atomzertrümmerung in den Händen dieser unreifen, stupiden und bösartigen Menschheit werden wird …«

Und er fährt am 30. September 1945 fort:

»… Ich habe mit heißem Interesse und ungewissem Eindruck die ›News from Germany‹, studiert, ach, – traurig ist das alles, Tutti, herzbedrückend und armselig. Aber was konnte schließlich aus der Herrschaft der Schmutz-Dämonen anderes kommen als äußerster Zerfall, die drosselndste Armut und schändliche Erniedrigung? Mit was hätten diese Kobolde die Menschheit je gesegnet, wenn nicht mit den Geschenken der Entwürdigung und des Todes? Daß man aber aus den Nachrichten ein Gefühl zieht, die Deutschen nähmen all das vergleichsweise ruhig auf, als wär's eben der Erfolg eines verlorenen Krieges, das ist furchtbarer als alles andere. Wie, sie empören sich nicht, versuchen nicht, aller Nazi-Bestien, die etwa irgend noch aufzufinden sind, habhaft zu werden, um sie zu steinigen? Das ist grauenhaft, verbrecherischer Nihilismus, sie haben, scheint es danach, nicht die mindeste Moralerkenntnis aus der entsetzlichen Verwüstung gewonnen – das

Einzige, was sie daraus hätten gewinnen können und müssen …
Eine letzte Hoffnung schwindet mir dahin …«

Am 17. November 1948, dem zweiten Jahr, in dem Gottfried und ich zusammen in Europa waren, um den Wiederaufbau des Verlages in Deutschland vorzubereiten, schreibt Joachim:

»… Ich bin im übrigen froh zu hören, daß Ihr konstruktive Pläne für den Verlag zu haben scheint – stehen sie im Zusammenhang mit dem Druckerei-Projekt, das Washington einmal anregte? Ob es Euch gelingen wird, Suhrkamp in Eurem, überhaupt in irgendeinem Sinne zu beeinflussen, muß ich allerdings bezweifeln, ist er doch störrisch wie ein Stein-Esel. Meinst Du, er hätte je auf meinen Brief geantwortet, wiewohl ich ihm International Reply Coupons einlegte? Nein, Briefe beantwortet er offenbar grundsätzlich nicht – was zwar eine bedeutende Zeitersparnis, doch aber eine Spur peinlich ist. Ich wäre glücklich, niemals mehr mit ihm zu schaffen zu haben. Das Mißtrauen, das ich ihm seit allem Anbeginn entgegengesetzt habe (das aber nie seinen politischen Charakter betraf), hat sich nur zu vollständig bestätigt …«

Im Jahre 1949 ging Joachim für einige Monate zu Freunden an die Westküste Amerikas, wo er trotz tiefer Depression über das »zugrunde-gefahrene Europa« an der Vollendung seines Romans ›Der Fall Gouffée‹ zu arbeiten versuchte. Aus dieser Zeit stammt sein Gedicht:

Die Nacht des Einsamen *(Juni 1949)*

Allein gelebt in deinem Heiligtume,
mußt du allein dich auch zum Schluß versöhnen;
Zu spät zur Liebe und zu spät zum Ruhme:
du mußt dich an den Tod gewöhnen.

Es wird dich keiner preisen, wenn du gehst;
die Zeit sei, wie sie mag: in Flor und Rechte
verwuchert sie die Stelle, wo du stehst,
dem jetzigen, dem kommenden Geschlechte.

Vielleicht, daß sich die Nacht erbarme
in der ein Maienglanz von Mondlicht liegt,
und dieses sich wie weiche Arme
um deinen stolzen Kummer schmiegt.

Für Tutti,
Joachim, Hollywood, Juli 1949

Im Herbst 1926 hatten Gottfried und ich in einer Zeitschrift eine kleine Novelle gelesen, die uns durch die starke erzählerische Begabung ihres damals noch unbekannten Autors Manfred Hausmann beeindruckte. Wir machten uns auf den Weg, um ihn in Worpswede zu besuchen, wo er am Rande des großen Moores ein kleines Landhaus bewohnte. Wir fanden einen schmalen, hoch aufgeschossenen jungen Mann mit blauen Augen und einem melancholischen Lächeln, der gut in die Abgeschiedenheit dieser herben, einsamen Landschaft paßte. Für sein erstes Buch ›Lampioon küßt Mädchen und kleine Birken‹ stand er schon mit einem anderen Verlag unter Vertrag, aber mit seinem großen Roman ›Salut gen Himmel‹ wurde er unser Autor und Freund. Dieses Werk, das Hausmann mir widmete, zeigte ein dichterisches Talent von zarter Melancholie, aber auch von dramatischer Dynamik. Er schenkte mir später das Manuskript des ersten Kapitels ›Die Achterbahn‹, einer geheimnisvoll-spukhaften, mit Vehemenz geschilderten Begebenheit. ›Salut gen Himmel‹ fand eine große Leserschaft, die ihm fortan anhing, und auch die literarische Kritik begrüßte ihn als vielversprechendes Talent.

Hausmann schloß sich auch meinen Eltern an, die sich seiner freundschaftlich annahmen, und er kam oft zu uns und freute sich mit uns über unsere kleinen Baby-Töchter Gaby und Gisi. Uns Dreien schrieb er ein Wiegenlied in mein Stammbuch:

Ein kleines Wiegenlied aus Worpswede

Da hinten auf Wendelkens Weide
Da scheint die Sonne so warm,
Da sitzt Maria im Grase
Und hat ihr Kindchen im Arm.

Sie legt es in die Wiege
Mit ihrer mageren Hand.
Der Hütejunge hält ihr
Das goldene Wiegenband.

Die Wiege geht auf und nieder,
Die Schafe weiden heran.
Da fängt der Hütejunge
Ganz leise zu pfeifen an.

Seine Augen sind so ernsthaft,
Er weiß es selber nicht.
Er pfeift nur und sieht dem Kinde
Ins schlafende Angesicht.

Für Tutti, Gabi und Gisi
Worpswede 17-IV-30
Manfred Hausmann

Manfred Hausmann hatte den Mut, und Mut gehörte im Jahre 1934 dazu, am Grabe meines Vaters, auch im Namen der jungen Generation über ihn, den er so tief verehrte, zu sprechen:
»… Es ist uns Jüngeren, die wir das Wachsen und Werden des S. Fischer Verlages nicht von Anfang an miterlebt haben, sondern erst vor einigen Jahren hinzugestoßen sind, als alles schon groß und festgefügt dastand, es ist uns bei der persönlichen Berührung mit dem Manne, der nun unser Führer, Freund und väterlicher Berater werden sollte, seltsam genug ergangen … Es kam der Tag,

an dem man sich vor einem kleinen, sehr klug aus seinen hell-blauen Augen blickenden Herrn verneigte, und zugeben mußte, daß S. Fischer nicht nur eine Institution, sondern, was einem wundersam genug vorkommen wollte, auch ein Mensch war … Ein Mensch gewiß, aber guter Gott, was für ein Mensch! – Ein solcher Mensch, daß man, wenn man mit ihm beisammen sein durfte, sei es geselliger Weise, sei es allein in gesegneten Stunden, – Verlag, literarisches Programm, oberste Instanz erst einmal beiseite ließ. Hier war ja etwas vollständig anderes, hier war ja viel mehr! Wir sind in Zeitläuften aufgewachsen, die sich durch Ehrfurchtslosigkeit auszeichneten. Weder wollten noch konnten wir so recht von Herzen verehren. Menschen und Dinge schienen uns zu fragwürdig, als daß wir das Knie hätten beugen mögen. Jedoch S. Fischer gehörte zu denen, die uns dann einfach durch ihr Menschentum, durch ihr bloßes Dasein und Sosein dazu gebracht haben, wieder, ob wir wollten oder nicht, Ehrfurcht zu empfinden. Ehrfurcht in erster Linie vor so viel Bescheidenheit und Zurückhaltung, bei so viel wirklicher Weisheit. Ehrfurcht, um das mystische Hölderlin-Wort zu gebrauchen, vor der heiligen Nüchternheit seines Wesens. Ehrfurcht vor der leisen und zurückhaltenden Art, mit der er seine Gedanken darlegte. Ehrfurcht vor der Unbeirrbarkeit, Ehrfurcht, die man auch Treue zu sich selbst nennen könnte. Ehrfurcht vor der bezaubernden Geistesanmut dieses alten Mannes. Ehrfurcht vor seinem In-sich-hinein-Lächeln, in dem so viel Wissen um die Traurigkeit und Dunkelheit des Daseins war. Ehrfurcht vor seiner Hilflosigkeit allem Gemeinen gegenüber. Ehrfurcht vor seiner Vornehmheit, die ihm als das selbstverständlichste von der Welt galt. Ehrfurcht vor seinen Träumen und Sehnsüchten, die ihn die Romantik lieben ließen. Ehrfurcht vor seiner mitleidsvollen Güte gegen alles Schwache. Ehrfurcht vor der Weite und Aufgeschlossenheit seiner Seele. Und Ehrfurcht vor seinen sogenannten Fehlern, die ihn ja nur noch liebenswerter machten, als er schon war … Jetzt erst mit der Kenntnis oder doch mit der Ahnung des Menschen empfand man auch die Größe, den Sinn und die schwebende Geschlossenheit seiner Schöpfung, des Verlages S. Fischer. Da gab es nichts Unpersönliches mehr … Er hat nur Dichtung an den Tag treten lassen, die er unmittelbar liebte. Und was bedeutet Lieben bei einer Dichtung anderes, als in ihr einen Teil seines Selbst vermuten …«

Im Jahre 1937, nachdem wir den Bermann-Fischer Verlag in Wien eröffnet hatten, schreibt uns Hausmann: »… Die Bücherpakete, die ich von Ihnen bekomme, verblüffen mich jedesmal wieder. Was für ein Verlag, was für ein Verlag! Wer kann sich damit messen? … Von Ihnen höre ich mehr, als Sie vielleicht denken … Ich freue mich immer wieder, daß alle nur Erfreuliches berichten … Ihr erstaunliches Verlagsprogramm sagt mir, daß Ihr Schritt aus Deutschland heraus der richtige war, und ich wünsche Ihnen von Herzen Ruhe, Arbeit und Erfolg. In die Zukunft wage ich allerdings kaum zu blicken … ich meine in die Zukunft Österreichs.«
    Zu Weihnachten 1938 sandte er uns einen kleinen Vers:

Unser Schifflein mag nun schweben
Recht ins unbekannte Leben,
In die Ferne und Gefahr,
Also daß wir uns erheben,
Über das geringe Leben,
Das noch gestern unser war!

Sein erstes Lebenszeichen an uns nach Ende des Krieges, das uns von einem befreundeten Amerikaner von Deutschland überbracht wurde, war vom September 1945:
    »Daß wir eine bittere Zeit hinter uns und eine solche heute noch vor uns haben, wissen Sie … Nicht das Kriegsgeschehen, das in seiner ganzen Furchtbarkeit über uns hineingebraust ist, hat uns am meisten gequält. Das moralische Leid war viel schlimmer. Sie wissen, daß ich das, was die Nazis über uns gebracht haben, vom ersten Tage an habe kommen sehen. Ich war darüber verzweifelt und verzweifelt bin ich auch jetzt. Nicht über die zerstörten Städte – wiewohl das Ausmaß der Zerstörung grauenvoll ist –

sondern über die zerstörte Seele meines Volkes ... Was sich hier anläßlich der Naziherrschaft offenbart hat, läßt sich nicht beschreiben. Sie kennen wohl die Greuel der Konzentrationslager, aber Sie kennen den deutschen Alltag der letzten zehn Jahre nicht, Sie kennen den verbrecherisch-dummen, größenwahnsinnigen Durchschnittsdeutschen nicht. Ich habe ihn kennengelernt, daß mir zuweilen Hören und Sehen vergangen ist.«

Aus der schweren Nachkriegs-Hungerzeit, im Februar 1948 schreibt er: »... Es geht uns dreckig. Aber ich vergesse nie, warum es uns dreckig geht. Und ich vergesse nie, daß auch ich mit daran schuld bin. Bitte glauben Sie mir das! Und bitte denken Sie daran, daß alles, was ich Ihnen schreibe, das Gefühl der Schuld zur Voraussetzung und zum Untergrund hat! Natürlich sitze ich nicht da und ringe die Hände und verzweifle. Ich kremple vielmehr die Ärmel auf und versuche, die Karre aus dem Dreck zu ziehen ... Wann, wann, wann kommen denn endlich die so sehnsüchtig erwarteten Bermann-Fischer Bücher heraus? Sie können sich einfach nicht vorstellen, nein, das können Sie wirklich nicht, wie man hier danach lechzt! ... Ich grüße Sie in alter Gesinnung als Ihr dankbarer und getreuer Manfred Hausmann.«

22
Carl Zuckmayer,
ein »urtümliches Talent«.

»Der Zuck ist ein urtümliches Talent«, sagte meine Mutter von ihm in ihrem Tagebuch. Bevor mein Vater starb, war Zuckmayer nach seinem ersten großen Erfolg, dem ›Fröhlichen Weinbergs‹, oft Gast in der Erdenerstraße. Als er das erste Mal bei meinen Eltern eingeladen war, verabredete er mit seinem Freunde Erich Maria Remarque, dessen Buch ›Im Westen nichts Neues‹ ihm gerade einen Bombenerfolg gebracht hatte, die »gute, alte, bürgerliche Atmosphäre dieses Hauses ein wenig zu stören. Epater le bourgeois!« Als die beiden Erfolgsübermütigen aber dem ehrwürdigen und dabei so humorvollen Manne S. Fischer gegenüberstanden, ging ihnen die Puste aus vor ihrem jugendlichen Verschwörungsübermut und sie verfielen seinem Charme. Von diesem Augenblick an gehörten sie beide zu den Verehrern und Freunden des Hauses, und Zuckmayer schrieb später, nach dem Tode meines Vaters, während der ersten schrecklichen Nazi-Jahre, liebevolle Briefe an meine Mutter, so im Jahre 1935: »… Die schwere Zeit, die wir jetzt alle durchmachen, schafft eine tiefere Verbundenheit zwischen uns, diese Verbundenheit wird sich – wie auch die Wege des Einzelnen gehen – erhalten.« Und bald darauf zum neuen Jahr: »… Bedenken Sie, wie viele gute Wünsche derer, die Sie und Ihr Haus lieben, Sie ins Neue Jahr begleiten …« Später, als meine Mutter nach den USA emigriert war, schrieb er ihr zu ihrem 75. Geburtstag ein Gedicht:

Das Alter

Ach das Feuer das in Dir einst brannte –
Nur zum Scheine sank es aschenwärts.
Was uns in der Jugend übermannte,
Unvermindert schürt's das alte Herz.

Wie's die Amsel frühlingsfrüh gesungen
Tropft's am Abend, – nachtigallenhold.
Fischer – tief in Deinem Netz verschlungen
Glänzt das reine, meerenthobne Gold.

Ach das Feuer, ach das heiße Lieben –
Oh wie leidet, wer die Freude kennt!
Heb den Blick! Die Sterne sind geblieben!
Horch! Die Stimme spricht. Der Dornbusch brennt.

1934 übernahmen wir seine bei Ullstein bereits im Satz vorliegende Erzählung ›Eine Liebesgeschichte‹ und sein dort früher
erschienenes Werk, da der Ullstein Verlag inzwischen unter Nazi-
regie stand.

   In unseren ersten Emigrationsjahren in Österreich vertiefte
sich unsere Freundschaft. Man traf sich in Wien, bei gemeinsamen Freunden, in unserem Hietzinger Haus und bei Theaterpre-
mieren. Wir sahen die Zuckmayers in ihrer von ihnen so geliebten
»Wiesmühl« in Henndorf bei Salzburg, von wo aus wir im Jahre
1937 zum letzten Mal gemeinsam die Salzburger Festspiele besuchten. Eine herrliche Aufführung von Mozarts ›Zauberflöte‹,
dirigiert von Toscanini, schien wie ein Abschied von unserer
Welt! Der eiserne Vorhang blieb nach der glanzvollen Aufführung stecken, und man sah, wie die Bühnenarbeiter die Kulissen
abtrugen. Es war wie ein düsteres Vorzeichen. In diesen Tagen
schrieb Zuckmayer mir ein Gedicht in mein Album:

Kleine Strophen von der Unsterblichkeit

Raum, Zeit und Raum
sind wie Brandungsschaum
die verweht in dem die Flut sich wendet —
Im des Kleinste dein
verlischt ein Wesen ein
das im Anfang ist und niemals endet.

Eh du dich besinnst
eh du erst verrinnst
lösch den Sand und glich dem Regentropfen —
Sank das Meer und Land
braust Fels und Sand
Steter sind als deines Herzens Klopfen.

Nur was in dir brennt —
Was kein Wort benennt —
Dauert über der Vernichtung Flammen —
Wärst du nicht gewesen
für Unsterblichkeit
Brach die Schöpfung in sich selbst
                    zusammen.

Carl Zuckmayer
für Tutti 1879. 1930

Kleine Strophen von der Unsterblichkeit

Dauer, Zeit und Raum
Sind wie Brandungsschaum,
Der verweht, indes die Flut sich wendet –
Doch das kleinste Sein
Schließt ein Wesen ein,
Das von Anfang ist und niemals endet.

Der Du Dich besinnst,
Ob Du einst verrinnst
Gleich dem Sand und gleich dem Regentropfen –
Denk, daß Meer und Land,
Wasser, Fels und Sand
Steter sind als Deines Herzens Klopfen.

Nur was in Dir brennt –
Was kein Wort benennt –
Dauert über der Vernichtung Flammen.
Wärst Du nicht geweiht
Zur Unsterblichkeit –
Bräch die Schöpfung in sich selbst zusammen.

Carl Zuckmayer
für Tutti 18. 9. 1937

Als wir am 13. März 1938 durch einen Freund in der österreichischen Regierung von der bevorstehenden Besetzung Österreichs
durch die Nazis unterrichtet wurden, riefen wir Zuck an, der zur
Zeit allein in Wien war, – Jobs, seine Frau, wohnte vorübergehend
bei meiner Mutter im Grunewald – und flehten ihn an, Österreich
sofort mit uns zu verlassen. Er bestand jedoch darauf, »sich die
Sache anzusehen«. »Ich komme Euch morgen nach«, war sein
letztes Wort. Das Morgen-Nachkommen hätte ihn um ein Haar
sein Leben gekostet. Wenn er es nicht so gut verstanden hätte, den

SA-Gruppenführer, der ihn an der Grenze aus dem Zug geholt hatte, bei seinem Obrigkeitswahn zu nehmen – er spielte ihm eine wahre Köpenickiade vor, hätte er ihn nicht durchgelassen.

Nach der Flucht aus Österreich trafen wir die Zuckmayers in Zürich wieder. Es war eine bedrückende Atmosphäre. Wir alle standen dem Nichts gegenüber. Zuck beschloß, zunächst eine Zuflucht in der französischen Schweiz zu finden, und ging nach Chardonne, während wir nach Stockholm weiterwanderten und dort den Verlag wiederaufbauten. Nach zwei Jahren aber trafen wir uns in den Vereinigten Staaten wieder. Wir hatten uns in Connecticut niedergelassen. Die Zuckmayers fanden ihr ländliches ritiro weiter nördlich von uns in Vermont. Wir besuchten sie dort an einem strahlenden Tage, an dem sie die Farm, auf die sie schon lange ein Auge geworfen hatten, mieten konnten. Man hatte einen herrlichen Rundblick über das ganze Land von diesem »grünen Hügel«. Zuck schrieb mir am 6.8.1941:

»Liebe Tutti … Die Herrichtung des Hauses geht mächtig vorwärts, jedesmal, wenn wir hingehen, sind wir wieder aufs neue begeistert. Unsere Kinder waren über weekend beide da und haben einfach fast geheult, als sie es sahen. Es muß ihrem Traumbild von einer neuen Heimat entsprochen haben. Die oberen Räume sind schon fertig und sehen ganz bezaubernd aus, der neue Kamin ist in der barn gemauert, nächste Woche kommt die Elektrizität und die Installation des Badezimmers hinein … Den noch zum Grund gehörigen richtigen großen Skihügel habt Ihr gar nicht gesehen, gleichzeitig der herrlichste Aussichtspunkt. Das haben wir alles erst später entdeckt. Jetzt habe ich nur Holzsorgen, da man hier so gut wie gar keine Arbeitskräfte für so etwas wie Holzschlag bekommen kann … Übrigens habe ich am letzten Sonntag in einem einsamen Himbeerschlag auf einem Berg ganz nah von hier zum erstenmal einen ausgewachsenen schwarzen Bären getroffen, der mich mißtrauisch ansah und dann abhaute. Ich sah ihn sehr deutlich und habe ihn auch gerochen … Alles Herzliche, Dein Zuck.«

»Barnard, Vt. 30. 8. 41

Liebe Fischerei, zunächst eine zoologische Anmerkung: ich habe mich inzwischen über das Vorkommen und die Lebensgewohnheiten des nordamerikanischen Stachelschweins genau informiert und selbst eines nahe von hier beobachtet, es gibt zwei Sorten in den Wäldern von Vermont, das große, das Ihr gesehen habt, wird porcupine genannt, ein solches begegnete mir auch, und Michi sah zwei kleine, die man bushhoakes nennt. In allen Gegenden, in denen es das porcupine gibt, kommt auch noch der Canadian lynx, die größte hiesige Wildkatze, vor, die hauptsächlich Stachelschweine frißt und von der ich vorgestern zwei Junge gesehen habe. C'est ça. – Gaby* ist eine junge Lady. Die Frage nach ihrem Benehmen ist einfach grotesk. Sie hat im Gegenteil etwas an sich, was uns veranlaßt, uns gut zu benehmen, soweit das möglich ist …

Auf Wiedersehen und alles Herzliche – Euer Zuck. Nächste Woche ziehen wir ins Haus. Es wird herrlich.«

Zuckmayers Enthusiasmus für das neue Landleben trotz aller schweren Arbeit, war groß. Sie nahm seine ganze Kraft in Anspruch. Aber das nahm er vorläufig in Kauf, da er sich so wohl fühlte auf seiner Farm da droben, auf dem Vermonter »Grünen Berg«. Wir besuchten ihn und Jobs des öfteren und haben strahlende Sommertage und eiskalten Winter mit Schnee und Eis bei ihnen dort verbracht. Immer gab es ein herrliches Mahl – Jobs kochte Lieblingsgerichte und Zuck war ein Genießer.

Am 20. 4. 44 schreibt er:

»… wenn Ihr irgendeine Möglichkeit seht zu kommen, haltet sie fest und laßt sie nicht wieder los … Unsere Gasolinsituation ist gut genug, daß wir Euch abholen können, und unser Weg zum Haus mag vielleicht bis dahin so sein, daß wir hinauffahren können … Ich werde zwei Enten schlachten, vielleicht auch einen Hahn und einen Schweinebraten von unserer letzten Sau aus dem

---

* Gemeint ist unsere älteste Tochter.

Freezer holen, es ließe sich auch ein selbstgeräucherter Schinken anschneiden, und zum Frühstück bekommt Ihr mindestens sechs Eier (aber nicht mehr als 16 nach Bismarcks Prinzip). Solltet Ihr etwas mitbringen wollen, so ist Alkohol stets und in jeder Form (außer zum Einreiben) willkommen.

Ihr müßt Euch allerdings darauf gefaßt machen, daß es nicht abgehen wird, ohne daß ich Euch einiges vorlese. Ich habe ja in den letzten Jahren nicht nur Eier gelegt und Milch gespendet. Aber – seriously – ich habe in diesen Tagen eine ganz rasche und endgültige Entscheidung getroffen, nämlich dieses Frühjahr fast nichts anzubauen, keinen neuen ›Milkselling‹-Kontrakt zu machen, den Tierbestand und die ganze Farm aufs äußerste zu reduzieren, nur das zu behalten, was leicht beweglich ist … Es läßt sich nämlich – das habe ich jetzt durch Erfahrung gelernt – wirklich unter keinen Umständen mit Schreiben verbinden, wenn man nicht richtige Arbeitshilfe hat – und ich muß wieder schreiben und das Geschriebene vollenden. Diese Entscheidung stellt mich zwar zunächst vor gewisse finanzielle Probleme, andererseits ist auch das ein Gesichtspunkt für mich, wieder mal Stücke und Bücher fertig zu machen statt zu entwerfen oder zu erdenken, denn mit der Farm konnten wir uns zwar durch die letzten Jahre schlängeln, aber wenn man es nicht in ganz großem Stil mit viel investiertem Geld macht, kann man nie mit einer Farm mehr erreichen, als gerade zu existieren und den Bestand zu erhalten, auch das nicht immer ohne zuzusetzen und nur mit so viel schwerer, zeitraubender körperlicher Arbeit und so viel dauerndem ›Planen‹, daß man völlig absorbiert ist. Ich bereue keinen Augenblick, die letzten paar Jahre so gelebt zu haben. Ich weiß heute ganz genau, daß ich diese Pause gebraucht habe – daß sie eine Lebensrettung in jeder Hinsicht für mich war. Und ich hab enorm viel dabei gelernt, was keine andere Lebensform mir hätte geben können. Aber die Pausenzeit ist vorbei, es geht wieder los, es treibt und will ausschlagen, und ich muß alle Kräfte darauf konzentrieren, daß jetzt kein Wachsendes steckenbleibt. Ich wurde neulich in einem schriftlichen Interview gefragt, was ich über meine ›dichterische

Entwicklung‹ sagen könne, und ich antwortete: ich hoffe, daß sie im Jahr 1944–45 beginnt.«

Weihnachten 1944 schreibt uns Zuckmayer:

»Liebe Tutti, lieber Gottfried … Ich hoffe und bin gewiß, Ihr habt mit Euren drei Töchtern ein schönes und frohes Fest – so froh wie es halt sein kann in diesem Jahr, in dem noch keine Friedensglocken klingen, sondern die Erde immer und überall leise zu beben und zu wanken scheint – wie von einem entfernten schweren Einschlag, dessen Erschütterung man spürt, ohne ihn zu hören. Wir können in diesem kaum durchdringlichen und beklemmenden Nebel, der uns umgibt und von allen Seiten bedrängt, nichts besseres tun, als sehr fest zusammenhalten, damit wir den Weg nicht verlieren. Freundschaft bedeutet mehr als alles andere. Der Euren bin ich freudig gewiß, und auf der meinen könnt Ihr volle Gläser aufstellen, es geht kein Tropfen verschüttet. In diesem Sinn – fröhliche Weihnachten – der alte Zuck«

Er sandte mir später eine Zukunftsvision, die ›Elegie von Abschied und Wiederkehr‹, die er vor sieben Jahren gedichtet hatte, mit folgenden Zeilen:

»11. I. 1946. Liebste Tutti, erst heute schicke ich Dir ein bestimmtes – vor Jahren geschriebenes Gedicht, das außer Jobs niemand kannte … Es entstand im Jahr 39 – in den ersten Monaten unserer amerikanischen Zeit – als noch keine Bombe auf Deutschland gefallen, aber seine wirkliche Zerstörung schon geschehen war – und es kommt mir heute vor wie etwa eine lyrische Version von Thomas Manns Brief, in dem er das Emigrations-Schicksal und seine Stellung zum ›Zurückgehen‹ erklärte. Jedenfalls hatte ich nach fast sieben Jahren nichts daran zu ändern – es hat sich nur schauerlich bewahrheitet – und es hat doch schon in seiner letzten Zeile die Andeutung unserer Zukunft.«

Elegie von Abschied und Wiederkehr
geschrieben in Amerika, 1939

Ich weiß, ich werde alles wiedersehn.
Und es wird alles ganz verwandelt sein,
Ich werde durch erloschne Städte gehn,
Darin kein Stein mehr auf dem andern Stein –
Und selbst wo noch die alten Steine stehen,
Sind es nicht mehr die altvertrauten Gassen –
Ich weiß, ich werde alles wiedersehen
Und nichts mehr finden, was ich einst verlassen.

Der breite Strom wird noch zum Abend gleiten.
Auch wird der Wind noch durch die Weiden gehn,
Die unberührt in sinkenden Gezeiten
Die stumme Totenwacht am Ufer stehn.
Ein Schatten wird an unsrer Seite schreiten
Und tiefste Nacht um unsre Schläfen wehn –
Dann mag erschauernd in den Morgen reiten,
Wer lebend schon sein eignes Grab gesehn.

Ich weiß, ich werde zögernd wiederkehren,
Wenn kein Verlangen mehr die Schritte treibt.
Entseelt ist unsres Herzens Heim-Begehren,
Und was wir brennend suchten, liegt entleibt.
Leid wird zu Flammen, die sich selbst verzehren,
Und nur ein kühler Flug von Asche bleibt –
Bis die Erinnrung über dunklen Meeren
Ihr ewig Zeichen in den Himmel schreibt.

C. Z. für Tutti

»Unsere Zukunft ist die Erinnerung (nicht die Rückschau) – und aus dem Humus, dem Quellgrund der Erinnerung wird uns neues, vielgestaltiges Wachstum erstehn. Nur wer sich in jeder Faser erinnert, kann das Vergangene vergangen sein lassen und zu neuen Ufern auslegen. Nur wer stärker liebt als haßt, hat Leben.

Dieses Gedicht war nämlich in Jobs feuersicherem Eisenkassettchen in der Farm, in dem sie meine Manuskripte aufhebt, mit denen ich etwas leichtsinnig umzugehen pflege, und in der letzten Zeit war die Farm schwer zu erreichen.* Vorher war ich zweimal auf Skiern dort und hatte jedesmal den Hausschlüssel vergessen, es war auch so herrlich, über die Hügel zu laufen, daß ich gar keine Lust hatte abzuschnallen ... und jetzt mußte ich eine Art Gletscher-Expedition mit Eiskrampen an den Stiefeln unternehmen, da Joachim mich wegen der Gedichte gemahnt hatte und ich das Ding unbedingt haben wollte. Wir haben überall blankes Eis und man spielt Sonja Hennie auf den Straßen, besonders reizvoll beim Einkaufen von Milch und Eiern. Es wird aber sicher bald wieder schneien – nämlich sobald sich der heute blasende Sturm gelegt hat, ich kenne das schon. Bis Ihr kommen könnt, werden wir den schönsten Skischnee haben. Du mußt mit den Mädchen und mir diesen Winter auf die Farm skiern, es ist doch der schönste Platz in der Umgebung, und wir machen dann ein Feuer im Kamin und braten steaks. – In Herzlichkeit – Zuck«

Inzwischen waren mit den zunehmenden Kriegsjahren auch in Amerika die Lebensmittel knapper geworden und wir begannen, unsere Wiese in einen Gemüsegarten umzuwandeln. Gottfried hatte mit unsäglicher Mühe an den freien Wochenenden einen Teil unseres Landes für eine Maispflanzung umgegraben, die uns bei unseren Nachbarn durch unsere herrliche »corn«-Ernte be-

---

* Zuckmayers lebten im Winter 44/45 einige Monate in einem Haus bei Woodstock in Vermont, wo er seinen ›Teufels General‹ fertigschreiben konnte, was ihm die Farmarbeit nicht erlaubt hätte.

rühmt machte. Zuckmayer half mit frischen Butter- und Eiersendungen und berichtete am 19. Juni 1945:

»Liebe Tutti, es sind vier Dutzend geworden, nämlich Eier, das hat sich als praktischer erwiesen und läßt sich alle zwei Wochen wiederholen.« Und als Nachsatz zu dieser kurzen Mitteilung fügte er folgende Notiz hinzu: »Bekam die scheußliche Nachricht, daß mein Freund Theo Haubach, Dioskur des toten Mierendorff, am 23. Januar 1945 in Berlin vom ›Volksgericht‹ aufgehängt worden ist. Leider authentisch. Auch andere meiner Freunde sind tot.«

Nachrichten dieser Art drangen mehr und mehr zu uns allen, und mehr und mehr sickerte die Wahrheit über die Konzentrationslager durch. Damals konnte man dieses Ausmaß des Grauens und Mordens noch kaum begreifen. Hier begann der Terror, der heute unsere Zivilisation zu zerstören droht.

Zuckmayers »dichterische Entwicklung« hatte nicht nur wieder begonnen, er hatte bereits ein neues Stück vollendet, das einer seiner größten Erfolge werden sollte, ›Des Teufels General‹. In mehreren Briefen kündigt er seinen Besuch bei uns an, um es uns vorzulesen.

»Barnard, Vt. 10. Juli 1945
Lieber Gottfried, liebe Tutti – Gestern Abend haben Joachim und ich uns endlich erreicht. Die Verkehrsmittel in Amerika scheinen abgenutzt zu sein und das Zeitungswesen im Aussterben begriffen. Wir haben beschlossen, daß wir zusammen oder gleichzeitig nach New York wollen – ich lege größten Wert darauf, ihn bei der Vorlesung dabei zu haben, und Ihr könnt dann mit ihm zusammen viel besser beurteilen, ob der dritte Akt sich für die ›Rundschau‹ eignet … Das Ganze ist ein gewaltiges Unternehmen, aber ich wage zu sagen, es scheint mir geglückt, das heißt für mich ist es ein befriedigendes Ergebnis dieser vielen Jahre … Wir werden wohl um den 20. Juli bei Euch sein … Inzwischen seid umarmt vom alten Zuck.«

Am 24. Juli 1945 schreibt er:

»Liebe Tutti – Es bleibt also bei Samstag – ich lasse Euch noch wissen mit welchem Zug … Ihr werdet uns ja in Stamford abholen? … Wegen der Vorlesung, die besonders lang und sehr aufregend ist (Uraufführung für mich – selbst Jobs hat den 2. und 3. Akt nur gelesen, nicht gehört): würdet Ihr vielleicht die alten Osborns dazu kommen lassen, wenn es Euch nicht stört. Sie sind so liebe tapfere Leut und würden sich so damit freuen … Ich möchte vorschlagen – damit es nicht zu spät in der Nacht wird und eventuelle Auswärtler noch einen Zug kriegen und wir noch nachher darüber reden können, daß ich am Nachmittag so um fünfe anfange – der erste Akt ist am längsten und dauert, wenn ich mir Zeit nehme, zweieinhalb Stunden – daß wir dann eine kleine Eßpause machen, aber bitte im Interesse der Lesung nach Möglichkeit kein reguläres Dinner mit langem Herumsitzen, sondern vielleicht nur ein paar belegte Brötchen! Hinterher können wir uns dann Eier backen, ich bringe mindestens zwei Dutzend mit. Ein Tröpfchen Alkohol habt Ihr ja wohl da. Für die Zuhörer wäre es besser, möglichst viel Kaffee bereitzuhalten, besonders für Gottfried, der mir sonst einpennt. Aber ich selbst penne nicht, auch mit Bier oder sonstigem. –

Ich bin sehr aufgeregt (im Ernst. Es ist meine wichtigste Arbeit bisher, im ganzen Leben) – und freue mich auf Euch. Die Mädchen müssen dabei sein!! (Ich fürchte, daß Annette im Camp ist? aber die beiden anderen – tot oder lebendig.)«

Die Vorlesung seines Stücks fand, wie er es vorgeschlagen hatte, bei uns statt, in kleinem Freundeskreise. Zuck hatte recht gehabt, es wurde ein aufregendes und unvergeßliches Erlebnis für uns alle. Wie hatte er es nur fertiggebracht, hier in Amerika, so fern dem Nazi-Deutschland, die dortige Atmosphäre, seine Tonart, seine abgründig verlogene Gesinnung so dramatisch hervorzuzaubern, daß man meinte, mitten unter diesen Gesellen zu sein, sie zu hören und ihre bedrohliche Gegenwart und die ihrer Opfer zu spüren?

Es hatte übrigens schon zuvor eine andere Vorlesung von Zuck gegeben, und dieser Winterabend im tiefen Schnee von Vermont bleibt mir immer lebendig. Er las uns seine Novelle ›Der Seelen-bräu‹ vor, eine volkstümliche, aus dem Salzburgischen stammende und von Musik erfüllte Erzählung, die er beim Lesen auch schauspielerisch darstellte und dazu sang. Sie erschien bald mit großem Erfolg bei uns im Stockholmer Bermann-Fischer Verlag. Mit großer Freude entwarf ich den Schutzumschlag und zeichnete kleine Vignetten zu gewissen Abschnitten, die mir Zuck vorschlug. Diese Arbeit trug mir ein Lob des Autors ein, er schrieb mir am 10. XI. 45 aus Barnard Vt.: »Liebste Tutti – also ich kann mir nicht helfen, mir gefällts! Jobs und ich finden das Bändchen ganz entzückend und Deine Ausstattung wunderschön – es ist reizend ausgefallen … Es wird Jedem gefallen und ich hoffe nur, daß der Inhalt nicht schlechter wirkt.«

Von seinen Geldsorgen handelt der folgende Brief. Er war natürlich nicht der einzige, der nicht wußte, wovon am nächsten Tage leben. Er schreibt am 19. Februar 1946 von Barnard Vt.:

»Liebste Beste … An Gottfried habe ich wegen unseres ›Seelenbräu‹ geschrieben und ihm Namen mir bekannter und befreundeter Schweizer Redakteure genannt. Vielleicht kann er von dort aus was für uns beide tun. Hoffentlich hat er etwas Geld überwiesen. Wenn ja, bitte denk an meine $ 200.-. Wir sind sehr im Druck, ja in einer ziemlich bedrängten Lage. Jobs fuhr gestern abend nach Washington mit unserem letzten Gerstl. Ich bin buchstäblich visà-vis de rien bis meine neue englische Arbeit verkauft sein wird. – Übrigens habe ich eine Idee, die glaub ich höchst kommerziell ist und uns aus allem herausreißen kann: ich gedenke, im kommenden Sommer den ›Bellman‹ völlig umzuschreiben … ganz leicht und frech und aufs Spielerisch-Phantastische gestellt – das würde hier bestimmt mit der ganzen Musik, den Liedern usw. – als ›musical‹ ein hit sein … Mit so etwas könnten wir auf Jahre hinaus gesichert sein … Wart ab: in ein bis zwei Jahren lachen wir über die Geldsorgen von heute! (Aber jetzt sind sie noch da.) Grüß die schönen Mädchen und sei umarmt – Dein Old Zuck.«

Mit seiner Prophezeiung, daß wir in »ein bis zwei Jahren lachen würden über die Geldsorgen«, sollte er recht behalten. Denn sowie die Grenzen nach Deutschland auch für den »geistigen« Import nach Beendigung des Krieges wieder geöffnet wurden, hatte Zuckmayer vor allem mit seinem ›Des Teufels General‹ einen enormen Erfolg. Das neue Stück wurde nach der Uraufführung in Zürich auf allen deutschen Bühnen gespielt und erschütterte die Menschen durch seine Lebensnähe. Die Kontroversen über die »Veredelung« der Gestalt des Generals machten das Stück nur noch populärer.

Im Jahre 1946 begann das amerikanische Military Government, das Westdeutschland mit den Franzosen und Engländern zusammen besetzt hielt, gewisse Persönlichkeiten der deutschen Emigration nach Deutschland zu berufen. Zuckmayer war einer der ersten, der eine derartige Berufung erhielt. Er schreibt mir am 5. März 1946 aus Barnard Vt.:

»Liebe Tutti – … inzwischen hat sich allerhand ereignet und ergeben. Ich habe via State Department die endgültige Zusage der Army bekommen – daß sie mich drüben haben wollen. Sie machen jedoch die Bedingung, daß ich eine commission als ›Theatre Officer‹ annehme und für ein Jahr hinübergehe … Ich bin aber noch keineswegs sicher, ob ich es annehme. Wenn ich von vornherein durchsetzen und klarstellen kann, daß ich eine beratende, vermittelnde Stellung zwischen den deutschen Theaterleuten und den entsprechenden Army-Behörden ausüben kann – eine Position, die man auch in Deutschland nur als eine goodwill-mission verstehen kann –, dann mache ich es … Ich muß auch die Garantie haben, daß ich frei sprechen – ich meine lectures halten kann, meine Meinung äußern und vollen Kontakt aufnehmen, wo es mir richtig scheint … Ohne das hätte es keinen Sinn, einen deutschen Autor zu senden. Das muß ich den Leuten klarmachen … Ich werde nicht vor Anfang nächster Woche abreisen, muß hier allerlei Arbeit fertigmachen, bin auch derzeit in der peinlichsten Geldbredouille, die – selbst wenn Washington meine Reise bezahlt – mich nicht wegkommen läßt, solange ich nicht etwas auftreiben kann. Wie ist es mit Euch darin? Hat Gottfried etwas für den Verlag überweisen können? Ich weiß, es war ein schlechtes

Jahr – aber schließlich tragen wir die Folgen gemeinsam – so bitte ich sehr, mir noch etwas zu helfen. Im nächsten Jahr wirds für uns Alle besser … Ich höre, der L. B. Fischer ist verkauft?* Vermutlich das einzig Richtige unter den jetzigen Umständen hier. Konzentrieren wir uns alle auf den B. F. V. (Bermann-Fischer Verlag) – unseren alten Rennstall, in dem ich mit den Hufen scharre. Bitte laß von Dir hören – auch was Du von Gottfried Neues weißt und wann Du ihn zurückerwartest. Alles Herzliche – Dein Zuck.«

Und vom 25. März 1946 schreibt er:

»Liebe Tutti, wir haben die letzten Nächte so tolle Nordlichter hier gehabt, daß ich dachte, das hat sicher mit Gottfrieds Rückreise zu tun. Wann kommt er nun wirklich? – Meine Sache geht vorwärts. Ich bekam gerade die endgültige offizielle Anfrage, ob ich das assignment annehmen würde, und habe zugesagt … Die Army hat aus Deutschland ein neues Telegramm ans State Department geschickt, in dem es heißt: ›We are convinced that Zuckmayer as Theatre Officer in Berlin or Munich would make great contribution and at the same time have opportunity for bringing his unique qualifications to bear upon reorganization of theatrical life in Germany-Plan would be to use his advice on zonal matters and his special personal supervision for exchange of theatrical possibilities between all four zones involving official travels through Germany and Austria.‹ Das klingt doch gut? Nun … – ich habe meine definitive Zusage gegeben … Bitte gib Laut, wann Gottfried erwartet wird – und wie alles steht. Herzlichst Zuck.«

»Wie alles stand«, wollte er wissen! Um das festzustellen, hatte Gottfried im Februar 1946 seinen ersten Flug nach Europa gewagt, über den ich schon zuvor an Thomas Mann berichtet hatte.

Zuckmayer als »Officer« der US Army schreibt an uns aus Zürich im Dezember 1946:

---

* Die L. B. Fischer Corp. New York wurde Anfang 1946, als die Wiedereröffnung des deutschen S. Fischer Verlages in Aussicht stand, an einen amerikanischen Verlag verkauft.

»Geliebte Freunde – der lange Brief an Euch, den ich vor Wochen begonnen habe, wird und wird nicht fertig, es ist so unendlich viel, zu viel, unbeschreiblich viel zu berichten, und wann hätte ich je die Zeit? In Deutschland gab es Tag und Nacht keine freie Minute, und hier, wo ich zwei Tage vor der Premiere (Teufels General) ankam und wo Hunderte von Leuten auf mich warteten, davon ein starkes Dutzend unserer besten und liebsten Freunde – zu diesem Zwecke Hierhergekommene – da mußte ich jede Stunde einteilen, um dem Ansturm gewachsen zu sein ... Es war ärger als in den rauschvollsten Erfolgszeiten der Vergangenheit. Und natürlich in Persönlichem und Menschlichem so viel intensiver als je zuvor. In Deutschland: beschwerliche Reisen, scheußliches Wetter, Fahrten auf offenen Jeeps, überheizte Quartiere der Amerikaner, die saukalten Wohnungen der Deutschen, die ganze Raserei durch die besetzten Gebiete und noch die inneren Erschütterungen, Aufregungen – kurz, ich kam hier an, wie wenn man aus der Front käme. Dann diese Anstrengung hier. Gemildert durch schönes Leben und Erfolg! ... Der Erfolg des ›Generals‹ ist kaum zu glauben, – es ist gewaltig. Eine herrliche, einfach unübertreffliche Meisteraufführung von Hilpert, ein grandioser Schauspieler für Harras, ein einfach brausender und tosender Erfolg – so daß man auf der Straße die fremden Leute überall vom ›Düfels Cheneral‹ schwizzern hört. – Das Stück ist jetzt für Deutschland frei ... es gibt keine deutsche Bühne, die es nicht machen will, zuerst aber kommt es mit Hilpert in Wien ... in Deutschland wohl zuerst bei Engel in München ... Euer sehr beanspruchter aber auch sehr damit einverstandener Zuck.«

Die Verhandlungen über eine baldige Wiedereröffnung unseres Verlags in Deutschland, der Vereinigung des Emigrationsverlags mit dem in Deutschland verbliebenen, unter Suhrkamps Leitung nun wieder arbeitenden Teils, zogen sich hin, und der Weg bis dahin sollte noch lang und dornenreich sein. Daß man sich noch in äußerster Geduld würde fassen müssen, war uns allen klar. Zu diesem Warten-Müssen schrieb Zuckmayer mir einen Spruch am 30. März 1947 aus New York:

Spruch auf diesen Tag:

Die Langsamkeit
Ist die schönste Keit
Mit der Schnellig-keit
Kommt man auch sehr weit,
Doch weiter kommt man
Mit der Langsam-keit!   Merks!

Im Frühjahr 1948, noch keine drei Jahre nach Beendigung des Krieges, kam es fast zu einer Kriegspanik in den USA. Die Russen versuchten, ihre Grenzen innerhalb Deutschlands so weit als möglich nach Westen zu verlegen; wie weit und bis wohin können sie gelangen, ohne daß Amerika sie daran hindern würde? Es war eine furchtbare Spannung für die westliche Welt. Zuckmayer schreibt mir dazu:

»z. Zt. Belsito, Cademario-Lugano 26. März 1948
Meine liebe Tutti, … laß Dich doch bitte nicht in eine Kriegspanik hineinsteigern. Ich weiß, sie ist derzeit in Amerika ausgebrochen … aber ich glaube nicht, daß ein wirklicher Grund dazu vorhanden ist. Obwohl ich mir, leider, leider, fast kaum mehr vorstellen kann, wie es geschehen sollte, daß wir um das Miterleben der dritten Katastrophe dieses Jahrhunderts herumkommen … Außenpolitisch gesehen: ich glaube, daß die Russen jetzt so weit vorstoßen wollen, wie sie es irgend ohne aktiven Krieg tun können, das heißt in Europa wollen sie bis zur Elbe gleichschalten – womöglich einschließlich Berlin, und selbst wenn die westliche Besatzung aus Prestigegründen Berlin zu halten entschlossen ist – wahrscheinlich ist das so – wollen sie Berlin so unter Druck setzen, daß es praktisch kein Hemmnis ihrer Ostzonenpolitik ist, die der in der Tschechoslowakei usw. entspricht, – noch nicht einmal

eine wirkliche Insel, sondern eine Art gemischter Bahnhofwartesaal erster bis vierter Klasse. Sie werden weiterhin den Kontrollrat so benutzen, als wäre es die UNO, die man durch Veto impotent macht, um nach außen hin das durchzuführen, was sie ›Potsdamer Abkommen‹ nennen, und man wird vermutlich weiterhin mit ihnen Nervenkrieg spielen müssen, ohne daß es zu einem appeasement à la München kommen wird. Aber auch nicht zum Bruch. Denn davor haben sie selbst einen berechtigten Bammel. Ich weiß, wie eingefuchste kommunistische Ideologen hier denken: sie rechnen mit einer katastrophalen Wirtschaftskrise in Amerika … und glauben, daß, wenn sie bis dahin mit ihrer Politik der fortgesetzten Sabotage aller europäischen Rekonstruktionsvorschläge, Panikmachung und Bedrohlichkeit fortfahren, dann ihr Weizen blüht … Ich glaube, wir haben zumindest noch eine längere Pause vor uns, in der wir so leben und arbeiten müßten, als ob Frieden wäre … Diese Pause, und daß wir sie nicht ungenutzt verstreichen lassen, ist unsere einzige Chance … Dein Zuck.«

Zu Weihnachten 1966 kam folgende kleine Schrift von Zuckmayer:

»Denke ich an die hellsten und an die schwärzesten Stunden in meinem Leben und im Leben derer, die mir nahstanden, so ist die Freundschaft wie ein festes, sichtbarliches, unzerreißbares Band hindurchgeschlungen. In den guten Zeiten war sie eine Steigerung im gegenseitigen Geben und Empfangen. In den Zeiten der Not wurde sie zu einem Anker, dem letzten, an den man sich hielt, zur Lotsenschaft, manchmal zum Rettungsring, und immer, auch in den Niederbrüchen, auch im Geschlagensein, blieb sie ein irdisches Fanal, ein Feuerschiff, ein Signal im Nebel. Selbst wenn der Tod die Freunde von meiner Seite riß – ich habe das allzufrüh erleben müssen, und es geschieht immer wieder –, so war und ist es jedesmal, als wär's ein Stück von mir.«

Und nun ist unser guter Freund von uns gegangen. Er starb im Januar 1977 hoch oben in den Bergen und ist in Saas-Fee, das er so liebte, begraben.

23
Wiedereröffnung des S. Fischer Verlages
in Deutschland. Inge Scholls mutiger Schritt.
Begegnung mit Albrecht Goes.
Seine ›Unruhige Nacht‹.

Für mich begann der Neuanfang in Deutschland im Jahre 1948.
Die Städte lagen zerstört, die Wintermonate waren grau und eis-
kalt, mit spärlichen Heizmöglichkeiten in den Wohnungen, und
nie werde ich die düsteren Tage vergessen, die wir in einem soeben wieder eröffneten Teil des zerstörten, früher so stattlichen
Hotels »Frankfurter Hof« in Frankfurt am Main verbrachten.
Man konnte es nur durch das hintere Einfahrtstor betreten,
dessen Mauerwerk jeden Moment einzustürzen drohte. Die Menschen waren ebenso verdüstert wie ihre Umwelt, und es war
schwer, einen Weg durch dieses Gestrüpp von Zerstörung zu finden und sich nicht gänzlich von dieser Atmosphäre niederdrücken
zu lassen. Aber wir hatten ein Ziel vor Augen, den Neuaufbau des
Verlages, und es gelang uns mit viel Geduld allmählich die Hindernisse, die sich uns entgegenstellten, aus dem Weg zu räumen.

Eine der ersten deutschen Frauen, denen ich damals begegnete,
war Inge Scholl, die ihre heldenhaften jüngeren Geschwister, die
die Studenten der Münchner Universität gegen Hitler aufgerufen
und diese Heldentat mit dem Tod hatten büßen müssen, überlebt
hatte. In Inge lernte ich die Aufrichtigkeit und Charakterstärke einer jungen Deutschen, die den Nazis getrotzt hatte, kennen. Gleich
nach Ende des Krieges hatte sie es sich zur Aufgabe gemacht, ihre
Umwelt, die verstörten Menschen ihrer Heimatstadt Ulm aufzu-
rütteln und sie zu abendlichen Versammlungen und Gesprächen

zusammenzurufen. So entstand die erste Volkshochschule, die ein Zentrum gegenseitigen Gedanken-Austauschs und ein Forum wurde für wichtige Vorträge, Diskussionen, Dichterlesungen, Konzerte und Vorführungen aller Art. Schriftsteller, Musiker, Künstler, Gelehrte des In- und Auslandes sprachen dort zu einer Jugend, die während der Hitlerjahre von der Welt völlig abgeschnitten war. Es gab kein dankbareres und aufnahmebereiteres Publikum. Mich lockte dieses von Mut und Zukunftsglauben erfüllte Unternehmen. Hier konnte man erfahren, wie es eigentlich im deutschen Volk aussah, und hier konnte man den Deutschen von dieser großen »anderen« Welt, von Amerika, berichten. Ich dachte an ein Zwiegespräch zwischen den Kontinenten Europa–Amerika und fand einen idealen Gesprächspartner in Albrecht Goes, dem schwäbischen Landpfarrer und Dichter. Unsere erste Begegnung wurde der Beginn einer Freundschaft. Er war bereit, dieses Zwiegespräch vorzubereiten. Um alles genau zu besprechen – denn er »haßte das Ungefähre« – bat er mich zu sich auf seine kleine Landpfarre.

Das schwäbische Dorf, die kleine, alte Kirche und das Pfarramt daneben, das er bewohnte, lag in lieblicher Landschaft, und ein verträumter kleiner Garten umgab das einfache, bäuerliche Haus, wo er sein Amtszimmer und seine Dichterklause hatte. Ich fühlte mich in Mörikes Zeiten zurückversetzt, und auch er erschien mir als ein Mensch aus jener Zeit. Man spürte einen gestählten Charakter, der sich für seine Ideale schlagen konnte. Und er hatte sich geschlagen. Als Lazarett- und Gefängnispfarrer während des 2. Weltkrieges hatte er den Sterbenden und zum Tode Verurteilten Trost und Zuspruch gegeben, und er verlor weder Mut noch Glauben inmitten der vom Teufel besessenen Nazi-Umwelt. Dieser Hölle knapp mit dem Leben entkommen, wuchsen ihm später Dichtungen aus diesen Erlebnissen, Fanfaren des Jüngsten Gerichts. Wir wanderten durch den kleinen Pfarrgarten und über die anliegenden Felder, und es war des Gesprächs kein Ende. War es die räumliche Nähe seiner Geburtsstätte, die Hölderlins Verse zu uns wehte? Am Sonntag hörte ich eine seiner morgendlichen Predigten und war ergriffen von seiner Stimme, mit der er die kleine

Gemeinde, von einem kurzen, halb verborgenen Bibelwort ausgehend, zur großen brüderlichen und geistigen Gemeinschaft aufrief und sie aus dem Alltag hob. Eine doppelte Berufung war ihm geworden: sein Walten und Sorgen für die Menschen seines Kirchensprengels, zum anderen sein Dichterwort, das sich weit über diesen Kreis hinaus an alle richtete.

Wir hielten unser Zwiegespräch von »Kontinent zu Kontinent« und »von Mensch zu Mensch« in der Ulmer Volkshochschule unter lebhafter Beteiligung des Publikums, das fast ausschließlich aus jungen Leuten bestand, die das Wort »Freiheit« aufgriffen und wissen wollten, wie man das leben könne. Die nach Kontakt zum »Draußen« Dürstenden nahmen meine Berichte vom täglichen Leben in den Vereinigten Staaten so freudig auf, daß ich sogleich nach meiner Heimkehr in die Staaten eine Büchersammlung für die deutsche Jugend begann. »Food for Thought« wurde zu einem großen Erfolg, und Tausende von Büchern wurden über den Ozean zu den Lesehungrigen und Weltdurstigen geschickt.

Durch diese erste Begegnung mit Inge Scholl und mit Albrecht Goes wurde mir erst deutlich, wie schwer die Vereinsamung und das Ausgesperrtsein aus der Welt während der Hitlerjahre auf diesen Menschen gelastet haben mußte. Ein Gedicht, das Goes mir damals sandte, zeugt davon:

Aber im Winde das Wort

Gut ist die Hausung, der Hort,
Und der Menschen zu zwein und drein,
Aber im Winde das Wort
Heißt: immer ist einer allein.

Glückliche Stunden am Meer,
Und der Einklang des Lebens so groß
Vogel Flug – und wie leicht ist das Schwer!
Weiße Flut – und wie lösest Du los!

Und der fremde Schritt wie vertraut,
Wie verwandelt das Fern und das Nah.
Wir wagen den leisesten Laut,
Und die Botschaft des Trostes ist da.

Und wir wenden den Fuß, und es schließt
Sich der Tag und es schließt sich der Kreis.
Schicksal selbst, das zornige, fließt
Gelind und gelinder. Ich weiß.

Aber da stürzt es herein,
Dunkel ins selige Licht:
Immer ist einer allein
Und ich helfe ihm nicht.

entstanden im Oktober 1948 in Kampen/Sylt
Gruß an B. B. F.
Albrecht Goes

Und er schrieb mir: »... Nun ist wieder so stille Nacht wie da Du
da warst und wir dann noch des Weges liefen durchs Nächtige, wir
könnten es jetzt wieder tun. Die Bäume im kleinen Vorgarten haben Blütenknospen und ein Frühlingsregenduft dringt herein, der
sehr sehnsüchtig macht ... Es ist schön hinzuzufügen: denn Du
kamst ...«

Zu Beginn des Jahres 1950, nachdem wir aus den USA nach
Deutschland zurückgekehrt waren, erhielt ich einen sehr betroffenen Brief von Albrecht Goes, der gerade das Manuskript seiner Erzählung ›Unruhige Nacht‹ vom Lektorat des damals noch unter
Suhrkamps Leitung stehenden Verlages zurückbekommen hatte:

»Gebersheim, den 9. Februar 1950
Liebe Tutti,
sei herzlich bewillkommt auf dem alten Erdteil. Ich freute mich,
die Nachricht von der Hochzeit Deiner Tochter zu bekommen ...

und nun hoffe ich Gutes von Deiner Gegenwart im Verlag, und auch für das Ergehen meiner eigenen Arbeit bin ich froh, daß Du jemand bist, der die Feder, die mein Ührlein treibt, kennt und der mir mit Zutrauen begegnet. Was man leider nicht vom Gesamtlektorat des Verlages sagen kann. Ich habe, verzeih, daß ich das gleich ausspreche, einen so gallebitteren Geschmack auf der Zunge bekommen gestern, daß ich noch ganz krank davon bin. Der Rücksendung meines Ms. ›Unruhige Nacht‹ lag (ob absichtlich, ob versehentlich) das Lektoratsgutachten H. K. vom 26. 9. 48 bei, – H. K. muß wohl Hermann Kasack heißen … Dieses Gutachten war von einer solch unfaßlichen, hochmütigen Geringschätzung meiner Arbeit, ›konventionell erzählt‹, ›reichlich dünn‹, ›eine Umarbeitung würde das Talent von Goes überfordern‹, daß ich wirklich mir wie unter die Mörder gefallen vorkam. Daß Herr Kasack im Gegensatz sich befindet zu Hermann Hesse, ›ich werde noch oft an Ihre ernste und großartige Erzählung denken‹, schrieb er mir, zu Thomas Mann, zu Reinhold Schneider, zu Nelly Sachs (übrigens wird eine schwedische Übersetzung vorbereitet), zu dreieinhalbtausend Käufern in sieben Wochen und hundert Briefschreibern aus allen Schichten und Teilen von Deutschland und der Schweiz, mag mich ein wenig trösten … aber Du verstehst: es ist ein so feindlicher Wind, der für mich nun von dorther weht, daß ich recht vor den Kopf gestoßen bin. Herr Kasack hat vor sieben Jahren meine Gedichte als belanglose Mörike-Nachtreterei abgetan: daß das ein glattes Fehlurteil war, ist, glaub' ich, ein paar Leuten aufgegangen. Daß man nicht merkt, daß der Verzicht auf Fassade und geistige Taschenspielerkünste, auf vornehme Unverständlichkeit und intellektualistische Scheinmystik nicht Sache eines simplen Gemütes sein muß, sondern auch Sache einer langen Klärung … Wie gut, Tutti, daß Du da bist. – … Ich werd in der nächsten Zeit nicht recht frei sein, da ich die wenige Zeit, die mir bleibt, ganz der von Kasack so gering geachteten Arbeit widmen muß. Ich bereite jetzt die Sammlung meiner Gedichte vor und gedenke sie Ende des Monats dem Verlag einzureichen. Vielleicht rettest Du sie dann vor dem Fehlurteil des Herrn Dr. Kasack.

Verzeih, daß ich gar keinen schönen Willkommbrief schreibe, es geht heute nicht. Aber ich schreibe bald wieder und dann sollst Du auch die fröhliche Freundesstimme hören, so wie heute die dunkle und betroffene.   Dein Albrecht«

Auch ich war tief betroffen, daß man seine ›Unruhige Nacht‹, dieses erschütternde Zeugnis, von dem Verlag, der bald wieder unseren Namen tragen sollte, in so hochmütiger Weise zurückgewiesen hatte. Das Buch erschien dann bei Friedrich Wittig und konnte erst viel später auch von uns für den nunmehr von uns geleiteten S. Fischer Verlag übernommen werden. In Frankreich, übersetzt von Pierre Bertaux, machte es Aufsehen, sowie in vielen anderen Ländern, wo die Menschen tief beeindruckt aufhorchten.

Im gleichen Jahre schrieb er in mein Stammbuch:

Nehmen, Geben. Wer zu rechnen liebt,
Der wird nie auf seine Rechnung kommen,
Leben lehrt: wer einen Finger gibt,
Dem wird gleich die ganze Hand genommen.

Gabst Du? Wohl, Du gabst. Nun warte nicht,
Daß die Jahre Dir die Schuld begleichen.
Wags, ob auch die Klugheit widerspricht,
Soll und Haben kühnlich auszustreichen.

Dieses nur. Dann leg den Stift beiseit,
Armut wird Dich unversehns versöhnen.
Ja, sie selbst, die karge Endlichkeit,
Will Dich ans Unendliche gewöhnen.

Für Tutti, zu Gesprächen zwischen Gebersheim
und dem Homburger Park,
herzlichen Gedenkens, Dein Albrecht Goes.

Frankfurt am Main, 10. Mai 1950

24

Meine Verlagsarbeit.

Tod der Mutter. Erstes Enkelkind.

Thomas Manns ›Lob der Vergänglichkeit‹.

Inzwischen war der S. Fischer Verlag wieder in unserem Besitz. Wir mußten den größten Teil des Jahres in Frankfurt zubringen, wo wir zunächst im alten »Westend« ein Haus bewohnten, in dem sich auch die Verlagsräume befanden. Es wurde uns beiden nicht leicht, wieder in Deutschland leben zu müssen und uns von unseren Kindern und unserem Heim in Connecticut für viele Monate zu trennen. Aber der Neuaufbau erforderte unsere ganze Kraft.

Für mich war es das erste Mal, daß ich mich ganz der Verlagsarbeit widmen konnte. Ich tat es mit großer Begeisterung und es gab fortan keinen Augenblick am Tag, der nicht dieser Arbeit gewidmet war. Das Privatleben hatte aufgehört; in jedem Zimmer des Hauses war eine Abteilung des Verlages installiert. Überall saßen die Mitarbeiter. Nur zu den Mahlzeiten und zum Schlafen zogen wir uns in unsere Privaträume im obersten Stock zurück. Von früh bis abends kamen Besuche, Autoren, Freunde, Mitarbeiter. Zuweilen luden wir zu Vorlesungen unserer Autoren ein, und dann war unser Wohnzimmer bis auf den letzten Platz besetzt.

Bald aber wurden diese Räume viel zu eng für den im Wachsen begriffenen Verlag. Er zog in eines der sogenannten »Hochhäuser« Frankfurts, den »Bienenkorb«, wo wir über der Stadt schwebten in großen, modernen Räumen, aus deren riesigen Glasfenstern wir bis zum Taunus hinübersehen konnten.

Hier hatte ich mein eigenes Büro. Hier saß ich Tag für Tag an meinem zum Schreibtisch erkorenen alten Bauerntisch, der etwas Warmes, Anheimelndes ausstrahlte, und hier fühlte ich mich als ein Rad im großen Getriebe des sich immer weiter verzweigenden Ganzen. Es faszinierte mich, innerhalb eines solchen Organismus zu arbeiten. Das Schöne an dieser Arbeit war die Möglichkeit, eigene Initiativen, natürlich dem Ganzen koordiniert und angepaßt, entwickeln zu können.

Ich konzentrierte mich zunächst darauf, den Publikationen des Verlages ein Gesicht zu geben, so daß man den Charakter des S. Fischer Verlags an jeder seiner Publikationen erkennen konnte. Das gleiche galt es für die Werbung zu tun, die überhaupt in neue Bahnen gelenkt werden mußte und für die neue Wege erschlossen wurden. Als wir mit unseren Taschenbüchern begannen und die »Fischer Bücherei« aufbauten, wurde die Leitung der graphischen Gestaltung, die mir in Zusammenarbeit mit jungen Graphikern oblag, der nun in monatlichem Rhythmus erscheinenden Taschenbücher zu einer dauernden Verantwortung. Hier konnte ich mein langjähriges Studium von Schrift und Satz zur praktischen Anwendung bringen.

Ich besuchte viele Buchhandlungen, die sich im Anfang nur zögernd an das billige Taschenbuch gewöhnten. Ich brachte ihnen drehbare Buchständer, die sie ins Freie, vor ihre Buchhandlungen stellen konnten und dadurch manche Passanten zum Buchkauf gewannen, und ich regte Sonderfenster an, bei deren Gestaltung ich zuweilen mithelfen durfte.

Ich hatte viel Freude an der Vielfalt der verlegerischen Tätigkeit. Neben allem anderen organisierte ich das Auslandslektorat, indem ich den persönlichen Kontakt mit ausländischen Verlegern und literarischen Agenten in aller Welt aufnahm. Jedes Jahr reiste ich zu den Verlegerkollegen Europas und Amerikas, um Übersetzungsrechte unserer Bücher zu verkaufen und die Rechte an ihren wichtigen Neuerscheinungen zu erwerben. Wenn man da nicht Augen und Ohren offen hielt und genau wußte, wo wer erscheint, hatte man bei der sich immer mehr steigernden Konkurrenz der anderen deutschen Verlage kaum Aussichten, die relativ wenigen wichtigen Publikationen des Auslandes erwerben zu können. Auf der ersten Frankfurter Buchmesse, die heute gewaltige Dimensionen angenommen hat, waren es nur wenige deutsche Verlage, die daran teilnahmen. Die persönliche Gestaltung unseres Bücherstandes forderte einen harten Kampf mit der Messeleitung heraus, die wir schließlich doch von der Werbekraft individueller Ideen überzeugen konnten.

Thomas Mann hatte nach seinem »Vermächtnis«, dem ›Doktor Faustus‹, das er für sein letztes Werk gehalten hatte, eine köstliche und höchst phantasievolle Erzählung geschrieben, die uns alle ergötzte. Ich schrieb ihm nach der Lektüre:

»z. Zt. Amsterdam den 11.12.50
Lieber und verehrter Herr Dr. Mann!
Ich möchte Ihnen von Herzen Dank sagen für das wunderbare Geschenk Ihres neuen Buches! Abende, die bis in die Nacht hinein erfüllt waren vom gegenseitigen Vorlesen des ›Erwählten‹, liegen hinter mir, Abende, an denen ich mich Ihrem Geist der Erzählung mit innerster Freude anvertraute. Diese Freude steigerte sich stets mit dem Verlauf der Erzählung. Die zwiefache Liebesgeschichte will mir zu den reinsten und verklärtesten gehören, die je gedichtet wurden. Der allem Ernst der Erzählung innewohnende Humor wechselt die Sprache wie ein Spiel, den Gang der Erzählung beschwingend, und durch diese zwischen den Sphären schwebende Vorstellungswelt wird es dem staunenden Leser ein leichtes, das Wunderbare und Übernatürliche als das Natürliche zu verstehen … Es ist ein großes Erlebnis, diesem Meisterwerk reinster Kunst begegnet zu sein. Möge es unzähligen Menschen zur ähnlichen Beglückung werden! Ihre Tutti B. Fischer«

>1550 San Remo Drive
Pacific Palisades, Cal.
17. XII. 50

Lieber Dr. Bermann, Ihre Worte und die ebenso schönen von Tutti nach der Lektüre des Gregorius haben mir recht wohlgetan. Sie sind ein freundliches und ermutigendes Echo für den Anfang, und Trost braucht man ja immer nach Ablieferung so einer Jahr- und Tag-Arbeit. Hoffentlich entfernt sich das öffentliche Urteil nicht allzuweit von Ihrem. Mehr als je sind in diesem kuriosen Fall alle meine Hoffnungen an die deutsche Ausgabe geknüpft. Denn wie will man diese Scherze übersetzen? …

Mit Weihnachtsgrüßen und allen guten Wünschen für das Neue Jahr   Ihr Thomas Mann«

Das Jahr 1952 brachte zwei einschneidende Ereignisse in mein Leben, den Tod meiner Mutter und die Geburt unseres ersten Enkelkindes. Wie seltsam nahe sich Tod und Leben hier berühren, kaum drei Tage nach Mamas Tod kam ihr Urenkelkind, auf das sie so gewartet hatte, auf die Welt.

Meine Mutter starb in Königstein, im Taunus. Wir hatten sie einige Zeit zuvor auf ihren Wunsch nach Deutschland zurückgebracht, da sie sich in Amerika niemals einleben konnte. Obwohl sie gut Englisch sprach und alte und neue Freunde in New York fand, wurde ihr die »Neue Welt« nicht zu einer neuen Heimat. Europa fehlte ihr auf Schritt und Tritt. Wenn sie nicht bei uns in Connecticut aufatmete, lebte sie ein recht isoliertes Leben in dieser Riesenstadt. Leider konnten wir sie nie dazu bewegen, ganz zu uns aufs Land zu ziehen.

In Deutschland, wo sie in schöner Natur wohnend von einer sie rührend umsorgenden Krankenschwester gepflegt wurde, verbrachte sie noch eine gute Zeit. Sie hatte Freude am Wiederbeginn des Verlags und an ihren Enkeltöchtern. Aber sie lebte mehr und mehr in der Vergangenheit. In ihrem letzten Lebensjahr rückte ihr Zusammenleben mit ihrem geliebten Mann wieder in greifbare Nähe. Es wurde geheimnisvollerweise wie zu einer Wiedervereinigung mit ihm in ihrer alten Welt. Es war wie eine Gnade, die ihr den Tod erleichtern sollte. In den letzten Monaten ihres Lebens hörte ich, wie sie zu ihm sprach und von seiner physischen Nähe überzeugt war. Es war unmöglich, sie davon abzubringen. Für sie bestand keine Gegenwart mehr. Ihr Hingang war für mich das Ende einer Epoche, und ich fühlte mich wie entwurzelt und entheimatet ohne sie.

An Mamas Grab sprach unser Freund Joachim Maass: »… Reich war Hedwig Fischers Leben, wie es wenigen Frauen vergönnt ist, vergönnt durch die Umstände und durch die Gaben, mit denen die Natur sie gesegnet hat. Denn geistiger Reichtum ist ein Geschenk, das nur der Gesegnete empfangen kann, ein Geschenk, das nur in wissenden, in liebenden Händen gedeiht. Werk und Mensch des Geistes lagen ihr am Herzen, so aufs allernatürlichste, daß beide wohlgeborgen waren in ihrer Obhut.

Fast alle Namen, die, vom Ende des vorigen Jahrhunderts an, den Ruhm der Dichtung in unserem Lande bedeutet haben, sind Kapitel in Hedwig Fischers Lebensgeschichte … Daß die meisten von ihnen Mitarbeiter und Autoren des S. Fischer Verlags waren – wen will das wundernehmen, da doch Samuel Fischer einer der wahrhaft berufenen, genialen Verleger Deutschlands war? Aber sie waren auch Freunde, Freunde des Fischer-Hauses und Hedwig Fischers Freunde.

Eine Korrespondenz von ungemessenem Umfang, verloren leider größtenteils mit so vielem, … hat von diesen ehrwürdigen Freundschaften gezeugt, von der Nähe und seelischen Vertraulichkeit, die die großen schöpferischen Naturen ihr gegenüber empfanden, von der beinah heftigen, unermüdlichen und immer herrlich jungen Anteilnahme, in der ihrerseits Hedwig Fischer mit diesen bedeutenden und oft sorgenschweren Existenzen verbunden war.

Gibt es einen schöneren Reichtum? Einen, der des rühmenden Nachrufs würdiger wäre? Uns scheint: Das Leben, von dem wir hier Abschied nehmen, war so durchaus erfüllt, wie ein Frauenleben nur irgend erfüllt sein kann …

Sie hat die Freuden einer im Geiste rühmlichen Epoche genossen und hat zu diesen Freuden beigetragen. Sie wußte, daß echte Freude nur empfängt, wer Freude gibt.

Es war ein liebendes Herz, das hier zu schlagen aufgehört hat, es war ein liebenswertes Herz …«

Thomas Mann hatte dem Andenken Mamas seine kleine Schrift ›Lob der Vergänglichkeit‹ gewidmet, die er für eine Rundfunkreihe der Columbia Broadcasting Company in New York ›This I believe‹ schrieb und die wir als Weihnachts- und Neujahrsgruß für unsere Verlagsfreunde gedruckt hatten:

»Vergänglichkeit ist die Seele des Seins«, – so lautet es in dieser Schrift, »ist das, was allem Leben Wert, Würde und Interesse verleiht, denn sie schafft Zeit, – und Zeit ist, wenigstens potentiell, die höchste, nutzbare Gabe, in ihrem Wesen verwandt, ja identisch mit allem Schöpferischen und Tätigen, aller Regsamkeit, allem Wollen und Streben, aller Vervollkommnung, allem Fortschritt zum Höheren und Besseren. Wo nicht Vergänglichkeit ist, nicht Anfang und Ende, Geburt und Tod, da ist keine Zeit, – und Zeitlosigkeit ist das stehende Nichts … Zu den wesentlichsten Eigenschaften, welche den Menschen von der übrigen Natur unterscheiden, gehört das Wissen von der Vergänglichkeit … Ihm ist gegeben, die Zeit zu heiligen … und mit ihrer Hilfe dem Vergänglichen das Unvergängliche abzuringen … In tiefster Seele hege ich die Vermutung, daß es bei jenem ›Es werde‹, das aus dem Nichts den Kosmos hervorrief, und bei der Zeugung des Lebens aus dem anorganischen Sein auf den Menschen abgesehen war und daß mit ihm ein großer Versuch angestellt ist, dessen Mißlingen durch Menschenschuld dem Mißlingen der Schöpfung selbst, ihrer Widerlegung gleichkäme. Möge es so sein oder nicht so sein – es wäre gut, wenn der Mensch sich benähme, als wäre es so.«

Daß Thomas Mann gerade diese Schrift dem Andenken Mamas widmete, hat mich tief berührt, und ich schrieb ihm:

»Old Greenwich, Conn.
31. Dezember 1952

Lieber und verehrter Herr Dr. Mann:
ich möchte Ihnen von Herzen danken für die telegraphischen
Worte des Gedenkens zum Tode von Mama und vor allem für das
würdige und schöne Denkmal, das Sie ihr durch Ihre Widmung
vom ›Lob der Vergänglichkeit‹ gesetzt haben. Diese kleine Schrift
von Ihnen, die mir wie eine Art Essenz Ihrer weisen und reifen
Lebenserkenntnisse erscheint, ist mir besonders ans Herz gewachsen, und ich hoffe, daß ihr Inhalt wie ein Ruf von den Menschen vernommen wurde … Und auf das so vielfältig erfüllte Leben meiner Mutter hat sie manchen Bezug. Wie hätte sie sich
gefreut über Ihre Widmung, wenn sie noch am Leben wäre. Es
war übrigens erstaunlich, mit welcher Zähigkeit Mama sogar in
den letzten Jahren noch am Leben hing und wie sie manches mit
erstaunlicher Wachheit wahrgenommen hat. Trotzdem muß der
Tod wohl eine Erlösung gewesen sein. Für uns hat sie viel mit sich
fortgenommen, und der lebendige Faden, die Verbindung zu ihrer
Zeit großen geistigen Reichtums ist mit ihrem Hingang wie abgeschnitten. Doch ihr Andenken lebt weiter in vielen Menschen,
und das ist etwas sehr Tröstliches.

Auch Sie haben in Ihrer Familie einen großen Verlust* erlitten, an dem wir sehr teilnehmen und mit großer Trauer vor allem
an Medi denken. Wie sehr hoffe ich, daß sie wieder ins Leben zu-
rückfinden möge und daß die Kinder ihr dabei helfen werden.

Lassen Sie mich Ihnen und den Ihren von Herzen alles Gute
für das kommende Jahr wünschen.   Ihre Tutti B. Fischer«

»Erlenbach-Zürich 8. III. 53

Liebe Tutti, Ihr Brief ist schon lange da, aber ich war krank, lag
mit einer häßlichen Grippe oder Virus-Infektion, von der ich noch
so müde bin, daß jede Anstrengung mich in Schweiß und Zittern
versetzt und ich mit einer dringenden Arbeit nur qualvoll lang-

* Bezieht sich auf den Tod seines Schwiegersohnes Antonio Borgese.

sam vorwärts komme. Ich habe solchen Nerventiefstand lange nicht, oder nie, gekannt. Nun, es wird ja noch einmal wieder aufwärts gehen. Aber wann soll denn der Verlagsalmanach herauskommen, und wann ist der letzte Augenblick für die Ablieferung von Beiträgen? Ich fürchte, ich werde mich mit dem meinen aufs Äußerste beschränken müssen, wenn mein armer Kopf nicht überhaupt versagt. In diesem betrüblichen Fall müßte ich mich damit trösten, daß ich die kleine Neujahrsgabe von der ›Vergänglichkeit‹ dem Andenken Ihrer lieben Mutter gewidmet habe. Aber ich will noch nicht ganz resignieren und zusehen, daß ich, wenn noch Zeit ist, ein paar einfache Sätze der Erinnerung und Anhänglichkeit zustande bringe. Freundschaftliche Grüße Ihnen und Gottfried.   Ihr sehr alter Thomas Mann«

Im Jahre 1954, als ich für einige Zeit, in der Gottfried in den USA bleiben mußte, den Verlag in Frankfurt leitete, hatte ich meinen letzten Briefwechsel mit Thomas Mann vor dessen Tod.

»Frankfurt/Main 16. Juni 1954
Lieber und verehrter Herr Professor,
Gottfried hat Ihnen wohl neulich von unserem Plan erzählt, zum Erscheinen des ›Krull‹ eine Platte machen zu lassen, die dem Leser die Möglichkeit gibt, ein Kapitel zu hören, in Ihrer Lesart. Der NWDR in Hamburg hat mir die Bänder Ihrer Hamburger Vorlesungen zur Verfügung gestellt, und ich habe nun mit der Stoppuhr das ›Kuckucks‹-Kapitel für die Länge einer doppelseitigen Langspielplatte aus dem ganzen Band herausgeschnitten. Ich hoffe, daß Sie mit der Wahl einverstanden sind. Ich finde dieses Kapitel eine Kostbarkeit, und es trägt eigentlich alle Aspekte und Tiefenlagen des Buches in sich. Und wie wunderbar lesen Sie!
    Wir haben uns gedacht, Ihren ›Vorspann‹, die einleitenden Worte, mit denen Sie das Publikum in die Geschichte des Buches einweihen, auf den Umschlag der Platte zu drucken. Könnten Sie so gut sein und mir das Manuskript sogleich hierher senden, so

daß wir es dem Zeichner, der den Umschlag der Platte entwirft, übergeben können?

Ich bringe Annette jetzt dieses Wochenende nach Italien und hoffe Medi und die Kinder in Florenz zu sehen. Ende Juli werden Gottfried und ich nach Zürich kommen, um Sie zu besuchen. Ich freue mich sehr auf ein baldiges Wiedersehen. Herzliche Grüße Ihnen und Frau Katia, Ihre Tutti«

»Kilchberg am Zürichsee
Alte Landstraße 39, 20. VI. 1954
Liebe Tutti,
recht schönen Dank für Ihren Brief. Der Plan, den ›Krull‹-Memoiren eine Platte beizugeben, macht mir besonderes Vergnügen, und ich lege also hier den Text der kleinen Einleitung bei, die ich in Hamburg der Lesung des ›Kuckuck‹-Kapitels vorangehen ließ.

Eine hübsche Idee ist es auch, die ›Thamar‹-Novelle den Lesern der Taschenbuchausgaben als Geschenkbuch zu geben, und ich stimme gerne zu.

Wie schön, daß Annette sich nun so weit erholt hat, daß Sie sie nach Italien bringen können, wo sich, so wollen wir hoffen, ihre Gesundheit weiter festigen wird!

Eine erfreuliche Aussicht ist es für uns, daß Sie Ende Juli nach Zürich kommen werden. Am 27. allerdings wollen wir nach St. Moritz ins Suvrettahaus, wo wir schon angemeldet sind. Vielleicht können Sie Ihre Reise doch so legen, daß Sie uns hier noch antreffen, sonst ist Ihr Besuch auch im Engadin willkommen.

Auf Wiedersehen und herzliche Grüße.   Ihr Thomas Mann«

»Frankfurt/Main
Falkensteinerstr. 24
25. Oktober 1954
Lieber und verehrter Herr Mann, ich möchte Europa nicht verlassen, ohne Ihnen einen Abschiedsgruß zu senden und Ihnen und Frau Katia viele gute Wünsche zu übermitteln.

Es wird Sie sicherlich freuen, von der starken Resonanz zu hören, die das Erscheinen des ›Krull‹ überall hervorruft. Wenn wir hier im Verlag auch finden, daß keine Reaktion – und sei sie auch noch so stark – genug sei für den Empfang eines Meisterwerkes wie dieses – so spüren wir doch täglich die immer weiter ansteigende Welle der Beglückung, die das Werk ausstrahlt. Davon zeugen viele Stimmen aus dem Publikum, die bereits zu einem Chor der Begeisterung anschwellen. Wie sehr das Beglückungsmoment bei der Lektüre des Buches mitspielt, weiß ich aus eigener Erfahrung, denn der Bereich, den man betritt, erhebt den Leser in eine Welt, in ein geistiges Klima, in dem er sich frei und in fast spielerischer Ergötzung bewegen darf, und dabei gerät er, ohne es sich zu versehen, in eine geistige Zone von letzter Klarheit der Erkenntnisse, in der er die Last der Alltäglichkeit vollkommen zu vergessen vermag. Muß er da nicht, so rein beschenkt, des Glückes und der Dankbarkeit voll sein?

Hat Sie die ›Krull‹-Platte schon erreicht und haben Sie Freude an ihr? Auch hier ist der Erfolg groß, die erste Auflage ist bei der ersten Auslieferung schon fast verkauft, und wir lassen gerade eine neue Auflage von 1000 Platten schneiden …

Gottfried und ich werden voraussichtlich schon Ende Januar wieder in Europa sein und hoffen dann, Sie besuchen zu dürfen. Herzliche Grüße   Ihre Tutti«

25

Ein neuer Freund und Autor:
Thornton Wilder.
Besuch bei Albert Schweitzer.

Wir verbrachten einen Sommer – es war während des Krieges – mit den Kindern auf Fire Island, einer schmalen, Long Island vorgelagerten Landzunge. Unser Badeleben an dem damals noch menschenleeren Strand wurde von einem hübschen Ereignis unterbrochen. Wir wohnten dem Gastspiel einer Schauspielertruppe im Sommertheater des kleinen Städtchens Southampton bei. Man spielte Thornton Wilders ›Unsere kleine Stadt‹. Zu unserer großen Überraschung sahen wir den Dichter am Eingang des Theaters, wie er, mit einer Baskenmütze auf dem Kopf, höchst amüsiert das hineinströmende Publikum beobachtete.

Wir liebten und verehrten Wilder und hatten gerade die Rechte an der deutschen Übersetzung seiner Werke erworben, waren ihm aber persönlich noch nicht begegnet. Jetzt begrüßten wir uns und er erwähnte, daß er heute die Rolle des »Spielleiter« selber übernehmen würde, »but the trouble is I keep forgetting my lines«, fügte er schelmisch lächelnd hinzu. Wie blitzte es aus seinen Augen, wenn er seinen eigenen Text sprach, genauso, als wäre ihm das alles eben jetzt erst eingefallen! Er hatte große Freude am Theaterspielen in den amerikanischen Sommertheatern, die oft nur aus in Scheunen improvisierten Bühnen bestehen. Ich sah Thornton später wieder auf den Brettern stehen, diesmal in seinem Stück ›Wir sind noch einmal davongekommen‹. Hier spielte er den »Antrobus«.

Als wir den S. Fischer Verlag in Deutschland wieder eröffnet hatten, begannen wir sogleich Wilders Werk zu drucken, und unsere Theaterabteilung brachte seine Stücke auf die deutschen Bühnen, wo sie seither zum unverlierbaren Besitz geworden sind. Er schrieb uns damals: »I am glad to be a fisherboy.« Er wurde ein neues Mitglied der »Fischer Familie«. Sein Brief an mich spricht davon:

»Princeton, N. J. 24. März 1948
Liebe Frau Fischer: es war mir eine große Freude, Ihre großzügigen und gedankenvollen Worte zu erhalten. So wenige Leser scheinen gefühlt zu haben, daß das Buch auch ein ernstes Buch ist.

Es wird ein stolzer Tag für mich sein, wenn ich Ihres Vaters Namen auf einem meiner Bücher sehe und fühlen werde, daß ich einen kleinen Teil jener Prozession bilde, die er versammelte und führte – und der ich so viele lohnende Stunden verdanke.

Bitte übermitteln Sie Ihrem Mann meine Grüße, und nochmals meinen Dank für Ihren Brief.

Ihr ergebener Thornton Wilder«*

In meinem Brief hatte ich ihm für seinen ersten großen Roman ›Die Iden des März‹, dieser »mutmaßlichen Darstellung von Überliefertem« gedankt. Mit welcher List er die Historie herbeizieht, um zeitgenössische Wahrheiten zu sagen.

Zu seinem 60. Geburtstag schenkten wir ihm eine Lithographie von Picassos berühmter Taube, über die er sich freute und später meldet, daß er auf seiner nächsten Überfahrt mit der »Giulio Cesare« nach den USA das »Picasso-Täubchen« mit sich nehmen wird.

* Originalbriefe in englischer Sprache siehe Anhang.

»Paris, Hotel Continental 29. April 57
Liebe Frau Bermann Fischer: Vielen Dank für Ihren Brief. Ich
habe viele von Picassos Tauben hier gesehen, und wie Sie freue ich
mich an ihnen, mehr um ihrer selbst willen als im Sinne eines
Symbols friedvoller Absichten des Kreml …

Ihr ergebener Thornton Wilder«

»Bonn, 31. Mai 1957
Liebe Freunde: Längst hätte ich Ihnen danken sollen für Ihren so
freundlichen Brief zu meinem Geburtstag. Ich höre, daß einer von
Ihnen ebenfalls gerade die Zehn-Jahres-Linie überschreitet. Ich
schicke alle meine besten Wünsche. Und ich möchte darauf hin-
weisen, daß Jemandes Alter eine ›statistische Fiktion‹ ist und daß
ich viele freudlose Dreißigjährige kenne, die viel älter sind als
wir …

Wiederum eine Welt des Dankes – der Glückwünsche – und
Grüße, immer ergeben   Thornton Wilder«

Am 27. Juni 1957 wohnten wir gemeinsam mit Wilder der
deutschsprachigen Erstaufführung seiner ›Alkestiade‹ in Zürich
bei. Es war eine brillante Aufführung mit Maria Becker in der
Hauptrolle und wurde schon dort zu einem großen Erfolg. Wilder
verließ sehr bald danach Europa. Er schrieb an Gottfried:

»Hotel Colombia Excelsior Genua 4. Juli 1957
Lieber Gottfried – in ein paar Stunden gehe ich an Bord der Giulio
Cesare für eine elftägige Überfahrt. Ich habe gerade an Herbert
Herlitschka die letzten von vielen hundert addenda, corrigenda
(und delenda!) für die revidierte Bühnenausgabe der ›Alkestiade‹
geschickt (weitgehend ignoriert durch gewisse Vorschläge von
Gustav Gründgens).

Was die ›Schwestern‹ betrifft, so weiß ich nicht, was zu tun ist:
Lindtberg meint, daß Herlitschka die ›Alkestiade‹ bewundernswert übersetzte, und die ›Schwestern‹ sehr schlecht. Ich bin natürlich nicht kompetent, in solchen Sprachangelegenheiten zu urtei-

len … Alles in allem bin ich sehr zufrieden mit der Arbeit in Zürich. Ich glaube immer noch, daß das Satyr-Spiel gut gehen wird, wenn es einfach und attraktiv und in schnellem Tempo aufgeführt wird.

Ich nehme mein kostbares Picasso-Täubchen mit aufs Schiff – bitte danken Sie allen, die daran teilhatten, mir dieses schöne Geschenk zu machen. Und sehr viele Grüße auch an Ihre gnädige Frau, herzlich Ihr Thornton«

Thornton kehrte noch im gleichen Herbst nach Europa zurück, denn zwei wichtige Ereignisse erwarteten ihn in Frankfurt. Am 6. Oktober wurde ihm dort der »Friedenspreis des Deutschen Buchhandels« verliehen, und am Abend zuvor fand zu seinen Ehren die deutsche Erstaufführung der ›Alkestiade‹ statt.

Seine Rede, die er zur Verleihung des Preises bei der Feier in der Paulskirche hielt, wurde ihm von gewissen Kreisen eher übelgenommen. Wir indes waren von seiner Offenheit, seiner Forderung von Menschenrecht und Würde des Individuums hingerissen. Er schloß seine Ansprache folgendermaßen:

»… Demokratie ist nicht nur das Streben nach einer sozialen Gleichheit der Menschen, sondern auch das Bemühen, ihnen die Gewißheit zu geben, daß sie in Gottes Gnade gleich sind – sie sind nicht Söhne und nicht Untertanen und nicht Niedriggeborene. Dieses Bemühen wird einige Zeit erfordern … Kultur unter einer Demokratie hat ihre Gefahren – aber auch eine Hoffnung und Verheißung: ihr eröffnet sich ein neues ungeheures Thema, das zu beschreiben, das mit Gedanken zu durchdringen, das auszudrücken und das zu erforschen ist: ›Der Mensch erhobenen Hauptes …‹ Die Demokratie hat eine große Aufgabe, nämlich neue Mythen, neue Metaphern und neue Bilder zu erschaffen und den Stand der neuen Würde aufzuzeigen, in die der Mensch getreten ist.«

Als wir die Taschenbuchserie »Fischer Bücherei« gründeten, wählten wir Wilders ›Die Brücke von San Luis Rey‹ als den ersten Band. Diese Erzählung wurde inzwischen in vielen hunderttausend Exemplaren nachgedruckt, sie hat Generationen beglückt.

Im Jahre 1959 war Thornton Wilder wieder in Europa. Er schrieb mir:

»Neues Posthotel, St. Moritz
Sonntag, 8. November 1959
hier bis 20. November – dann weiß
nicht wo,
am besten
c/o American Express, Zürich

Liebe Brigitte – zuerst Dank für den *salon* in Ihrem Heim am Mittwoch Abend.

Und plötzlich erinnerte ich mich, daß ich vergessen hatte, Ihnen für die schönen Blumen zu danken, die Sie und Gottfried mir ins Hotel nach Hamburg geschickt haben. Sie waren noch d'une beauté, als ich Hamburg verlassen mußte, und ich gab sie an Margot Schrepfer von der F. d. K. (Freiheit der Kultur). Da ich einen schlechten Charakter habe, sagte ich ihr nicht, daß ich sie von werten Freunden in Frankfurt bekommen hatte, auf diese Weise bekam ich tausend Dank von ihr, den ich jetzt an Sie zurück richte.

Ich bin immer noch ganz verwirrt, daß ich die Verabredung im Bienenkorbhaus* versäumt habe. – Ich kann mich nicht einmal daran erinnern, die Verabredung gemacht zu haben ... und ich versäume nie Verabredungen. Ich glaube, ich muß gedacht haben, als ich hörte, daß ich den ›Guten Hirsch‹ bei Ihnen treffen sollte – nachdem ich Frau Hunzinger schon gesehen hatte – daß es dasselbe wie ein ›Zeile-*Besuch‹ war. Jedenfalls entschuldige ich mich ausdrücklich.

St. Moritz ist absolut tot. Die erstklassigen Hotels sind geschlossen. Alle die verschieden-klassigen Hotels sind geschlossen, außer diesem. Alle Bars sind geschlossen außer einer so bescheidenen, daß man dort einen *Martini* für ein Glas italienischen Vermouth hält.

---

* Gemeint ist das Haus »Zum Bienenkorb« in der »Zeil«, Frankfurt a. M., wo der Verlag zu dieser Zeit seinen Sitz hatte.

Ich aber bin so glücklich, wie ich nur sein kann. Die Sonne strömte in mein Zimmer den ganzen Tag – heiß heiß heiß. Die Berge und der See sind großartig. Bei der Abwesenheit von Touristen kommt die Gemse bis hinunter zum Wasser, um zu trinken.

Mein Bestes für Gottfried, die lieben Töchter, den gekrönten Schwiegersohn, an Steffi Hunzinger, für den Dr. Hirsch, ›der erlaubt sich kein Urlaub‹, und den reizvollen Dichter, der mit uns war. Und für Sie selbst ergebene Grüße,   Thornton«

Für unseren alljährlichen Verlagsalmanach hatte ich Thornton um einen Beitrag gebeten und bekam folgende Antwort von ihm:

»The Claridge Hotel
Atlantic City, N. J.
Election Day, 8. November 1960
Liebe Brigitta: in Europa produziert Ihr Dichter und ›hommes de lettres‹, und sie können viele Arten von Literatur hervorbringen. Von Hofmannsthal konnte ›Der Schwierige‹ und wundervolle kritische Artikel wie den ›Brief an den Lord Chandos‹ und viele Essays verfassen, und Gide ›Les Faux-Monnayeurs‹ und ein Buch über Dostojewski. Aber wir in Amerika haben diese Fähigkeit nicht.

O'Neill war ein großer Dramatiker, aber es ist ihm nie eingefallen, einen Essay über Strindberg zu schreiben, der ihn so stark beeinflußte. Ich verehre Faulkner, aber ich würde keine Arbeit von ihm über seinen Dostojewski erwarten, noch wünschen.

Ebenso bin ich weder Kritiker noch Essayist. Die wenigen Versuche, die ich gemacht habe, kosten mich endlose Arbeit und sie sind nicht gut. Es ist schwer, das den Europäern zu erklären. Sie glauben mir nicht. Der Herausgeber des ›Corriere della Sera‹, unterstützt von Prof. Cecchi aus Rom, hat mich vor kurzem gebeten, etwas für seine Feuilleton-Seite zu tun. Ich würde es gerne tun! Ich finde, daß diese Seite von sehr hohem Rang ist – beinahe so gut wie jene in den goldenen Tagen von Wien, aber ich kann es nicht. Ich versuchte mich fast die ganze Nacht hindurch an einem reizvollen, leichten Essay … aber die Sonne ging auf und ich sah, daß es alles gezwungen und voulu war.

Es tut mir leid, Ihnen diese enttäuschende Antwort zu schicken, aber ich bin ganz sicher, daß Sie wissen, was ich meine. Aber das gibt mir eine Gelegenheit, Ihnen allen meine innigen Grüße zu senden und meinen Stolz, ein Mitglied des ›Hauses‹ zu sein.

Ergebenst Thornton«

Zu unserem 75jährigen Verlagsjubiläum schrieb er:

»15. Oktober 1961
Alle herzlichen Grüße für das große Haus der Fischers an seinem 75. Geburtstag, und an alle, die mit ihm verbunden sind – und besonders an meine Freunde Brigitte und Gottfried.

Immer herzlich   Thornton Wilder«

»Kreuzte gerade von Genua nach Curaçao
auf der S. S. Rossini am letzten Tag in
Miami, Florida, 3. Juni 1964
Lieber Gottfried: vielen Dank für Ihren Brief und die Grüße. Ja, ich war in Italien … aber der Frühling war so spät in diesem Jahr – Schnee und Regen in Mailand Ende März – so daß ich entmutigt wurde. Ich gehe nach Hamden zurück für die ruhigen Sommer-Monate, aber ich werde bald danach in die Wüste zurückkehren.

Ich hörte, daß es viele kollidierende Mutmaßungen über Reorganisierung in Ihrer Firma gibt, ich habe aber niemals etwas vom Geschäft verstanden und ich überlasse das den anderen, sonst würde ich niemals etwas zu Wege bringen.

Sagen Sie Brigitte, daß ich an einem Roman* gut gearbeitet habe – er zeigt eine Tendenz, ein recht langer Roman zu werden, was ich nicht mag! Ich werde versuchen, ihn kurz zu halten.

Bitte grüßen Sie Ihre entzückenden jungen Leute. Und Frau Steffi. Ich hoffe, ich dankte Ihnen für Ihre freundliche Einladung,

* Sein Roman ›The Eighth Day‹.

*All cordial greetings To the
great house of Fischer on its
seventy-fifth birthday, and
To all connected with it —

and particularly To my friends

Brigitte   and   Gottfried

Ever cordially

Thornton Wilder*

October 15. 1961

Forte di Marmi zu besuchen (ich fürchte, ich habe das nicht kor-
rekt buchstabiert), bei der nächsten Reise werde ich die Saison für
einen Besuch in Italien besser planen.

   Mit herzlichen Grüßen an Sie beide   Euer Thornton«

Zu seinem 70. Geburtstag schickten wir ihm einen frühen Druck
einer Mozart-Sonate für vier Hände mit folgendem Brief:

»Camaiore, 12. April 1967
Lieber Thornton, Gratulationen und alle unsere besten Wünsche zu Ihrem 70. Geburtstag, ein Geschick, das ich, Gottfried, in ein paar Monaten mit Ihnen teilen werde.

Unsere Wünsche werden mit gleicher Post von einem Erst- oder Frühdruck von Mozarts zweiter Sonate für vier Hände begleitet, ein ›ricordo‹ unseres Vierhändigspielens in Ihrem Haus in Hamden. Dieses Exemplar der seltenen Ausgabe, bei Pleyel in Paris erschienen, hat seine eigene Geschichte. Es ist ein alter Familienbesitz, der von den Nazis, zusammen mit unseren Büchern und Noten, 1938 in Wien gestohlen wurde, dann der National-Bibliothek in Wien übergeben und uns nach dem Krieg zurückgegeben wurde, wie Sie aus dem besonders häßlichen blauen Stempel ersehen können.

Wir hoffen sehr, daß Sie Freude daran haben.

Vor kurzem hörten wir vom Fischer Verlag in Frankfurt, daß die Fahnen Ihres neuen Romans angekommen sind. Wir bekamen bisher nur die ersten 40 Seiten, die zu lesen uns große Freude machte. Schon nach diesen ersten Seiten fühlt man die Hand des Meisters mit seinem Humor, seiner Weisheit und der Spannung eines Kriminalromans. Glückwünsche!

Wir sind begierig nach drei Jahren des Schweigens von Ihnen zu hören! Wir leben jetzt die meiste Zeit hier in Camaiore (Toscana) und wir hoffen immer noch, daß Sie uns eines Tages hier besuchen werden. Herzlichst Ihre G. T.«

»50 Deepwood Drive,
Hamden, Conn. 06517
16. April 1967
Liebe Brigitte und Gottfried: vielen Dank für Ihre freundlichen Grüße und für das seltene und entzückende ›ricordo‹, dessen Ankunft Sie avisieren. Das ist wundervoll freundlich von Ihnen – Ich werde es in meinem Testament der Bibliothek der Yale Musikschule vermachen – die viele frühe Ausgaben großer Komponisten hat, aber beinahe nichts von Mozart.

Aber solange ich lebe werde ich es als einen kostbaren Icon bewahren, dann wird es den Geist der Studenten bereichern.

Während ich im letzten Jahr den Roman schrieb, habe ich mich (sogar mehr als gewöhnlich) von aller Welt zurückgezogen; seither wurde ich einer großen Müdigkeit gewahr, aus der ich erst jetzt auftauche.

Das Frühjahr kommt hier spät. Ich hoffe, Sie sind inmitten der vollen Schönheit eines toskanischen Frühlings.

Mit innigen Grüßen, und vielen vielen Dank,

Ihr alter Freund Thornton«

»50 Deepwood Drive Hamden, Conn.
Wieder in der Einsiedler-Zurückgezogenheit
auf der Insel von Martha's Vineyard, Mass.
14. Mai 1967

Cari Amici: vielen Dank für Ihren großzügigen und gedankenvollen Brief. Ja, das Werk war bewußt nach musikalischen Formen geplant. Ich habe vor kurzem Professor Adornos bemerkenswerten Essay über Gustav Mahler gelesen: er findet, daß diese Symphonien oft die Form eines Romans haben – er führte als Beispiel Jens Peter Jacobsens Methode an, Charaktere erst spät in seine Geschichte einzuführen, die die Themen der vorhergehenden Erzählung vereinen. (Ich habe aber Mahlers Hauptwerke erst kennengelernt seit ich den Roman schreibe – und ich war tief beeindruckt.)

Ich hoffe, daß meine kleine Skizze des Hamburger ›milieu‹ einigermaßen richtig klang. Ich weiß nichts über solche Existenzen; ich ›erfinde‹ bloß – wie ich es mit Chile tat – solche Freschheit! (sic)

Alles Herzliche Ihnen und den Kindern – und wiederum vielen Dank Ihr alter Freund Thornton

Ja, wirklich, der Mozart kam an – zu meiner großen Freude – herzlichen Dank   TNW«

Inzwischen war sein köstlicher Roman ›The Eighth Day‹, ›Der achte Schöpfungstag‹, erschienen.

Sein letztes Lebenszeichen an uns, eine Postkarte, stammt wahrscheinlich aus dem Jahre 1967, es ist nur datiert:

»27. Dezember Semmering,
dann 3. Januar American Express, Wien,
dann ich weiß nicht wo

Liebe Freunde: vielen Dank für schöne Karte und freundliche Worte. Habe so gut gearbeitet, daß ich früher heimkehren kann, als ich dachte … aber ich habe keine Idee, wo ich hingehen werde Ende Januar und Februar … vielleicht Baden-Baden, vielleicht Engadin … Ich habe hübsch gearbeitet – aber Sie kennen mich: ich arbeite niemals an der Sache, an der ich arbeiten sollte. (So wage ich niemals an Cas Canfield von Harpers oder an Sie zu schreiben!)

Ich kam nach Europa, um mich zur Arbeit in Bad Gastein nie-derzulassen – und innerhalb von zwei Tagen haßte ich Bad Ga-stein – so weiß ich nicht wohin gehen. Vielleicht werde ich Sie beide bald sehen.   Ihr alter Freund Thornton«

*

Im Jahre 1955 erwarben wir vom Verlag Harpers, New York, die europäischen Rechte an dem Buch ›Die Welt Albert Schweitzers‹. Erica Anderson, Photographin und Freundin des großen Mannes, hatte es mit vielen Aufnahmen aus dem Leben und Wirken Albert Schweitzers in seinem afrikanischen Hospital in Lambarene ausgestattet. Ein kurzer Text von Eugen Exman, einem Freunde Schweitzers, erläuterte ihre, Schweitzers aufopfernde Tätigkeit belauschenden, Photos.

»Achtzig Kilometer unterhalb des Äquators, unweit der afri-kanischen Westküste in der französischen Kolonie Äquatorial-afrika, liegt das Dorf Lambarene. Diesen entlegenen Ort am Ufer des Ogoweflusses wählte sich im Jahre 1913 Dr. Albert Schweitzer aus, um ein Spital zu gründen. Seither ist der Pfad nach Lambarene von ungezählten Scharen betreten worden, die ›in des Waldes tiefen Gründen‹ einem Menschen von einsamer Größe begegnen wollten, dem Menschen, dem 1952 der Friedensnobelpreis zuerkannt wurde.

Hätte Albert Schweitzer nichts anderes geleistet, als im tropischen Urwald ein Spital zu gründen, sein Name wäre wohl schon der Vergessenheit anheimgefallen. Selbst die Vielseitigkeit seiner außerordentlichen Begabungen, die ihm die Doktorwürde auf den Gebieten der Theologie, Musik, Philosophie und Medizin eingetragen haben, vermag kaum zu erkären, warum seine Persönlichkeit und sein Werk auf der ganzen Welt zum Gegenstand staunender Ehrfurcht geworden sind, und warum er allein in unserer aus den Fugen gegangenen Zeit über dem Streit der Nationen steht. Der Grund für die liebende Verehrung, die ihm allenthalben entgegengebracht wird, liegt darin, daß er der Welt durch seine in viele Sprachen übersetzten Werke Freude, Trost und Mut gespendet und zugleich bewiesen hat, daß er bereit ist, seine Lehren in die Tat umzusetzen. Er ist nicht nur der größte literarische Interpret Johann Sebastian Bachs, sondern auch sein großer Interpret auf der Orgel. Er hat nicht nur als Theologe die ›Ehrfurcht vor dem Leben‹ gepredigt, sondern sie inmitten des tropischen Afrika in dornenvoller, unermüdlicher Arbeit betätigt. Er ist als Denker und Arzt für die ganze Welt ein Symbol des menschlichen Glaubens an die Menschheit und ein Vorbild der menschlichen Barmherzigkeit in den Tagen des Massenhasses geworden.«

Zu der Ausgabe im S. Fischer Verlag schrieb er uns:

»Lambarene, 20. 3. 55
Franz. Äquatorial Afrika

Sehr geehrter Herr

Ich erfahre von meinem Pariser Verleger Albin Michel, daß Sie von Harper Brothers in New York die Rechte der Herausgabe von ›The World of Albert Schweitzer‹ von Erica Anderson für Europa erworben haben. Da das Buch von Lambarene und mir handelt, wage ich Ihnen einige Bitten von mir für die europäischen Ausgaben zu unterbreiten.

Der Wert des Buches liegt in den schönen Aufnahmen. Auch der Text meines Freundes Exman ist schön. Ich glaube aber, daß das Buch zu umfangreich und zu reich an Bildern ist und gut vertragen kann, daß einige weggelassen werden, was auch dem Preis der Herausgabe zugute käme. Ich war leider 1954 zu sehr beschäftigt, um mich mit dem Werden dieses illustrierten Buches abzugeben, sonst hätte ich schon für die amerikanische Ausgabe angeregt, daß sie weniger Bilder enthält. Hier nun meine Vorschläge.

Das Buch enthält zu viel Bilder von mir. Uninteressante beeinträchtigen die Interessanten. Und es soll ja die Welt Albert Schweitzers darstellen, nicht immer ihn auftreten lassen. (Hier folgen Vorschläge für Auslassungen.)

Wenn Sie das, was ich Ihnen vorschlage aus dem Buche herausnehmen, wird es erst recht ein schönes Bilderbuch aus Lambarene. Sie müssen bedenken, daß das europäische Publikum viel mehr auf Einheitlichkeit eines illustrierten Buches sieht als das amerikanische. Und wenn die Zahl der Bilder weniger groß ist, wirken sie besser.

Korrekturen, die den Text betreffen, lasse ich Ihnen auch zugehen, wenn Sie mir mitteilen, daß Sie gewillt sind, diese Verbesserungen anzunehmen … An sich ist das Bildmaterial von Frau Erica Anderson ja wunderbar. Sie war mehrmals in Lambarene.

Mit besten Gedanken Ihr ergebener   Albert Schweitzer

Verzeihen Sie, daß ich Ihnen zumuten muß, Handgeschriebenes von mir zu lesen – aber ich gebrauche keine Schreibmaschine, des Lärmes wegen.«

Ich hatte mich inzwischen bemüht, seine Änderungswünsche bei Harpers durchzusetzen, konnte aber nichts erreichen, da der amerikanische Verlag, der das Copyright besaß, seine Zustimmung nicht gab. Ich berichtete Albert Schweitzer von meinem Versuch, seinen Änderungswünschen nachzukommen, und machte ihn auf die Skizze eines Badischen Trillers aufmerksam, die in der amerikanischen Ausgabe, stark vergrößert, nicht verständlich war. Auf beides antwortete er mir:

»Lambarene, 23. 3. 55
Franz. Äquatorial Afrika

Liebe Frau Brigitte B. Fischer,
Tausend Dank für Ihre Briefe vom 19. 3. und 20. 3. 55. Wie schade, daß Sie mit der Fassung, die Sie zusammengestellt haben, bei Harper nicht durchgedrungen sind. Es ist nicht gut, ein auf Amerika berechnetes illustriertes Werk, so wie es ist, in Europa herauszugeben. Es interessiert mich, daß Ihr Vorschlag und der meinige in derselben Richtung gingen. Nun bringen Sie also ein Buch heraus, das Ihnen keine vollständige Genugtuung bedeutet und mir auch nicht. – Was die Sache mit der Skizze der Bachschen Triller betrifft, kann ich Ihnen leider nicht helfen. – Ich weiß nicht, wie diese Leute dazu gekommen sind, eine Skizze über die Ausführung der Bachschen Triller, die ich Jemand als Autograph geschenkt hatte, zu veröffentlichen, ohne mich zu fragen. Ich will nicht, daß diese Skizze, die im zweiten Teil ganz unvollständig und unverständlich ist, in Europa veröffentlicht wird, wo die Leute sich fragen werden, ob ich noch bei Sinnen bin. Ich leide furchtbar unter allem, was ich durch Bildveröffentlichungen über mich ergehen lassen muß. Aber daß musikalische Skizzen, die ich als Autograph verschenkte, veröffentlicht werden, ist mir doch zu viel. Ich kann Ihnen also keine revidierte Skizze bieten und bitte Sie, mir zu verzeihen, daß ich es nicht tue. Sie werden schon einen Weg wissen, die Sache technisch zu machen. Lassen Sie notgedrungen auch das Bild dazu weg. Es ist kein Schaden. Es sind überviel Bilder von mir drin, was ich bedauerte, wie ich Ihnen im ersten Brief schon schrieb.

So und jetzt lassen wir dieses illustrierte Buch, und kommen zu dem unillustrierten, das Ihr Verlag in eigenem Geiste herausbringt. Da hat man seine Freude dran. Stefan Zweig, Feschotte, Grabs, die drei verständnisvollen Freunde lassen Sie zu Worte

Fischer Verlag
Falkensteinerstr 24 Frankfurt/M   Dr Albert Schweitzer
  Liebe Frau Brigitte B. Fischer.   Lambarene. 22.2.55
                                          Französ. Aequatorial-
                                          afrika.

Tausend Dank für Ihre Briefe vom 19.3. et 20.3.55.
Wie schade, dass sie mit der Fassung, die Sie zusammen-
gestellt haben, bei Harper nicht durchgedrungen sind.
Es ist nicht gut ein auf Amerika berechnetes Illustrietes
Werk, so wie es ist, in Europa herausz zugeben. Es inte-
ressiert mich, dass It. Vorschlag et der meinige in der

So und jetzt lassen wir diesen illustrierte Buch, er
komme zu dem unillustrierten, das Ihr Verlag in eigenem Geiste herausbringt. Da hat man seine Freude
dran. Stephan Zweig, Eschatter, Grab die drei verständnisvollen Freunde lassen Sie zu Worte kommen. Das
ist echte Fischerbücherei. Ich danke Ihnen herzlich
dafür. Ich schreibe Ihnen tief in der Nacht, da
ich der Arbeit für das Spital wegen, nicht anders
kann. Verzeihen Sie der müden Hand die
schlechte Schrift. Mit besten Gedanken an
Sie u Ihr Mann   Ihr ergebener Albert Schweitzer
    Ich habe die schöne Stunde mit Ihnen in Günsbach
    nicht vergessen

kommen. Das ist echte Fischer Bücherei. Ich danke Ihnen herzlich dafür. Ich schreibe Ihnen tief in der Nacht, da ich der Arbeit für das Spital wegen nicht anders kann. Verzeihen Sie der müden Hand die schlechte Schrift. Mit besten Gedanken an Sie und Ihren Mann   Ihr ergebener Albert Schweitzer

Ich habe die schöne Stunde mit Ihnen in Günsbach nicht vergessen.«

Auch wir haben »die schöne Stunde« bei ihm in Günsbach nie mehr vergessen. Am Rande seines Heimatortes hatte sich Albert Schweitzer vor Jahrzehnten sein Haus gebaut, friedlich gebettet in ein freundliches Tal mit dem Blick auf die nahen Vogesen. Dieses Haus wurde zum Ziel von Pilgern aus aller Welt und war meist umlagert von Menschen, die wenigstens einen Blick auf den großen, verehrten Mann werfen wollten. Am Tage, an dem wir bei ihm waren, hielt ein großer Autobus vor dem Hause, ganz angefüllt mit Schulkindern, denen man das Heim von Albert Schweitzer zeigen wollte. Als man ihm den Bus meldete, ging er sofort vor das Haus, um die Kinder persönlich zu begrüßen. Er wurde es nie müde, seine Güte auf die Menschen auszustrahlen. Sein Verantwortungsbewußtsein und seine Ehrfurcht allem Lebendigen gegenüber hat er immer wieder bekundet durch Wort und Tat. Er sagte: »Durch die Ehrfurcht vor dem Leben werden wir auf eine elementare, tiefe und lebendige Weise fromm«, und der Jugend gab er einen Rat: »Auf die Füße kommt unsere Welt erst wieder, wenn sie sich beibringen läßt, daß ihr Heil nicht in Maßnahmen, sondern in neuen Gesinnungen besteht.«

Am 5. Mai 1955 kam ein Brief aus Lambarene zu uns in den Verlag, in dem die Mitarbeiterin von Schweitzer, Emma Haußknecht, die Rücksendung der korrigierten Druckfahnen zum Buch ›Die Welt Albert Schweitzers‹ meldet und er selbst an mich schreibt:

»Liebe Frau Bermann Fischer,

Es tut mir so leid, daß es Ihnen technisch nicht mehr möglich war, in größerem Maße auf meine Änderungsvorschläge einzugehen. In der heiklen Sache der Veröffentlichung von Skizzen meiner Arbeit über Bachsche Verzierungen, die in der Ausgabe eines Bandes der Orgelwerke Bachs bei Schirmer New York erschienen sind, kann der meinem Bachbuch entnommene Text nicht stehen. Was Sie aus meinem Bachbuch anführen, stimmt nicht mehr. Es hat sich herausgestellt, daß in Sachen der Ornamente Bachs Sohn andere Wege geht als der Vater. Der Vater überläßt dem Spieler gar nicht, wie er die Verzierungen ausführen will, sondern schreibt es ihm genau vor.

Beiliegend einen Text, der Ihnen aus der Verlegenheit helfen könnte. Ich schreibe ihn tief in der Nacht. Siehe Beilage. – Nun aber die Bitte, daß Sie die französische und die anderen Ausgaben nicht zwingen sollen, den Text der deutschen Ausgabe zu übernehmen, welcher Text an vielen Gebrechen leidet, die er vom amerikanischen übernommen hat, und die den Erfolg des Buches, das so schönes Bildmaterial bringt, ernstlich in Frage stellen … Der Grundfehler des amerikanischen Textes ist, daß er von Leuten herrührt, die Lambarene nicht kennen, daher keinen richtigen Text zu den Bildern geben können und daher in dieses Bilderbuch eine Biographie von mir eingearbeitet haben …

Mit besten Gedanken
Ihr ergebener Albert Schweitzer
Frau Anderson kennt Lambarene gut, von mehreren Aufenthalten bei uns her. Wie schade, daß man den Text ohne sie machte – .«

Beilage: ›Text für das Blatt mit den Trillern‹

»In seinem Werke über Bach vertrat Albert Schweitzer mit anderen noch die Ansicht, daß Bach, wie die französischen Meister jener Zeit, dem Spieler eine gewisse Freiheit in der Ausführung der Zeichen der Verzierungen läßt. Durch fortgesetzte Beschäftigung mit dem Problem der Bachschen Verzierungen ist er aber zur Überzeugung gekommen, daß die von Bach gebrauchten Zeichen, richtig interpretiert, dem Spieler genau vorschreiben, wann er einen auf der Note abbrechenden oder einen während ihres ganzen Wertes zu schlagenden Triller auszuführen hat, wie auch ob der Triller einen Nachschlag oder keinen haben soll.«

Genau so wurde der Text, mit einem von Schweitzers Hand erläuterten Notenbeispiel Bachscher Musik, im Buch ›Die Welt Albert Schweitzers‹ aufgenommen.

Zur gleichen Zeit brachten wir das von ihm so freundlich erwähnte Taschenbuch ›Albert Schweitzer, Genie der Menschlichkeit‹ in der Fischer Bücherei heraus, das in vier Teilen – von Stefan Zweig ›Unvergeßliches Erlebnis‹, von Jacques Feschotte ›Das Leben Albert Schweitzers‹, von Rudolf Grabs ›Sinngebung des Lebens‹ und wichtigen Ansprachen von Schweitzer selber – ein umfassendes Bild von dieser großen Persönlichkeit gibt. Das Taschenbuch hatte bald das 150ste Tausend erreicht.

26
Kurt Heuser, der Freund,
der alles mit eigenen Augen gesehen hat.

»Tutti, nachdem ich dies Buch* zwei Jahre mit mir herumge-
schleppt habe, ohne einen Spruch gefunden zu haben, der schön
genug für Dich wäre, gebe ich es wieder ab. Und nun, damit die
Seite nicht leer bleibt, sage ich Dir die drei Hochzeitsreime auf,
mit denen in dem Film vom Flaschenteufelchen dem Mann Kuve
und der Frau Kokun drei Geschenke überreicht werden: Ein
Lamm, ein Brot und ein Krug Wein:

> Dieses Lämmchen, grad geboren
> nimm es an an Kindesstatt
> denn ein Wesen ist verloren
> das nicht Deine Liebe hat.

> Dieses Schwarzbrot, frisch gebacken
> mache Dir den Hunger satt
> denn ein Wesen beugt den Nacken
> wenn es nichts zu essen hat.

* Mein Poesiealbum.

Dieser Becher, voll von Wein –
trink ihn aus auf einen Zug!
Er macht glücklich. Glücklich sein
kann ein Wesen nie genug.

Im fünften Jahr unserer Freundschaft, Kurt
8. Dezember 34, zwei Jahre zu spät!«

Mit dieser ungewöhnlichen, aber für ihn typischen Eintragung in
mein Stammbuch hat sich Kurt Heuser gleich eine Art Selbst-
porträt geschrieben. Ebenso ungewöhnlich fand sieben Jahre zuvor sein Eintritt in den S. Fischer Verlag statt. »Da es hier weit und
breit keine Bücher gibt, habe ich angefangen, sie mir selbst zu
schreiben«, hieß es in einem Brief, der eines Tages, im Jahre 1927,
aus Afrika bei der Redaktion der ›Neuen Rundschau‹ eintraf. Er
enthielt das Manuskript einer Erzählung ›Elfenbein für Felicitas‹,
die die Redaktion entzückte und auch unsere Herzen sogleich
gewann. Er selbst, der etwas schmächtige, schüchterne Jüngling
mit den großen, lächelnden Augen, der einige Zeit später seinem
Brief folgte, hatte jahrelang im afrikanischen Busch gehaust, eine
Baumwollfarm geführt und war der europäischen Zivilisation
ganz entwöhnt. Das Erscheinen seiner Erzählung machte Kurt
Heusers Namen von einem Tag zum anderen bekannt und bedeutete den Wendepunkt in seinem Abenteuerdasein. Er blieb in
Deutschland und geriet sogleich in den Sog Berlins.

Für uns begann mit dieser Begegnung eine lebenslange
Freundschaft. Der junge, neue Autor, der von Oskar Loerke, dem
damaligen Lektor des Verlags, als »dichterische Begabung, in die
alle Leidenschaften einer neuen Zeit einströmen« bezeichnet
wurde, fand auch bei meinen Eltern in der Erdenerstraße einen
freundschaftlichen Empfang. Obwohl zunächst ein wenig be-
klommen durch die ungewohnte Anerkennung, fühlte er sich
sehr bald heimisch bei ihnen und angezogen von der menschlichen Wärme, die ihm entgegenkam. Er wurde ein regelmäßiger
Sonntagsgast des Hauses, von meiner Mutter zur berühmten

»Pute« eingeladen, und mein Vater fand Gefallen an dem jungen, von Abenteuern umwitterten Menschen, von dem er sich vom Leben mit den afrikanischen Negern berichten ließ.

Schon ein Jahr später erschien sein erster großer Roman ›Die Reise ins Innere‹, die Geschichte seiner afrikanischen Erlebnisse, ein aus der Lebensnähe zur afrikanischen Welt geschriebenes Buch.

Doch Kurt, der das Leben und die Menschen liebte, stürzte sich mit allen Sinnen in den Strudel Berlins, und wir, seine Freunde und Verleger, sahen voller Angst, daß er nicht mehr zu konzentrierter Arbeit fand. Wir suchten nach einem Weg, ihn an die Arbeit zu fesseln, und nahmen ihn auf unsere Sommerreise mit nach Kampen auf Sylt. Dort installierten wir ihn in einem Bungalow, in dem wir ihn für mehrere Stunden täglich einschlossen. Hinter Schloß und Riegel brachte er es tatsächlich zur Fertigstellung seines zweiten Romans ›Abenteuer in Vineta‹, der 1932 erschien. Leider verstummte er bald, wie so viele seiner Generation, unter dem Druck des Barbarentums, unter dem es für ihn nur das Schweigen gab.

Nicht nur die Zukunft des Verlags – sondern auch unser Privatleben – war seit der Machtergreifung Adolf Hitlers in äußerster Gefahr. Kurt versuchte alles, uns beizustehen. So nahm er uns mitsamt unseren drei kleinen Töchtern eines Nachts in seinem kleinen Holzhaus am Rande der Stadt Berlin auf, als uns die Angst überkam vor den nächtlichen Überfällen der Nazis. Als wir, um der am 1. April 1933 anberaumten »Nacht der langen Messer« zu entkommen, Berlin Hals über Kopf mit den Kindern verließen, reiste er mit uns in die Schweiz, um wenigstens die Kinder in Sicherheit bringen zu können, falls man uns an der Grenze aus dem Zug holen sollte. Ein so getreuer, furchtloser und liebevoller Freund blieb er sein Leben lang.

»z. Zt. Henndorf bei Salzburg, Frühjahr 1938
Liebe Tutti, Du kennst doch den alten Gasthof, der oben an der Dorfstraße steht, da habe ich mir ein Zimmer genommen, was ich

mir schon immer einmal gewünscht hatte. Ich muß nämlich hier sein, um mit Hilpert zu arbeiten, einen Film, der ebenfalls das Wünschen zum Thema hat – nach ›Peau de chagrin‹ von Balzac. Aber es ist schon so mit den Wünschen, wenn sie erfüllt sind, machen sie keine Freude mehr, oder aber sie werden immer erst dann erfüllt, wenn es zu spät ist. Die Freunde sind nicht mehr da, der Bach rauscht wie immer und ewig, aber das Haus und mehr als das Haus ist ausgestorben*. Aber das Reh in seinem Geheg ist da, es kam ganz zutraulich heran ...

Ich bewundere Euren Lebensmut – ich weiß nicht, ob ich ihn hätte. Und ich wünsche Dir, Gottfried und den Kindern, viel, viel Glück bei Eurem neuen Unternehmen ...** Wenn Du auch wenig von mir hörst, denke nicht, daß ich Dich und Gottfried vergessen habe. Aber es gibt so viele Dinge, über die man schweigen soll – und an irgendeinem Tag wirst Du von mir hören, Neues und Schönes. Der Mühlbach rauscht und sagt: ›Mich wird man hören, auch wenn Ihr alle längst nicht mehr auf der Erde seid.‹ – Wir aber wollen uns Grüße schicken, weil wir Seelen gleichzeitig auf der Erde sind. Leb wohl und laßt es Euch gutgehen.   Immer Kurt«

Es war der »Abschiedsbrief« von dem im Nazi-Deutschland verbliebenen Freund an uns, die wir in Schweden gerade am Neuaufbau unseres Verlags waren, dieser Abschied derer von »drinnen«, die nun wie hinter einem Stacheldraht zu leben hatten, von den in die freie Welt Emigrierten. – Jahre vergingen, bis wir wieder von ihm hörten. Sein nächster Brief kam ein paar Monate nach dem Waffenstillstand:

»Altaussee/Puchen 79, Österreich 5. 9. 45
Liebe Tutti, lieber Gottfried. Ein türkischer Bekannter von mir fährt heute in die Schweiz, und ich gebe ihm diesen Gruß mit – in einer skeptischen Hoffnung, daß er Euch erreicht und als ein Le-

---

* Gemeint ist die »Wiesmühl«, Carl Zuckmayers Haus, das er nach der Besetzung Österreichs verlassen mußte.
** Bermann-Fischer Verlag AB, Stockholm.

benszeichen. Ich weiß nicht, ob Ihr mit allem, was Deutsch heißt, so fertig seid, daß Ihr nichts mehr von uns wissen wollt ... Dabei fällt mir ein, wie ich einmal im Herbst durch die Gneiststraße ging, vorbei an der ausgebrannten Ruine Eures Hauses, und plötzlich eine Art Vision hatte, von uns allen, wie wir auf der Balkon-Terrasse saßen und tranken und Gespräche hatten. Es war eine Vision vom vollkommenen Glück. Im Hintergrund und in der Wirklichkeit glomm eine andere Villa still vor sich hin, aber das alte Fischerhaus stand noch unversehrt, und vielleicht hat es überdauert. Ja, Tutti, Gottfried, – auch ich habe es überlebt, obwohl es bei meinem Lebensalter und überhaupt ein Wunder ist. Ich habe nicht einmal eine Uniform tragen müssen. Der Film, der mich so viele Jahre der Produktivität kostete, oder genauer gesagt: der Filmspleen des Goebbels hat mir das Leben gerettet. Und wenn Ihr einmal näher nachschaut, so werdet Ihr bemerken, daß sich die Mehrzahl der im Lande verbliebenen Literaten gut benommen hat. Wenige Fälle sind es, daß Verrat am Geist geübt wurde. ›Sie‹ konnten es einfach nicht bekommen, was sie von uns wollten. Sie blieben, was sie waren: eine fremde Besatzungsmacht. Jeder Amerikaner ist weniger fremd als diese waren. – Das geistige Leben nahm vegetative Formen an. Es zog sich zurück in die Konventikel oder auch in die Stuben des Dorfschulmeisters, in die Verbannung. Es war ein unterirdisches Pilzgeflecht, zäh und unzerstörbar. Man traf sich und erkannte sich, und Ihr werdet später einmal erfahren, daß die Macht, die über uns herrschte, auch von innen heraus ausgehöhlt worden ist ... Es mag merkwürdig klingen, aber wir haben oft mitten in der Hölle gesessen und gelacht, und wir haben geliebt. Und je ärmer wir wurden, je mehr das Äußere von uns abfiel, desto freier wurden wir innerlich, und wir wurden auch (wenn das Wort nicht eitel klänge) reifer. Und wenn der Himmel von Bomben rauschte, neben dem Orgelton des Todes blieb immer die süße Musik des Lebens, unzerstörbar, tiefste, letzte Substanz. Und die Ohnmacht der Macht begann sich zu überschlagen. Einmal möchte ich das alles erzählen ... Meine seit Jahren gesammelten Aufzeichnungen, Fragmente, aus denen sich einmal das Werk zusammensetzen sollte, verbrannten … Aber das alles macht nichts. Ich bin jetzt vierzig und fühle mich erst seit sehr Kurzem erwachsen. Jetzt könnte man anfangen, – wenn die Welt in ihr Maß zurückkehrt. Die Politiker brauchen nichts zu tun als: sie nicht daran hindern.

Ob Ihr mir antworten könnt, weiß ich nicht. Noch sind die Netze zerstört. Vielleicht gibt es eine Möglichkeit … Von Herzen Dein, Euer Kurt«

»Altaussee, Ende März 1946
Liebe Tutti – bei meiner Rückkehr nach meinem ersten größeren Ausflug in die ›Welt‹ – nach Wien, fand ich eine Menge Post, gute und auch traurige.

Zu der guten gehört an der Spitze Dein Brief. Du kannst es vielleicht gar nicht ermessen, was es für uns bedeutet, wenn die Stimmen alter Freunde zu uns reden; und diese Deine Schrift, mir einst so vertraut! Wir, die wir in der Hälfte des Lebens wie in einem Totenreiche leben, umgeben von den Seelen von Menschen, die wir liebten und die nicht mehr auf der Erde sind. So daß es manchmal fast erscheint, als ob unser Hiersein ein reichlich dogmatischer Kurs über die Eitelkeit eben dieses irdischen Lebens sei – und über die Vergeblichkeit all unserer Bemühungen … Nein, Tutti, physisch ist mir nichts geschehen, wenn es auch oft ein Wunder war. Einmal rauschte, während ich in einem Obstbaumloch oberhalb eines Weinbergs hockte, ein Bombenteppich kaum hundert Meter vor mir nieder, der einer Mainbrücke galt, die ich wenige Augenblicke vorher verlassen hatte. Damals sah ich wie aus der Loge eines Theaters, sah den Augenblick der Zerstörung einer Stadt. Und es war nichts anderes als eine Naturkatastrophe, ein Erdbeben oder ein Vulkan-Ausbruch. Ich sah, während man sonst und in den Städten meist blind wie ein Maulwurf die entfesselten Dämonen der Technik über sich rasen spürte. Später suchte ich die Partisanen im Gebirge. Aber ich fand sie nicht, denn es gab keine. Es gab nur entlaufene Soldaten, und später viel Prahlerei und Lüge. Wie denn überhaupt nach der Kata-

strophe ein Satyrspiel der Rechtfertigung und der Fälschung an-
hub, das noch im Gange ist, und an dem man sich am besten auch
dann nicht beteiligt, wenn man Gründe anzuführen hätte ...
Einige Blicke hinter den Vorhang hat man doch tun können, ein
paar Erkenntnisse schimmerten doch am Grunde des Brunnens
auf: und unendlich viele Geschichten und eine Geschichte sind zu
erzählen. Ich arbeite seit einem halben Jahr an den Skizzen und
Entwürfen zu diesem großen Roman. Wenn er je gelingt, dann
sollst Du Dich auch wieder über unsere alte Freundschaft freuen, –
ein wenig. Überhaupt, daß Ihr an Wiederaufbau denkt, das ist wie
ein Leuchtfeuer vor dem Morgengrauen. Und daß die ›Neue
Rundschau‹ lebt, das ist noch mehr für Schiffbrüchige, das ist eine
Planke! Noch geht die Flut ja hoch, und ich will mich nicht noch
einmal von meinem gottverdammten Optimismus betrügen lassen – und dennoch! Es gibt einen Geist, der wie ein Stück Heimat
ist – und diese Heimat ist für mich die ›Neue Rundschau‹, in der
mein letzter Beitrag ein Nachruf auf Deinen Vater war ...

Fast immer ist der Mensch ja an etwas gebunden, und selbst
wenn man frei wird von dem, was Du die irdischen Güter nennst –
wir alle wurden von ihnen frei – so blieben immer noch die seidenen, die unsichtbaren Fäden, die unser Herz an andere Menschen
binden. Und einer dieser Fäden, fein wie Spinnweb, aber unzer-
reißbar, ich hoffe, zielt nun auch, lang im Wesenlosen wehend,
nach Old Greenwich, Connecticut, Amerika ... Erzähle mir gele-
gentlich von Euch und Deinen drei Töchtern. Erinnerst Du Dich,
daß ich Annette an ihrem siebzehnten Geburtstag ausführen darf,
oder war es der Achtzehnte? So wurde es bei ihrem Empfang in
der Welt ausgemacht. Inzwischen freilich beginne ich grau zu
werden, mindestens am Haar. Sonst glaube ich, hab' ich mich wenig verändert. In seinem Wesen ändert sich der Mensch nicht – so
spür ich's auch aus Deinem Brief.

Vergeßt nicht Euren alten Kurt«

»1. Juni 1946 Altaussee
Liebste Tutti, ... das war ein guter Brief, den Du mir da geschrieben hast. Ich sehe immer wieder mit freudigem Erstaunen, wie wenig sich Menschen verändern, wenn sie ›zentral angelegt‹ waren, und so empfinde ich die vertraute Wärme Deines Wesens wie ein Klima, vor dem das Treibeis der Jahre schmilzt. Du darfst auch nicht vergessen, daß wir hier am allerersten Anfang unserer zweiten Wiederbegegnung mit der Welt stehen, aufgepflügt und neugierig auf alles, was sich inzwischen entwickelt hat. Noch gibt es wenig, wir liegen noch wie in Quarantäne, unsichtbar hängt die Seuchenflagge vom Mast unseres Wracks, das ein irrsinniger Pilot in die Riffe gesteuert hat. Aber schon, wie von Gewürz-Inseln, dringt der Geruch der Freiheit an unsere Sinne, kein Wunder, wenn wir ungeduldig werden.

Ich komme gerade wieder von Wien, das sich in den acht Wochen ganz erstaunlich regeneriert hat. Sicher wird noch fleißig gehungert, aber es muß irgendwelche unterirdische Quellen geben, welche die Stadt speisen, oder ist es die Hoffnung allein, die die Frauen wieder schöner und die grauen Gesichter glücklicher gemacht hat? Es ist fast unverständlich, wovon dies Gewimmel lebt, jeder löst wohl seine existentiellen Probleme auf seine eigene Weise, wie auch ich, es ist ein Wunder – aber ist es nicht für jeden einzelnen Europäer ein Wunder, wie er diesen Weltuntergang überlebt hat? Und es ist putzig zu sehen, wie in den Trümmern schon wieder die Gewohnheiten zu nisten beginnen, wie farblose Vögel, ja wie die Trümmer selbst schon Gewohnheit zu werden beginnen. Nun, in Lissabon liegen heute noch die Schutthaufen des Erdbebens von 1755 herum, und niemand denkt bei ihrem Anblick mehr an den Sturz und den Schrei und die Brände. So wird es auch mit den Ruinen vieler unserer Städte gehen ...

Während Eure Räume, wie Du schreibst und wie ich weiß, immer mehr schrumpfen, während die Stromlinie das magische Zeichen des Zeitalters sein sollte, braucht man von hier nach Wien – außer Dutzenden von Papieren – immer noch vierundzwanzig lange Stunden eines kurzen Lebens. Gerade geriet mir

Stefan Zweigs bei Euch erschienenes Buch ›Die Welt von Gestern‹ in die Hände, der sich über die gleichen Symptome beklagt und an ihnen leidet. Dazu kommen Kontrollen, Entlausungen, Lebensmittelkartenprobleme, Arbeitsamtatteste, Aufenthaltsgenehmigungen, Reisen über Hunderte von Kilometern für einen einzigen Stempel bei einem Amt, das es noch nicht oder nicht mehr gibt – und das alles innerhalb eines kleinen Landes. Und die Menschen, geduldig, geduldig, wie das liebe Vieh, ertragen alles ohne viel Murren, sie kennen es kaum mehr anders.

Das Schreckliche ist, daß man zu allen Parteiungen immer und nun schon wieder in Opposition stehen muß! Denn was ist Rot und was ist Schwarz und was ist Links und was ist Rechts nach dieser Durchschüttelung aller Standpunkte und Prinzipien! …

Und wenn Du gar mit Kommunisten debattierst, wie ich in den letzten Nächten mehrfach, dann hast Du vollends den ›anständigen Nazi‹ mit umgekehrten Vorzeichen, Du hast den so gefährlichen, doktrinären Idealismus, der, wie Thomas Mann sehr richtig bemerkt hat, so entscheidend mitschuldig ist an der ganzen unermeßlichen Schweinerei. Denn er verhängt die einzige und grandiose Wirklichkeit mit Schleiern der Idee, er ist im Grunde weltfremd, und er vergißt, daß das ganze Spiel um den Menschen selbst geht, um sein Glück und sein Leid und um weiter gar nichts.

… Was Du von Deiner Mutter berichtest, so traurig es ist, ich kann sie leider nur zu gut verstehen. Sie gehörte nun einmal in das Haus in der Erdenerstraße und in die patriarchalische Welt der Sicherheit …

Ich war bei Deiner Mutter noch zuweilen Sonntagsgast, bis auch das sich auflöste … irgendwann kam man von einer Reise zurück und das Haus stand leer wie eine Muschelschale … und doch muß man heute das Geschick derer preisen, die rechtzeitig das Land verlassen konnten.

Bitte erzähl' mir ein wenig von Deinem Haus und seiner Umgebung, damit ich's mir vorstellen kann. Grüße Deine Töchterschar, verlobt, verheiratet oder nicht, – den Gottfried … und dann den Joachim Maass … und leb wohl,   Dein alter Kurt«

»Altaussee, Puchen 79, 30. 9. 46
Liebe Tutti, ... Es ist komisch, daß ich jetzt, nach so vielen Jahren, an Dich immer noch denke und schreibe wie an meine Verlegerin. Das heißt: Große Freundin der Dichter.

Ja, vieles hat sich aufgelöst, das man für unlösbar hielt, und anderes hat sich gebunden, dessen geheime Zusammengehörigkeit niemand geahnt hatte. Vieles, was wir geliebt haben, gehört ins Museum, unversehens stehen wir mitten in einem neuen, von der Technik beherrschten grauen und grausamen Jahrtausend. Daß es nicht das Jahrtausend der Atombombe und auch nicht das Jahrtausend Asiens wird, dafür müssen wir sorgen, dazu sind wir da. Noch zeichnen sich die Formen der Zukunft im Rauch vergangener Brände undeutlich ab, bald wird man sie erkennen. Aber man wird sie auch neu benennen müssen und nicht mit den veralteten und verstaubten Nomenklaturen, die auf ›-ismus‹ enden. Drum zum Schluß will ich Dir von einem kleinen Schullehrer erzählen, der einer heftigen Debatte zwischen intellektuellen Leuten beiwohnte, wo um Sozialismus und Marx und Leninismus und Kapitalismus gestritten wurde und um die feineren Begriffe und Unterschiede, und der dann leise zu mir sagte: ›Ich kann da nicht so mitreden. Für mich ist das alles viel einfacher. Nennen Sie mich dumm. Aber ich finde: Die Menschen sind unglücklich, weil sie so gottlos geworden sind.‹ Mir scheint, da ist was dran.

Laß es Dir gutgehen, Tutti, grüße Gottfried und Deine Kinder und bis zum nächsten Mal,   Dein Kurt«

»Altaussee, Puchen 79, Sylvester 1946
Liebe Tutti, ... Ihr seid alle, die Ihr seit damals draußen lebtet, für uns wie entrückt in ein unerreichbares Jenseits und also eine Art Halbgötter geworden. Wir sprachen von Euch, wie man von Entrückten spricht, und wir erkannten uns und unsere tiefe Verlorenheit daran. Und darum, Tutti, sind Deine und Gottfrieds Briefe Geschenke von einer Kostbarkeit, die Ihr selber vielleicht gar nicht ganz ermessen könnt ... Es war unsere besondere Situation, die uns angestrengt im stürmischen Brausen aller Orgeln auf die

Vox humana lauschen ließ, – dies war ein Register, das Thomas Mann nicht zog. Denn um ihn ist Gletscherluft schon des Absoluten … Du hast meine brennende Begier geweckt auf sein neues Werk. Und ich erkenne Dich an der Begeisterung wieder, mit der Du davon schreibst. Denn das, oh Fischertochter, gehörte zu Deinen liebenswertesten Eigenschaften: Deine Liebe zu Eueren Autoren, wo Ihr doch wahrhaftig verwöhnt wart vom Umgang mit großen Persönlichkeiten, wo es nahegelegen hätte, daß Ihr abrückt und Snobs geworden wäret. Aber nein! Ihr habt es Euch nie zur Gewohnheit werden lassen, und Ihr liebtet die Bücher, die Ihr drucktet, und Ihr drucktet, was Ihr liebtet. Und so, siehst Du, müssen Verleger sein.   Dein Kurt«

Das Jahr 1947 sollte uns endlich wieder zusammenbringen. Als wir uns in Salzburg wiedersahen, war es, als wären wir nie voneinander getrennt gewesen. Obwohl so viel Erlebtes – Erlittenes dazwischenlag, war diese Wiederbegegnung, wie er es selber in einem seiner Briefe sagt, »wie eine Begegnung mit sich selbst«, mit dem eigenen Leben. Es machte uns glücklich, uns so unverändert wiederzufinden, durch ein großes Stück gelebten Lebens bereichert.

                                                        »den 4.11.54
Liebe Tutti, so nun hab' ich das Buch zugemacht, tief geatmet, und dann hab' ich gedacht: Hoffentlich lebt er noch recht lange, der Thomas Mann nämlich, denn das Buch war der ›Hochstapler Felix Krull‹. Hoffentlich lebt er noch recht lange, hab' ich gedacht, damit er uns noch viel von diesem bunten, undurchsichtigen Spielzeug schenken kann, das er da in der Stille fabriziert, der alte Magus. Jedesmal etwas anderes, neues, überraschendes …
    Und Albrecht Goes! In mir ist der Mai-Nachmittag wieder lebendig geworden, als wir ihn da besuchten in dem Ort mit den roten Dächern, in seiner Pfarre mit dem winzigen Kirchlein, in dem Du Orgel spieltest und wir Blasebalg traten, und mit dem kleinen Gottesacker, der einen rundweg verlockte, sich zwischen Gras und

wildwuchernde Blumen zu legen und so dem jüngsten Tag entge-
genzuschlummern! Und diese seine Geschichte*, die ich lieber die
Feuerprobe genannt hätte und die so klassisch gelassen erzählt ist
wie eine Stormnovelle, und die doch mitten in das Furchtbarste
hineinführt, gelassen, an der Hand sozusagen. Ich wünschte, man
könnte sie allen denen ins Haus bringen, vorlesen, die allzugern
vergessen oder schon vergessen haben. Aber für den, der an die
stille unablässige Wirkung des Geistes glaubt, gehört diese Geschichte zu jenen elementaren, die sich im Lesen entfalten wie ein
Senfkorn, über lange Zeiträume, bis sie ihn und die Seinen aus-
füllen mit Wurzelwerk, Saft, Stamm und Blüte; desgleichen ist
ja auch die lautlose Wirkung eines Albert Schweitzer, sein Leben
als Beispiel allein. Und noch viele andere unbekannte Geister sind
am Werk, ich glaube auch, daß sie gehört werden, mehr als früher.
An ihnen bemißt sich die Zukunft, oder es wird keine Zukunft
geben … Wir leben noch lang und haben noch viel zu tun. Eine
Liebe kann verwehen, eine Freundschaft nie.   Kurt«

Hier endet unsere Korrespondenz, denn wir waren nun wieder –
wenigstens für einige Zeit – im gleichen Land, in Deutschland. Im
Jahre 1972, nach dem plötzlichen Tod meiner Tochter Gaby, der
ich ein ›In Memoriam‹ geschrieben hatte, kam ein Brief von Kurt
Heuser, in dem er in der Rückerinnerung an gemeinsam Gelebtes
und in der Zuversicht des Sich-Wiederfindens über den Tod hinaus einen Kreis schließt.

> »Kampen/Sylt, Ginsterhof
Liebste Tutti, Deine Nänie, Dein Trauergesang auf Gaby, erreichte
mich hier auf der Insel, die ohnehin bis zum Dünengebirge voll
von Erinnerungen für mich ist. So sehe ich Dich auf einem kleinen Hügel stehen, mit wehenden Haaren. Es sind die Vorböen
eines mächtigen Gewitters, das noch über der See steht … Und da
ich jetzt allein hier bin, wandere ich mit vielen Verstorbenen am

* ›Das Brandopfer‹.

Strand und am Watt und halte Gespräche mit ihnen. Da kommt mir Deine Schrift gerade recht. Ich finde es wunderschön, daß Du Deinem Schmerz auf diese Art Ausdruck verliehen hast. Es ist das beste Mittel gegen Verzweiflung und Vergänglichkeit – vielleicht schreiben wir alle unbewußt aus diesem Grunde. Aber sei nicht verzweifelt, Tutti! Wir alle werden uns wiedersehen, wenn auch, früher oder später, wir die Schwelle der Zeitlichkeit überschritten haben werden. Denn das ist, und ich meine es nicht spekulativ, sondern wissenschaftlich, die Lösung des Geheimnisses, das der Tod für uns bedeutet: sie liegt im Wesen der unbekannten Dimension, die wir ›Zeit‹ zu nennen übereingekommen sind. Damit ist nicht nur das Maß gemeint, das uns hienieden verliehen ist – wir sind ja so, wie wir da sind, nur die Projektion, der Widerschein von dem, was mit uns gemeint ist. Der Schein kann vergehen, nicht aber der Ursprung, der Geist heißt. Was war, das ist. Was ist, das wird sein – immer sein, sonst wäre ja das Ganze sinnlos, und so etwas gibt es nicht. Immer ist Anfang, immer ist Ende. Das ist die einzige Möglichkeit, Anfang und Ende, also die Zeit zu denken. Beweise? Schau doch die Natur an, gerade jetzt, wo alles sich erneuert – da liegt doch die Lehre aufgeschlagen wie in einem Buch! Das hat nichts mit Religion zu tun, jedenfalls nicht mit der, die wir so betreiben, sondern mit Beobachtung, Einsicht in das Wesen der Dinge, die um uns herum sind. Und in Wahrheit heißt ja ›Religion‹ Bindung, Verbindung mit dem Höheren, nicht wahr? Und nun Gaby! Ich habe viel über sie nachgedacht und warum es ihr bestimmt gewesen sein mag, so jäh abgerufen zu werden. Natürlich weiß ich es nicht. Aber es könnte doch sein, daß sie in sich vollendet war, daß sie ihren Kreis frühzeitig abgeschritten hatte, daß nichts mehr für sie gekommen wäre als das Altwerden, Kummer, Enttäuschung. Aber, wie gesagt, ich weiß es nicht. Du selbst aber hast so schöne Worte gefunden über ihr Traumwesen, über ihre Augen, über ihre Zugehörigkeit zu jener anderen Welt – jener Welt, die immer da ist, bevor sie die Erde betreten hatte, und die vorhanden ist, wenn wir die Erde verlassen – wenn wir heimkehren. Sei nicht verzweifelt, Tutti … Du zitierst mit Recht immer wieder die Musik. Musik denkt man nicht, man singt sie, man spielt sie. Und auch Dich habe ich immer empfunden wie eine bestimmte Melodie. Und auch das Melos ist unvergänglich. Sei gegrüßt mit Gottfried   von Deinem Freunde Kurt«

Die Freundschaft mit ihm verging nie, ob man sich sah, oder nicht, aber das Wissen umeinander war immer da. Plötzlich war ihm das Ende beschieden! Wir sahen ihn noch ein paar Wochen vor seinem Tode, und er war voller Pläne, Wißbegierde und liebevoller Teilnahme an allem, wie bisher. Wir jedoch wußten: es war der Abschied!

»Er gehörte zu unserem Leben. Wenn er kam, war es, als käme ein geliebter Bruder, wenn er ging, ließ er eine Lücke. Sie wird sich nun nicht mehr schließen«, so schrieb Gottfried ihm in seinem Nachruf.

27
Pierre Bertaux,
der Kämpfer, der Forscher, der Deuter.

Im Jahre 1927 lebte in Berlin ein zwanzigjähriger Franzose, dem ich schon ein paar Jahre zuvor in Österreich begegnet war. Brillanter Schüler der Ecole Normale in Paris, war Pierre Bertaux als erster französischer Student nach dem Ersten Weltkrieg nach Berlin gekommen, um Germanistik zu studieren und seine Arbeit über ›Geist und Wesen des Dichters Hölderlin‹ zu schreiben. Seither stand sein Leben, das ihn bald von seiner germanistischen Laufbahn in die politischen Wirren und Kämpfe des Zweiten Weltkrieges und der Hitlerzeit reißen sollte, im Zeichen Hölderlins.

Bei unserer Begegnung schien es uns, als wären wir in »abgelebten Zeiten« Bruder und Schwester gewesen und hätten uns seit immer gekannt. Es wurde eine lebenslange Freundschaft.

Pierre bezog eine Studentenbude im Grunewald, ganz in unserer Nähe, und wurde ein häufiger Gast bei uns. Seine Freundschaft hatte sich inzwischen auch auf Gottfried übertragen. Er brachte seinen Freund Pierre Viénot, den Leiter des deutsch-französischen Studienkomitees in Berlin, zu uns und andere seiner Freunde und Studiengenossen, auch seinen Freund Roland de Margérie, den Sohn des damaligen französischen Botschafters, der uns später, inmitten der ersten Bedrohungen durch die Nazis, hilfreich zur Seite stand. Zu diesem Kreis gehörten auch zwei außerordentliche amerikanische Persönlichkeiten: Dorothy Thompson, Korrespondentin der ›Herald Tribune‹, und Edgar Mowrer von der ›Chicago Daily News‹, die beide die gefährliche politische Entwicklung in Deutschland frühzeitig erkannten und unablässig, wenn auch lange Zeit vergeblich, ihrer Regierung in Washington die wahre Natur des herannahenden Nazismus warnend darstellten.

Bertaux erinnert sich in seinen Memoiren an einen Sonntag bei uns im Grunewald im Februar 1928, an dem er viele unserer Freunde bei uns traf: Jakob Wassermann, Alfred Döblin, Ernst Toller, Alfred Kerr, George Grosz und Joseph Roth, der sagte: »In zehn Jahren wird a) Deutschland gegen Frankreich Krieg führen, b) werden wir, wenn wir Glück haben, in der Schweiz als Emigranten leben, c) werden die Juden auf dem Kurfürstendamm geprügelt werden.« Keiner schenkte dem verzweifelt lächelnden Roth Glauben. Aber sehr bald sollten diese prophetischen Worte sich bewahrheiten.

Mit Pierre zusammen erlebten wir den Einbruch des Unheils. Wir wurden gemeinsam Zeugen des makabren Schauspiels der Bücherverbrennung. Auf dem riesigen Platz vor Berlins ehrwürdiger Universität war ein Scheiterhaufen errichtet und eine Tribüne, von der der teuflische Hinkfuß Goebbels die Bücher von 24 »unerwünschten und zersetzenden« Autoren den Flammen übergab. Für jeden der hier Verbrannten, unter ihnen Freud, Marx, Heinrich Mann, Stefan Zweig, Alfred Kerr, Alfred Döblin, hatte Goebbels eine Anklage vorbereitet, die er über den Lautsprecher für alle deutschen Sender verkündete: »Ihr tut gut daran … den Ungeist der Vergangenheit den Flammen anzuvertrauen … von nun an wird der Staat entscheiden, was gesunde und was verderbliche Literatur ist, jetzt muß die Feder dem Volk so dienen, wie Schwert und Pflug.« Es war ein gespenstisches Bild: oben auf der Tribüne der kreischende Zwerg, von den Flammen geisterhaft beleuchtet, unten eine stumme Menge, die den brennenden Bücherberg umkreiste und was noch unversehrt war, zu ergattern suchte. Ein Hexensabbat. –

Bertaux wurde 1933 Leiter des ›Gesprochenen Wortes‹ am französischen Rundfunk Paris, PTT und 1934 persönlicher Referent im dortigen Auswärtigen Amt. Er leitete die französischen Rundfunksendungen in deutscher Sprache als Gegenaktion gegen die Sendungen der Nazis in französischer Sprache über den Stuttgarter Rundfunk.

Pierre habilitierte sich 1936 und wurde Professor für Germanistik an der Universität von Toulouse. Nebenbei diente er dem Staat in verschiedenen Missionen, und bei Ausbruch des Krieges wurde er Dolmetscher beim Generalstab. Nach der deutschen Invasion 1940 organisierte er eine der ersten Untergrundaktionen Südfrankreichs, weswegen ihn die Pétainregierung zu drei Jahren Festungshaft verurteilte. Nach seiner Befreiung zog er im August 1944 als Kommissar der Republik in das befreite Toulouse ein.

Durch französische Emigranten in New York erfuhr ich, daß Pierre überlebt hatte, und als ich im Jahre 1948 wieder europäischen Boden betrat, besuchte ich ihn in Lyon, wo er inzwischen als Préfet du Rhône im riesigen, alten Palast der Préfecture residierte. Der Abgrund, vor dem wir damals zusammen gestanden hatten, war wieder geschlossen. Aber vieles war zerstört und nun galt es, wieder aufzubauen! – In Frankreich herrschte damals eine unheimliche Stimmung. Die kommunistische Arbeiterbewegung versuchte, wenn nicht an die Macht zu kommen, so doch Straße und Verwaltung zu beherrschen. Pierre gelang es mit Klugheit und Entschlossenheit, die Gewerkschaften und die organisierten Arbeitergruppen zu einer demokratischen Form der Zusammenarbeit zurückzuführen. Er hatte in dieser gefährlichen Situation Frankreich einen großen Dienst geleistet. Man holte ihn nach Paris, als Generaldirektor der »Sûreté Nationale«, als Polizeiminister. Mit den großen politischen Problemen der Zeit konfrontiert, ständiger Bedrohung ausgesetzt, arbeitete er bedacht und gelassen, mit äußerster Energie Tag und Nacht im Innenministerium gegenüber dem Elyséepalast.

»In seinem Leben spiegelt und bricht sich die ganze Geschichte Frankreichs«, schrieb nach dem Krieg der amerikanische Schriftsteller Theodore White über Pierre Bertaux in seinem Buch ›Glut in der Asche‹.

Als wir im Jahre 1950 den Verlag in Frankfurt wieder übernommen hatten, wurde Bertaux zu einem unserer nächsten
Mitarbeiter und Berater, vor allem beim Aufbau der damals für
Publikum und Buchhandel noch neuartigen Taschenbuchserie,
der »Fischer Bücherei«. Unermüdlich schickte er uns Vorschläge
für politische, philosophische und literarische Themen. Sein
Auswahlband von Hölderlin, den er für die »Fischer Bücherei«
zusammenstellte, lag ihm als Hölderlinforscher besonders am
Herzen.

Ein neues Ereignis unterbrach aber diese Arbeit. Pierre war
zum Senator für den Französischen Sudan, heute Mali, gewählt
worden. Er schrieb mir 1953: »... Tutti, es kommt alles auf einmal – die Hochsaison in Paris – Wähler aus dem Sudan – keine
Zeit zum Nachdenken – viele afrikanische Aktivität, ich organi-
siere den Kontakt mit den 60 sudanischen Studenten in Paris, um
die sich noch nie ein Parlamentarier gekümmert hat – und die wie
wildes Gras wachsen ... Ende September fliege ich nach dem
Sudan, wo meine Wähler ungeduldig werden. Wie gescheit, klug,
politisch reif meine Sudanesen sind – komm nach Timbuktu – Du
wirst Dich auch freuen – Und so nett dabei, mit soviel Humor –
Sie werden wohl das Abendland überleben – meine Idee ist gar
nicht so schlecht, daß wir unsere ›höheren‹ Werte, unser Heilig-
stes ihnen anvertrauen – vielleicht kommen sie leichter durch, wie
wir. Ségou am Niger ist keine Großstadt. Heißt aber schon lange:
›Athènes du Niger‹, und da habe ich weise Menschen getroffen. –«

Am 20. X. 56 schreibt er: »... endlich doch wieder Licht – vielleicht wird einiges heller und leichter werden. Es war so schön,
so wahr, so wirklich bei Dir ... Ich arbeite weiter an unserem
Vorwort zum Hölderlin, habe Heraklit und Parmenid entdeckt –
Hölderlin ist eigentlich ein Vorsokratiker – und hat es gewußt –
mit dem Empedokles als ›Apokryph‹.«

Im November 1957 war das Hölderlin-Taschenbuch erschienen, dazu schreibt er: »Tutti, heute früh die schönste Überraschung: unser Hölderlin, ja, er bleibt bei mir, mit mir, wo es auch
sei.« Er hatte dem Buch folgende Zeilen vorangesetzt: »Unter den

Dichtern steht heute Hölderlin im Vordergrund. Warum? Die vollkommene, herrliche Schönheit seiner Dichtung ist nicht allein der Grund. Vielmehr offenbart sich durch sein Werk und durch seine Gestalt das Wesen der Dichtung selbst, die nicht etwa Spiel und Ornament, sondern tiefes Eindringen in die Struktur der Welt ist. An Hölderlin erfahren wir auch, daß das Kunstwerk kein Monolog eines Vereinsamten, sondern ein Appell ist: eine Forderung an die ›kommenden Geschlechter‹, an uns, an unsere Zeit der Wende, der er angehört.«

»Ich hörte einen Vortrag über den Begriff der ›Umkehr‹ bei Hölderlin, was mich auf eine neue Spur brachte – eine ›Psychoanalyse‹ von Hölderlin, ist sie je versucht worden? Ein unerhört reiches Thema. Sein Verhältnis zur Mutter. Die ›Umkehr‹ ist die Sehnsucht nach dem Zustand vor der Geburt – ›Ins Ungebundene geht eine Sehnsucht‹, – ›das meiste nämlich vermag die Geburt … die Wiege‹.«

Hölderlin, so meint Bertaux, kann uns in der immer bedrohlicheren und sich selbst zerstörenden Welt ein Wegweiser sein. Er schreibt mir:

»Wie man es noch nicht richtig weiß, ist der technisch-industriellen Entwicklungsgesellschaft schon dadurch eine Grenze gesetzt, daß die Verunreinigung von Luft und Wasser, die Zerstörung des natürlichen Gleichgewichts, das Überleben der Menschen in Frage stellt. Das Verhältnis des Menschen zu seiner Umwelt wird bedrohlich zerstört. Was kann da abhelfen – wenn nicht Hölderlins ›neue‹ Religion, die Religion der Natur, der Kult der Elemente, Licht, Luft, Erde, Wasser?

In diesem Lichte gesehen klingt Hölderlins Definition des ›Vaterlandes‹ erstaunlich modern. Es handelt sich bei ihm keineswegs um irgendeinen geopolitischen oder historisch aufzufassenden Begriff. Mit ›Heimat‹ und ›Patriotismus‹ hat es nichts zu tun. Ihm ist das ›Vaterland‹ ein, wie wir heute sagen würden, ökologisch-soziologischer Begriff: ›Natur und Menschen, sofern sie in einer besonderen Wechselwirkung stehen‹. Wenn das ›Vaterland‹, also die bestehende Welt- und Gesellschaftsordnung veraltet ist, soll es sich ›verjüngen‹. Das Alte, Überlebte soll sich auflösen, aus seinem Untergang geht dann eine ›neue‹ Welt hervor, und es entsteht ein neues, wechselseitiges Verhältnis des Menschen zu seiner Umgebung, ein neuer Bund mit der Natur. ›O gebt euch der Natur, eh sie euch nimmt.‹ ›Aber Du wirst richten, heilige Natur! … ist es nicht göttlich, was ihr höhnt und seellos nennt? Ist besser denn euer Geschwätz, die Luft nicht, die ihr trinkt? der Sonne Strahlen, sind sie edler nicht, denn all ihr Klugen? der Erde Quellen und der Morgenthau erfrischen euren Hain: könnt ihr auch das? ach! töten könnt ihr, aber nicht lebendig machen, wenn es die Liebe nicht tut … ihr sorgt und sinnt, dem Schicksal zu entlaufen und begreift es nicht …‹«

Pierre fand immer wieder zu seinem Hauptberuf, der Germanistik, für die er 1958 als Professor nach Lille berufen wurde, zurück. Sie wurde für ihn zu einem umfassenden Studium des »Deutschtums«. Es war ihm darum zu tun, in das Wesen und die Psychologie des deutschen Charakters einzudringen, um seine französischen Studenten mit dem Denken und Trachten der Deutschen bekannt zu machen. 1960 schreibt er mir:

»… Nur rasch einige Zeilen so hingeworfen, vielleicht ist etwas für Eure Arbeit, aber auch für die Richtung der zukünftigen Entwicklung Deutschlands, wie wir sie zu beobachten versuchen, dabei … Du weißt, ich meine, die deutsche Haltung und Denkart ist durch das Theologische bestimmt. Überall findet sich die theologische Einstellung wieder. Vielleicht ist das damit in Zusammenhang zu bringen, daß sich die deutsche Kultur zwischen dem XI. und dem XV. Jahrhundert in den damals gegründeten Städten entwickelte – in den Universitäten war nichts als Theologie zu studieren, sie war die Form des Wissens überhaupt – und hat zu den anderen Formen Modell gestanden. Die Reformation war eine Verbreitung, Vermassung, Verallgemeinerung der Theologie, gerade zu einer Zeit, da sich in Verbindung mit dem Zunftwesen der deutschen Städte Sprache und ›Kultur‹ fixierten.

In Deutschland ist Philosophie eine Theologie der Idee (neuerdings eine Theologie des Seins) – Kunst, eine Theologie des

Schönen, – Politik, eine Theologie des Staates und der Macht. Der Theologe kennt nur eine Wahrheit, daraus ergibt sich alles übrige: der Anspruch auf ein Monopol des Glaubens – alle Andersmeinenden können nur Unrecht haben etc. Wer sich dem nicht unterwirft, wird ausgestoßen, und fast alle, die uns in Deutschland wert und lieb sind, sind daher Ausgestoßene. –

›Das Fastbeliebige der Machbarkeit‹, das ist die Ursünde und erbliche Belastung des deutschen Volkstums.

Jeder, unter den Deutschen, der diesem Wahn nicht beipflichtet, wird als Feind des Volkstums geächtet, als asozial betrachtet, als volksfremd …

Ich mache gerade Auszüge aus Georg Büchner – eine tolle Gestalt – auch so mißverstanden. Man muß ihn nur lesen, er sagt alles, was zu sagen ist. Mit 23 gestorben … die Geschichte seiner ›Résistance‹, kennst Du sie? … Flugblätter, Flucht vor der Polizei, Verhaftung, Untersuchungsrichter, Geheimbünde … das kennen wir ja. Man sollte eine Geschichte dieser Résistance in Deutschland schreiben, die Geheimbündler: Hölderlin, Kleist, Nietzsche, im Ganzen, vom Erfolg aus gesehen, eine traurige Geschichte, die immer in Elend, Not, Krankheit, Vereinsamung, Geächtetsein ausgeht – oder schlimmer (wie bei Nietzsche) in Verkennung und Mißdeutung, Verdrehung, Verzerrung. Und gerade die sind es, die die schönste deutsche Sprache sprechen, was wahrscheinlich seinen guten Grund hat … Und wen sollte man noch in diesen Geheimbund aufnehmen, Lenz, Lichtenberg, Hebbel? Es gibt noch viele unter den Geächteten.«

Im Juli 1961 berichtete mir Pierre aus Berlin, wo er sich mit einigen seiner französischen Studenten aufhielt:

»Ja, Berlin, mit den Studenten war es sehr schön – und wir haben einen kleinen Empfang in der Erdenerstraße am Sonntag Nachmittag veranstaltet. – So schade, daß Du nicht dabei warst. Die ganze Zeit mußte ich daran denken, wie ich mit Dir dort zusammen war … Die Berliner Tage waren voller Erlebnisse – wie es immer in Berlin ist … Ich war fast jeden Tag im Ostsektor, auch in der Akademie, im Heinrich Mann-Archiv. Das gab mir die Gelegenheit, diesen jungen Leuten zu sagen, daß Heinrich Manns Größe die Toleranz ist ... daß man nicht sagt: ›Wir haben recht, also haben die anderen unrecht‹ ... – Sie haben etwas verdutzt zugehört – besonders als ich meinte, Heinrich Mann sei dadurch ganz aktuell, ja prophetisch. – Und das sei der Sinn seines Werkes. (Heinrich IV., die Religionskriege, Protestanten und Katholiken.) – Die Berliner Luft hat doch etwas Anregendes – ich habe wieder Lust an der Arbeit, am Leben!«

Bertaux, der Heinrich Mann schon als Halbwüchsiger begegnet war, hielt 1970 auf Einladung der Akademie des Ostsektors eine Gedächtnisrede auf den von ihm verehrten Dichter. Er sagte unter anderem: »Vor 42 Jahren war ein französischer Student der Germanistik der Gast der Preußischen Akademie in Berlin. Die Einladung ging von Heinrich Mann aus ... Mir ist die Zeit noch so gegenwärtig und Heinrich Mann so präsent wie eh und je: die Würde der Gestalt und Geste, das Leuchten in den Augen – Feuer und Zärtlichkeit zugleich –, sein Lächeln, sein Verständnis, Güte und Mut ... Was soll aus den zarten, empfindsamen, intuitiven Dichternaturen werden –, sollte man diese rezeptiven, porösen, offenen und dadurch gefährdeten Naturen nicht unter Naturschutz stellen und für sie Reservate stiften, wo die Art erhalten bleibt? ... Denn diese Menschen sehen, was die anderen nicht sehen ... Die Gabe des Sehens, des Staunens ist eine den Dichternaturen vorbehaltene ...«

Das Thema der »Mutation« ließ Bertaux seit Jahren keine Ruhe. Er schreibt:

»Es gibt so viel Neues, das Leben geht so herrlich weiter. Ich habe jetzt viel mehr Zeit zum Schreiben und Denken, und habe jetzt den Beweis, daß ich in der guten Richtung hin arbeite. Von allen Seiten kommen Zeichen, daß es wirklich so wird, wie ich es mir seit einigen Jahren vorstelle. Es ist aber nicht ganz leicht im wegelosen Gestrüpp, in diese ›ewige Wildnis‹ einzudringen als erster, und das bisher Ungesehene zu erblicken und das Unausgesprochene auszusprechen ... Es ist so aufregend – ich bin ganz hin vor Begeisterung – wir stehen vor einer ganz neuen Entwicklung ... ob erfreulich oder nicht ... das ist ganz uninteressant. Es wird ›anders‹ sein und wir werden daran teilnehmen ... Es wird sogar über das Menschliche hinausgehen, was werden wird, wird entmenschlicht sein ... die Maschine, das Maschinelle ist ja das neue Wesen ... Sie kann denken, sie kann sich reproduzieren ... Wir müssen den Begriff ›Mensch‹ neu analysieren und jetzt unterscheiden, was an ihm ›Spitze‹ der Entwicklung (was weitergeht) – und was ›Tier‹-Mensch ist. Bis jetzt waren beide vereint, vielleicht trennen sich jetzt beide Elemente, wie die Stufen der Rakete ...«

Im April 1963 erschien sein Buch ›Mutation der Menschheit, Diagnosen und Prognosen‹ in der »Fischer Bücherei«, eine Mahnung an die Umwelt. In der Einleitung schreibt er unter anderem:

»Das Menschheitsgeschehen unserer Zeit als biologisches Ereignis zu betrachten und zu werten ist nicht nur erlaubt, sondern geradezu unumgänglich. Wer davor zurückschreckt, verkennt die Tragweite des Geschehens – und damit das Ausmaß der Verantwortung ... Die Gattung Mensch hat viel mehr vor sich, als sie bisher hinter sich gebracht hat. Allerdings ist es fraglich, ob die Nachfahren der heutigen Menschheit nicht einer anderen Art als der von uns mit dem Namen ›homo sapiens‹ bezeichneten angehören werden. Meine Ansichten gehen in der Tat dahin, daß sich gerade jetzt eine Mutation vollzieht ... Als ich sie vor einigen Jahren zum erstenmal vorbrachte, wurden sie nicht einmal als diskutabel erachtet. In wenigen Jahren werden sie banal sein. Wie dem auch sei, es ist unserer Generation die Chance gegeben, diesen einmaligen und großartigen biologischen Vorgang von innen zu beobachten und an ihm bewußt teilzunehmen. Dazu kommt, daß gerade das Bewußtsein, das wir von diesem Vorgang haben, im Prozeß der Mutation eine entscheidende Rolle spielt ... Hier wird versucht, die Zeichen der Zeit in dieser Perspektive zu deuten und ein neues, höchst aktuelles Diskussionsthema einzuleiten.«

Wie aktuell diese biologischen Mutationsgedanken werden sollten, konnte man damals nur ahnen, aber Bertaux' Buch erregte einiges Aufsehen. Kurt Heuser schrieb mir im März 1964:

»… Ich las soeben wieder Pierre Bertaux' ›Mutationen‹, die ich für eine der bedeutendsten Schriften der letzten Zeit halte, … weil hier, streng wissenschaftlich und doch in kühner Weise Prognosen gestellt sind, die unser aller Zukunft transparent erscheinen lassen. Und manche seiner Gedanken sind so unkonventionell, wie die über Krieg und Frieden, daß man in sie hineinsteigt wie in ein eiskaltes Bad, und vor der Kühle der Wahrheit erschauert.«

Aus ähnlichen Überlegungen über die Perspektiven der Zukunft entstand die Reihe ›Welt im Werden‹, Bücher über Kybernetik, Sprachtheorie, Spieltheorie, Sozialpsychologie und viele andere Probleme unserer heutigen Welt. Zu dieser Reihe, die Bertaux zusammen mit unserer wissenschaftlichen Mitarbeiterin Ilse Grubrich-Simitis herausgab, schrieb er:

»… Die Diagonalwissenschaften eröffnen eine neue Perspektive. Was im Fluchtpunkt dieser Perspektive erscheint, ist eben die Zukunft der Menschen.

Noch niemals sind in knapp 15 Jahren so viele und so durchgreifende Änderungen eingetreten:

1) Die Menschheit verfügt heute über die technische Möglichkeit, sich selbst als Gattung zu vernichten, und auch sich selbst genetisch zu verändern. Wir hören allmählich auf, den Menschen als stabile Art zu betrachten. Wir wissen, daß er sowohl der Vernichtung als einer spontanen oder provozierten Mutation ausgesetzt ist.

2) Die Menschen glaubten bisher, sie seien allein auf der Welt, als Ebenbild Gottes die einzigen intelligenten Wesen im Weltall … Der Mensch ist dabei, seine Illusion einer absoluten Zentralstellung und eines Intelligenzmonopols aufzugeben.

3) Der Aufbruch von dem Planeten Erde hat begonnen. Wenn wir auch in absehbarer Zeit praktische Ergebnisse davon kaum erwarten dürfen, so verschiebt doch jetzt schon die bloße Möglichkeit der Evasion unser ganzes Koordinatensystem. Diese Verschiebung verstehen zu helfen, ist Sinn und Zweck der Reihe ›Welt im Werden‹.«

Zu dieser Zeit stellte Bertaux auch eine Anthologie französischer Erzähler für die »Fischer Bücherei« zusammen und wurde außerdem Mitarbeiter an unserem neuesten Unternehmen, einer Weltgeschichte, die inzwischen in 34 Bänden erschienen ist. Er übernahm den Band ›Afrika‹, den er auf Grund eigener Erfahrung als Senator des Sudan und im unmittelbaren Erlebnis des afrikanischen Kontinents und dessen Geschichte schrieb.

Die Studentenunruhen im Jahre 1968 hatten auch Pierre Bertaux, der seit 1964 Professor für Germanistik an der Sorbonne war, zu schaffen gemacht. Der alte Stil der Universität hatte sich überlebt. Er schrieb mir bald darauf:

»… nach den Ereignissen an den französischen Universitäten im Mai-Juni war die Sorbonne gesprengt … Im Oktober fragte mich ein Kollege, warum ich nicht ein eigenes Institut außerhalb der Sorbonne aufmache? Das schien mir eine Chance, die es einmal in einem Jahrhundert gibt. Ich legte den Plan eines ›Institut d'Allemand‹ dem Kultusminister Edgar Faure vor, in drei Minuten hatte er alles begriffen, ein paar Stunden später in der Ministerkonferenz sagte er: ›et nous avons décidé de créer à Asnières un Institut d'Allemand‹ … Es soll eine europäische Institution werden, Integrierung von deutschen und französischen Studenten und Dozenten … Wenn es mir gelingen sollte, wäre es der große Wurf meines Lebens und das konkrete Ergebnis der Mühe von drei Generationen von Germanisten, von Europäern … Das Institut d'Asnières ist auch Deine Sache, nämlich die Folge unserer ersten Gespräche, als Du mir von Coudenhove und Paneuropa erzähltest, vor 45 Jahren …«

Sein Institut in Asnières wurde zum Treffpunkt freien, europäischen Austausches. Ich hatte während meines Besuches Gelegenheit, die freudige und harmonische Atmosphäre zwischen Studenten und Dozenten, inmitten einer Periode großer Spannungen an anderen Instituten, kennenzulernen. Zwei Jahre nach der Gründung von Asnières schrieb Bertaux: »… Es ist wahrscheinlich die Gelegenheit, etwas für die Welt zu schaffen, das wirklich bedeutend ist – ein Ansatz zur ›neuen Universität‹, eine neue Auffassung, nicht nur des Unterrichts, sondern der Bildung überhaupt … Es ist ein großer Erfolg und entwickelt sich weiter – wie ein Wunder – heitere, fröhliche Studenten, begeisterte Dozenten …«

Pierre Bertaux war schon vor Jahren zur Einweihung unseres Hauses nach Camaiore gekommen, hatte uns dann dort öfter besucht und einen seiner Lieblingsbäume, die Konifere »Libocedrus decurrens« gepflanzt, die inzwischen ein Riesenbaum geworden ist. 1971 schrieb er nach einem erneuten Besuch: »… Es waren so schöne Tage … wie immer, wenn wir zusammen sind. Die Landschaft ist noch schöner als die Erinnerung, die ich davon hatte, das Haus ein Paradies – man verbringt da eine ausgeklammerte Zeit, es ist nicht ganz leicht, sich dann in das normale Leben wieder zurückzufinden. Doch das alles, Landschaft, Haus, Leben – das bist Du …«

Zum Abschied gab ich Pierre einen noch von meiner Großmutter stammenden Klavierauszug von Mozarts ›Don Giovanni‹. Dieses Werk spielte schon seit langem eine wichtige Rolle in seinem Leben. Er schrieb dazu:

»… Der Don Giovanni hat einen Ehrenplatz in meiner Bibliothek und ich höre immer sein: ›Non l'avrei giammai creduto, ma faró quel potro‹; das Echo dessen bei Hölderlin: ›Ich, was mich betrifft, hab' mein Mögliches getan‹, und das gleiche Wort meiner Ahnen in ihrer Bauernsprache, von meiner Mutter überliefert: ›j'avou fait ce que j'avou poullu‹ (j'ai fait ce que j'ai pu), was bedeutet, daß man ein ›Mann‹ gewesen ist. Es ist auch mein Ideal geblieben … Die Autorschaft des Don Giovanni-Libretto ist mir immer ein Rätsel gewesen … wieviel hat Mozart selbst dazu beigetragen … wo kommt dieser herrliche, dieser männliche Ton dem Schicksal gegenüber her? Nun, ich habe entdeckt, daß Lorenzo da Ponte mit Casanova befreundet war, und daß Casanova in den Monaten in Prag war, da Lorenzo da Ponte dort gleich drei Aufträge von libretti auszuführen hatte … was liegt näher, als zu denken, Casanova habe ihm zumindest geholfen? Nun aber das

Aufregendste: im Nachlaß (unveröffentlicht) von Casanova in Dux sollen Pläne und Varianten zum Don Giovanni zu finden sein!«

Im Jahre 1975 wurde Pierre Bertaux der »Heinrich-Heine-Preis« der Stadt Düsseldorf verliehen. Der Oberbürgermeister schreibt ihm dazu: »Die Jury würdigt damit Ihr beispielhaftes Wirken nicht nur durch Ihr wissenschaftliches Werk, sondern vor allem durch Ihren kämpferischen Einsatz für die Freiheit und Rechte der Menschen in einer Zeit härtester Unterdrückung, wie auch durch Ihre Bemühungen um die deutsch-französische Aussöhnung.«

Bertaux beendete nach jahrelanger Arbeit seine ›Poetik‹, »eine ganz neue Theorie, die mit Literatur nichts mehr zu tun hat, eine wissenschaftliche Untersuchung einer Sache, die sehr weit über ›Dichtung‹ hinausgeht«, und eines Tages wird er die Geschichte seines bewegten Lebens, an der er seit seiner Jugend schreibt, veröffentlichen.

Pierre begnügt sich nie mit den Ergebnissen seines Forschens, und er wird sicherlich bis zum Ende seines Lebens nicht müßig beiseite stehen, sondern immer versuchen »die Freiheit« zu retten.

28
Boris Pasternak,
die erste Stimme aus Rußland.

Im Jahre 1957, auf der Frankfurter Buchmesse, erwarben wir die deutschen Übersetzungsrechte des Romans des russischen Dichters Boris Pasternak ›Dr. Schiwago‹. Es war das erste Mal, daß eine Stimme von dort durch den Eisernen Vorhang, durch die hermetisch abgeschlossene Mauer hindurch nach Westen drang. Geheimnis lag um diesen Autor und um dieses Buch. Ein italienischer Korrespondent hatte das Manuskript, das Pasternak ihm übergeben hatte, nach Berlin gebracht und es dort dem Mailänder Verleger Feltrinelli ausgehändigt. Nach Abschluß eines Vertrages über die Weltrechte veröffentlichte Feltrinelli eine italienische Übersetzung des Buches und sicherte ihm damit den Copyright-Schutz. Die deutsche Ausgabe erschien kurz danach bei uns im S. Fischer Verlag. In Rußland durfte das Buch bis heute nicht veröffentlicht werden.

Es zeigte sich gleich nach der Lektüre der deutschen Übersetzung, daß dieses Werk eines der großen menschlichen Dokumente unserer Epoche war. Die stürmische Nachfrage nach dem Buch bei seinem Erscheinen im Herbst 1958 kam einer Explosion gleich; denn jahrelang hatte die westliche Welt darauf gewartet, aus erster Hand etwas über das Leben in Rußland zu erfahren, und die geheimnisvollen Gerüchte, die sich über die Art und Weise, wie das Manuskript nach dem Westen gelangt war, verbreiteten, machten die Neugierde nach dem Buch noch größer. Als

Pasternak der Nobelpreis verliehen wurde, dessen Annahme ihm die Sowjetregierung verbot, war der Welterfolg seines Romans besiegelt. Millionen von Menschen waren erschüttert, das Dunkel, das bisher über dieser unbekannten Welt gelegen hatte, erhellte sich, und eine Brücke war geschlagen. Pasternak wurde von seinen Lesern aus der westlichen Welt mit Briefen bestürmt, und Anliegen aller Art drangen zu ihm und drohten, ihn zu begraben. Aus seinem eigenen Lande aber hörte er nur die Stimme des Gerichts, das ihn dazu verurteilte, sich ganz in sein kleines Haus auf dem Land in der Nähe von Moskau zurückzuziehen. Dort lebte er unter ständiger Beobachtung der G. P. U. und konnte keinen freien Schritt mehr tun. Es war kein Wunder, daß eine so zarte Seele wie die seine dabei zu Grunde ging.

Es war uns nicht beschieden, Boris Pasternak persönlich zu begegnen. Bevor wir ihn im Jahre 1960 besuchen konnten, starb er ganz plötzlich – ohne daß er auch nur eines der drei großen Werke, an denen er leidenschaftlich zu arbeiten begonnen hatte, vollenden konnte. In den fünfzehn Monaten unserer Beziehung wuchs sich unser Briefwechsel zu einer Freundschaft wie zwischen Altbekannten aus. Welch ein großes Herz, welch tiefes Leiden sprachen aus jedem seiner Worte zu uns.

Seine erste handschriftliche Postkarte rührte mich zu Tränen, als ich sie in seinem ausdrucksvollen Deutsch las:

»26. September 1958
Lieber, sehr verehrter Herr Fischer, ich beeile mich, Ihnen den Empfang Ihres seelenvollen, edelmütigen Briefs zu bestätigen. Insbesondere danke ich Ihnen für den herzlichen, persönlich gefärbten Zug Ihres Schreibens … Dieser freundliche Ton beglückt mich mit einem Gefühl geistiger Nähe zu Ihnen und Ihrem Tätigkeitskreise. – Falls Sie irgendwann nochmals Anlaß oder Wunsch fassen, mich mit einem Briefe zu erfreuen, benützen Sie bitte die folgende Landhausanschrift: Peredelkino bei Moskau für mich.

Ein Exemplar der deutschen Buchausgabe zu haben, wäre eine große Freude für mich …

Wundern Sie sich bitte nicht und seien Sie gar dadurch nicht gekränkt, daß ich Ihren breiten, freigebigen Brief mit einer kargen ununterschriebenen Postkarte beantworte. Das geschieht ihres sichersten Erreichens halber. Hoffentlich werde ich an Sie künftighin auch lange Briefe in Umschlägen richten, will aber heute nicht die Äußerung meines Entzückens wegen der neu errungenen Freundschaft ins Unbestimmte verschieben, und in dieser Weise kommt sie an Sie am ehesten an. Es ist eine lebhafte Genugtuung für mich, daß mein Buch Ihnen und den Ihrigen zusagt. Es ist meine Überzeugung, daß wir in Tagen der Folgen und Schlußergebnisse und nicht der Fortsetzungen des Altgeschauten und Erlittenen leben, daß das wenige und einzig wichtige, das durch Kriege und Umwälzungen bewirkt werden sollte, längst erreicht, bewiesen und eingepaukt ist. Man braucht die Kehle darüber nicht mehr heiser zu schreien. Ich wundere mich über Künstler und Denker, die noch den vielen unnützen abgelebten politischen, ästhetischen und anderen Formen und Gegenformen Treue bewahren, da doch nur der neue, unbegriffene und kaum aufgekeimte Inhalt in Betracht kommt, wie es die Felder und Schößlinge nach dem 30jährigen Krieg oder dem Absturze des Tatarenjochs waren. Eine neue Zeit hebt an. – … Ich beschließe meinen Brief mit dem Ausdruck der tiefsten Hingabe an Sie und die hochverehrte Frau Fischer.«

Alle nachfolgenden Briefe schrieb er ebenfalls in seinem eigentümlichen, vom lexikalischen abweichenden, manchmal geradezu sprachschöpferischen Deutsch:

»14. Dezember 1958
Liebe, geehrte gnädige Frau, wie leicht war es mir, den ersten Briefen Herrn Fischers dankbar entgegenzueilen, wie auf immer zahlungsunfähiger Schuldner bleibe ich angesichts Ihrer zwei Briefe und auch des Schreibens Ihres Mannes.
Diese Briefe von Ihnen sind eine ganze Welt von Gedanken und Gefühl. Die Ehre, die Sie mir mit ihnen erweisen, ist nicht

minder als diejenige, die mir der Verlag so enorm bezeigt, indem er das Neujahrsheft* ausschließlich mit mir so geschickt und geschmackvoll ausfüllt.

Also verzeihen Sie, daß ich nicht nur Ihre Freigebigkeit so lange unbedankt und unbeantwortet ließ, aber auch, daß Sie hier keine Ihren Zeilen vergleichbare Antwort finden. Ihre Überlegenheit ist meine Entschuldigung. Und ich schwieg nicht wegen irgendwelchen Hindernissen. Einfach verbrachte ich den Monat in einer handwerksartigen entkräftend angestrengten übersetzerischen Facharbeit, um die gefährlichen Unannehmlichkeiten, die um mich brausten, nicht zu hören … Wegen der Unmöglichkeit des raschen Postverkehrs und des Sichberatens: Einem Schauspieler, der Gedichtvorlesungen veranstaltete und mich wegen der meinigen um Rat fragen wollte (da ich noch jung und legal war) antwortete ich, daß jedes Kunstwerk, wenn es echt und vollkommen ist, posthum auch bei den Lebzeiten des Verfassers sei. Es sei also Niemand um Aufschlüsse und Erklärungen (die dem wahren Werke nichts hinzutun und beibringen können) zu bitten. Wenn es unwahr und unvollkommen, ist die Sache nicht wert des Wortverlierens. Sie brauchen mich auch wegen der Prosaanthologie um nichts zu fragen. Gehen Sie vor ohne meine Beratung. Unter unzähligen Briefen, die ich von allen Weltecken bekomme, von Verrückten (Klagen über Gerichte, Regierungen, waltende Königshäuser usw.), von praktischen Ratgebern (die mir vorlegen, den Preis nicht abzulehnen, sondern ihnen abzutreten um der Hälfte oder des Zehntels usw. willen, den sie mir davon einräumen), von begeisterten jungen Lesern und Leserinnen, die mir manches Schöne und Herzliche sagen und um Photos und Autogramme bitten … Unter diesen und anderen Kategorien von Briefen gibt es Bitten um materielle Hilfe von Innen und in der auswärtigen Post. Die ersten zu befriedigen bin ich einstweilen zu verschieben genötigt, da meine Geld- und Rechtsangelegenheiten in eine augenscheinlich lange Schwebe gekommen sind, bis ein Machthaber-

* ›Neue Rundschau‹.

aphorismus, der auch immer ausbleiben kann, sie nicht entscheidet. Die Bitten zweiter Art werde ich im nächsten durch Ihre oder Kurt Wolffs oder Feltrinellis Vermittlung zu gewähren bitten.

Nun gebe ich Ihnen endlich Anlaß, frei aufzuatmen. Nehmen Sie bitte meine besten Herzenswünsche sowohl wie die Bezeugungen tiefster Ergebenheit in Empfang.

Bestätigen Sie bitte so schnell als möglich das Ankommen dieses Briefs, was doch von einem gewissen Zweifel begleitet ist. Schreiben Sie mir bitte über den Beschluß der schwedischen Akademie. Man sagt, nicht nur der Ehrentitel sei mir bewahrt worden, sondern auch alles Übrige, woran ich nicht glaube, weil es, wie ich nach dem Hörensagen glaube, den Statuten der Institution widerspricht ...«

»5. Februar 1959
Liebe Frau und Herr Fischer, ich beuge mich, ich breche zusammen, ich untergehe unter der Last und Menge der Briefe, von welchen ich, nur den kleinsten Teil zu beantworten (und das auch mit schrecklichen Verspätungen) imstande bin und darf und will. Ich werde mich also in aller Kürze fassen.

Die Auswahl des Fischer-Bücherei Bändchens ist sehr gut. Ich danke Ihnen, den Übersetzern und allen und habe nichts einzuwenden. Überhaupt mein Weigern, meine ausweichende Art über fast alles aus meiner ›Vorzeit‹ zu sprechen, muß man nicht zu nahe zu Herzen nehmen. Die Verleger, Übersetzer und andere, daran Beteiligte, sollen sich über diese Entfremdung nicht beleidigen. Sie gilt nicht ihnen, sondern eben dieser meiner Vergangenheit. Ich bin nicht mit ihnen, aber mit mir selbst unzufrieden.

Aber werde ich fähig sein, in den wenigen Jahren, die mir noch geblieben, den Zeitverlust von fünfzehn Jahren reinen Übersetzungshandwerks durch neue Originalarbeit nachzuholen? Sehr zweifelhaft. Habe ich also Recht und Möglichkeit alles, was ich vor Schiwago schrieb (aber auch wirklich alles) aufzugeben und darauf völlig zu verzichten? Wahrscheinlich ist das unmöglich. Man muß einige Ausnahmen zulassen. Welche denn? Ob ich das wüßte!

… Jetzt aber, da nicht nur in Deutschland, aber überall man alles, meinen ganzen Gesamtmißerfolg veröffentlicht haben will und das teilweise erreicht zu haben scheint, ist es spät, darüber zu trauern. Was mir jetzt bleibt, ist dieses Meer des Ungewollten überzuschwimmen und nicht darin zu ertrinken …

Viele, sehr viele Briefe gehen verloren … Mehrere an mich gewendete Briefe sind auch in diesen Monaten abhanden gekommen. Vier Monate meines Briefwechsels mit Frankreich sind in beiden Richtungen einfach ausgestrichen. Das muß uns aber nicht entmutigen. (Ihre Gratulation aus Italien habe ich zu seiner Zeit erhalten.) Fahren wir fort, uns einander per Post zu schreiben.

Über Geld will und darf ich einstweilen mich mit Niemandem von Ihnen unterhandeln. Was würde es mir helfen oder nützen, wenn ich etwas Klares davon wüßte?

… Was den beabsichtigten umfassenden Gedichtband betrifft, habe ich das dazugehörende Manuskript (›Wenn es aufklart‹) durchgesehen. Ich selbst hätte nicht können das alles ausführlicher und sorgfältiger zu versehen als jemand die Güte hatte, es zu tun. Der Titel ›Wenn es aufklart‹ bleibt für diese Gedichtreihe …

Die Auswahl will ich keineswegs beeinflussen. Das muß der Redakteur der Sammlung tun. Möge er sich nur durch das Gefühl des unmittelbaren, unwiderstehlichen, freien und aufrichtigen Gefallen lenken lassen, nicht durch Nebenrücksichten der Mode, der politischen Gewürztheit usw. usw. Z. B. wenn das Gedicht ›Der Nobelpreis‹ (in der Ergänzung) kein dichterisches Stück an und für sich ist, soll der Nebenwert des Gedichts ihn nicht bestechen. Ebenso die Gedichte ›Die Seele‹ und ›Änderung‹, die mich kalt lassen.

Als ich die Reihe übersah, schien mir das ›Bacchanal‹ das Beste zu sein, vielleicht das einzig lebendige, das mich hinriß.

Ich unterbreche den Brief, ohne ihn umzulesen.

In Dankbarkeit und Verehrung – Ihr B. P.«

»Den 6. April 1959

Frau und Herr Fischer, liebe, tiefgeschätzte Freunde, o des Ver-
drusses, wenn ich nur Ihnen alles erzählen dürfte!

Halten Sie mich nicht für vergeßlich und undankbar. Ich hätte
mich sofort bei Ihnen für das schöne Wörterbuch bedanken sollen, welches ich nach einem kurzen Aufenthalt im Kaukasus bei
mir zu Hause vorfand (es werden neue unverschämte Bitten um
Bücher dank Ihrer gütigen Bereitwilligkeit auftauchen).

Aber das schöne Geschenk war nicht das Einzige, was mich
nach der Heimkehr erwartete. Die Beschreibung alles dessen will
ich mir und Ihnen ersparen. Wohlwollende Gönner raten mir,
mich des Briefschreibens gänzlich enthalten. Sollte man auch dem
Luft ein- und ausatmen entsagen? Also werde ich seltener von
mir hören lassen und kurzgefaßter sein. Mir aber darf und soll
man schreiben, wie früher. Ich weiß nicht, ob ich die Gelegenheit
hatte, Ihnen folgende Bitte anheim zu legen. In Marburg/L.
wohnt eine Frau Käte Becker, mit einer lebhaften, offenbaren
Schriftstellerader. Sie ist Inhaberin der Gasolin Tankstelle Marburg an der Bundesstraße (Marburg Krummbogen 57). Sie hat
mich zu meinem Geburtstag beglückwünscht und beschenkt, aus
dem einzigen Grunde, daß sie aus einer hessischen Zeitungsmel-
dung ersah, daß ich im Jahre 1912 in Marburg studiert und nachher die Stadt schön beschrieben hatte. Sie ist nicht die Einzige, die
mir aus Marburg schreibt, aber das ist ein Ausnahmefall, lebendig
und rührend. Mit Ihrer freundlichen Hilfe möchte ich der Frau
eine wertvolle, fühlbare Überraschung machen. Den Dr. Schiwago
muß sie unbedingt per Post zum Geschenk bekommen und dann
von mir weiter nichts, außer vielleicht die neuen Gedichte (Wenn
es aufklart) ... aber nichts von meinen Expressionismussünden!!
Doch ein paar andere Bücher. Die Frau ist reiselustig. Vielleicht
einige Städtebeschreibungen (Monographien mit zahlreichen
Abbildungen, Schweizlandschaften, italienische Städte, Venedig,
Florenz, Rom). Das ist noch nicht alles (sagen Sie doch, wie weit
die Gewissenlosigkeit reicht!). Wenn Jemand von Ihrem Verlage
im Auto die Straße angefahren käme und in Marburg an der

Tankstelle hielte, wäre es nicht möglich (Marburg ist gartenreich und mit einem Blumenstrauß ist die Frau im Sommer nicht zu verwundern) eine große Torte, oder vielleicht etwas Besseres, was Sie oder Ihre Frau Gemahlin mir vorsagen würden, dazubringen?

Dann habe ich einen ganzen Haufen anderer Beschwernisse für Sie. Ich beabsichtige drei verschiedene Arbeiten in Vers und Prosa zu schreiben, ein Theaterstück aus russischer Wirklichkeit gegen die Zeit der Befreiung der Hörigen, dann eine Dichtung über Freiheitsdurst als bis zum Wahnsinn steigenden Naturziel, in Anlehnung an irgendeinen slavisch-illyrischen, dalmatinisch-adriatischen Stoff, halberdachten, halb aus Büchern geschöpften, wenn ich mir dieselben bezöge und da etwas zu finden wäre. Für die dritte Arbeit, die mit Georgien, mit vorchristlichen Altertümern, der ersten Christenzeit, Archäologie, Ausgrabungen und Funden verbunden ist, werde ich Sie sogleich um vier Bücher bitten. Meinen Gymnasial- und Universitätsbüchervorrat habe ich während meines Lebens mehrmals und ohne Rest verschenkt und veräußert. Klassische Wörterbücher also fehlen mir. Schicken Sie mir gütigst infolgedessen das 1. griechische und 2. lateinische Wörterbuch aus derselben beidersprachigen Langenscheid'schen Serie. Dann (die Anzeichen entnehme ich zweien Recensionen in der Wiener bibliographischen Zeitschrift ›Biblos‹), dann zwei Bücher über die Qumramfunde: 3) Davies, A. Powell, der Fund von Qumram (deutsche Übersetzung der Arbeit). Die Schriftrollen vom Toten Meer … Wiesbaden, Brockhaus 1957 und 4) (aber auch das ›3‹ reicht aus, vielleicht ist das ›4‹ viel zu kostspielig und für ein Postkreuzband zu schwer an Gewicht) denn 4) Burrows, Miliar, die Schriftrollen vom T. Meer (deutsch) München, Beck, 1957.

Ich hoffe, der eingeschriebene Brief will Sie erreichen. Ich habe mit Ihnen Glück, zum Unterschied von Manchen, an die meine Briefe fast alle verlorengehen … Aber wenn Ihnen, den Collins oder den Gallimards (schreiben Sie bitte ihnen darüber) eine Idee käme, mir etwas von meinen Neuerscheinungen (ich kenne fast nur den Roman, weiter beinahe nichts) zu schicken, würde es für mich eine Freude sein.«

»Den 31. Juli 1959
Liebe und verehrte Frau Fischer, ich habe mir vorgenommen, von dem angenehmen Briefschreiben abzustehen und nur richtige unvorgeheuchelte Arbeit zu verrichten. Das schwerste war mir während dieser Enthaltungswochen Ihre Engelsbotschaft unbejauchzt und unbedankt zu lassen. Nun kann ich der Versuchung nicht weiter widerstehen. Das will aber wahrscheinlich kein wahrer Brief werden. Suchen Sie hier nichts als dankbare Blicke und Ausrufungszeichen … Es war mir leicht, Keils Errungenschaften zu beurteilen und zu bewundern. Geschweige, daß es wirklich ausgezeichnete Leistungen der Dicht- und Übersetzungskunst sind, sind auch die Originale normale Menschenerzeugnisse, was die Sache sehr verklärt und erleichtert …

Oh, wieviel Zeit ich zum Fehlen hatte, oh wie wenig mir zum Verbessern und Nachholen bleibt!

Hier wollte ich eine Einführung in alle künftige Ästhetik für Sie schreiben, wurde aber die heutige Post in großer Zahl hereingebracht und damit die Zeichen meiner Anbetung und Treue nicht außer Ihrem Wissen bleiben und verkommen, beeile ich mich zu unterzeichnen als Ihr ergebener Diener   B. Pasternak«

»Den 9. September 1959
Liebe und verehrte Frau Fischer, wieder ist es noch nicht die Zeit, einen langen Brief an Sie zu schreiben. Ich will nur die Ankunft des Ihrigen vom 18. 8., aus Ihrer toscanischen casa, Ihnen dankbar ankündigen.

Sonderbar ist es mir die ganze letzte Zeit zu Mute. Die Arbeit geht sehr langsam vorwärts. Ich arbeite nicht mehr als zu zwei Stunden täglich. Nicht daß die Absicht, eine unbegründete Selbsttäuschung wäre, daß dieses Ding zu schreiben kein natürliches Bedürfnis für mich bildete. Aber, genommen, daß nach einem unabsehbar langen Fortschleppen dieses Stück sich sogar als ein mächtiges Meisterwerk herausstellte, in meinem Dasein, in meinem Lebenswege wird es schon nicht jene Geltung haben oder jene Rolle spielen, wie es früher der Fall war. So unabänderlich fa-

d. 9 Sept. 1959

Lieber und verehrte Frau Fischer, wieder
ist es noch nicht die Zeit, einen
langen Brief an Sie zu schreiben.
Ich will nur die Ankunft
des Ihrigen, vom 18.ten, aus Ihrer
toskanischen casa, Ihnen dankbar
ankündigen.

Sonderbar ist es mir die ganze
letzte Zeit zu Mute. Die Arbeit
geht sehr langsam vorwärts. Ich arbeite
nicht mehr als zwei Stunden
täglich. Nicht dass die Absicht
eine unbegründete Selbsttäuschung
wäre, dass dieses Ding zu schreiben
kein natürliches Bedürfnis für
mich bildete. Aber, genommen
dass nach einem unabsehbar langen
Fortschleppen dieses Stück sich sogar
als ein mächtiges Meisterwerk
herausstellte, in meinem Dasein, in
meinem Lebenswege wird es schon
nicht jene Geltung haben oder
jene Rolle spielen, wie es früher
der Fall war. So unabänderlich
fatal ist diese Schicksalsform geworden, dass es durch Künstlerregungen
durch welche im Eifer nicht zu

...leiten und zu lenken ist. Und, da dies
alles immer mit zuverlässigen, erfüllbaren Lebenstrieben verbunden ist,
schwächt wahrscheinlich diese Rück-
sichtslosigkeit meinen Fleiß.

Ich war nie Nietzschekenner, Nietzscheverehrer. Jetzt – wo ich keine Hoffnung hegen darf, jemals vom Fleck
in die heitere Welt zu kommen,
wie möchte ich, daß wenn nicht
ich, wenigstens meine Photographie
seine Gedenkstätte durch Besuch
würdige. Ich komme mir jetzt
vor als eine der Verwirklichungen
seines fiebernd bitteren, wahnsinnig
wirksamen und tollen Alleinseins.
Ich schrieb schon jemanden davon,
den Wolffs oder der El. v. d. Schulen-
burg nach Bonn.

Das ist kein Brief. Was will
ich mit diesem Unsinn. Aber etwas
Gescheites ist noch zu sagen: der
Thornton Wilder gefällt mir außer-
ordentlich, entzückt mich! Grüßen
Sie bitte von Herzen Ihren Herrn
Mann.

Ihr B Pasternak

tal ist diese Schicksalsform geworden, daß sie durch Kunsterzeugungen, durch Wille und Eifer nicht zu leiten und zu lenken ist ... Und, da dies alles immer mit zuverlässigen, erfüllbaren Lebenstrieben verbunden ist, schwächt wahrscheinlich diese Aussichtslosigkeit meinen Fleiß.

Ich war nie Nietzschekenner, Nietzscheverehrer. Jetzt, wo ich keine Hoffnung hegen darf, jemals vom Fleck in die heitere Welt zu kommen, so möchte ich, daß wenn nicht ich, wenigstens meine Photographie seine Gedenkstätte durch Besuch würdige. Ich komme mir jetzt vor als eine der Verwirklichungen seines fiebernd bitteren, wahnsinnig wirksamen und vollen Alleinseins ...

Das ist kein Brief. Was will ich mit diesem Unsinn. Aber etwas Gescheites ist noch zu sagen: der Thornton Wilder gefällt mir außerordentlich, entzückt mich! Grüßen Sie bitte von Herzen Ihren Herrn Mann.　　　　　　　　　　　　　　　Ihr B. Pasternak«

»Den 14. November 1959
Liebe Frau Fischer, danke von Herzen für Ihre unschätzbaren Zeilen und die Einladungskarte ... Ich werde eine Zeitlang nicht im Stande sein, viele und lange Briefe zu schreiben ... Ich erlaube mir, aus den Worten Ihrer Karte zu folgern, daß Sie mir mein Schweigen großmütig verziehen haben ...

Die Haufen der Briefe, die zu erwidern mir das reinste Freudenbedürfnis zu anderer Zeit wäre (und hoffe ich dereinst, vielleicht im Frühjahr auch sein wird), teilen sich in zwei Fächer ein: Theaterbezirk und Dichterbranche. Es ist mir eine wahre Herzenspein, zum Geschenk gesandte Sammlungen wie z. B. von T. S. Eliot oder Stephen Spender nicht augenblicklich besprechen zu können, und Briefe an sie ins Unendliche aufzuschieben. Ist es aber nicht meine Pflicht, das neue Schriftstück (mit all dem Inneren, das dazu führte) dem fast unerreichbar schwierigen Ziele, einer vollen äußeren Verkörperung zu unterwerfen? Und wieviel Zeit und Mühe fordert das Ziel! ... Beste Grüße und Wünsche von allem Herzen　　　　　　　　　　　　　　　Ihr B. P.«

»Den 17. Dezember 1959

Prost Neujahr, liebe gnädige Frau Brigitte, übermitteln Sie bitte meine besten und lebhaftesten Weihnachts- und Neujahrswünsche an Herrn Dr. G. Fischer. Die Geschenke kommen vom Verlag eins nach dem anderen (letztens die Schallplatte und die Neue Rundschau), kommen und überholen meine Möglichkeit, mich dafür zu bedanken, mich darin hineinzulesen. Die ausgezeichneten Leistungen Celans …, die Tatsache, daß es junge Dichter gibt, ist mir bewußt. Es drückt mir schwer das Herz, daß bei mir immer noch unbeantwortete Gedichtsammlungen von T. S. Eliot und Stephen Spender liegen. Daß ich nie etwas über Kafka oder andere zugesandte Bücher äußerte, bedeutet nicht, daß ich nichts davon zu sagen habe oder daß alle diese Namen für mich völlig neu wären (aber meine Freude über den glänzenden Thornton Wilder wiederhole ich in jedem Brief). Doch mein Zeitmangel ist unbeschreiblich. Das dramatische Stück, die ›Blinde Schönheit‹, zu vollführen ist Ehrensache, ist Ehrenpflicht für mich. Es ist unmöglich, nachdem man (infolge der langjährigen und vielen Übersetzungen) so unerhört wenig eigenes hervorgebracht hat, so unendlich lange an dem Erfolge einer einzigen Arbeit sich schmarotzerhaft zu weiden. Das ist abgeschmackt und gemein. Aber natürlich nicht aus dieser Nebenveranlassung möchte ich fleißig sein. An dem Schriftstück zu arbeiten und zu feilen habe ich meinen inneren Antrieb und mein heißestes Verlangen.

Das Leben geht aber immer voran, übereilt mich, bringt Geschehnisse, Trübungen, Ablenkungen, Verwirklichungen. Aber daran, daß die Arbeit so langsam vorwärts schreitet (so war es auch mit dem Dr. Sch.) sind diese Lebenskomplikationen am wenigsten schuld. Ich gehöre zu jenen, die sich aus der Lieblingsarbeit eine Galeerenplackerei immer machten und machen. Man schreibt auf viel, viel weniger als man umarbeitet und verändert und, oh Gott, o Gott, bis zum Wahnsinnigwerden streicht und streicht und streicht … Eine Woche spielte das Hamburger Schauspielhaus hier zu Gast. Über die rege funkelnde Frische und hohe Pracht der Darstellung werde ich mich diesmal nicht verbreiten, geht doch auch ohnedies der Brief in die gefährliche Länge. Aber es gibt eine Nebenkleinigkeit, die ich hier, meiner Bitte halber, streifen muß. Wenn mich meine eitle Dummheit nicht blendet, waren die Leute gegen mich außerordentlich lieb und nett.

Nun möchte ich ihnen etwas zum Andenken übergeben. Wenn Sie und Ihr Herr Gemahl mit der Ausstattung meines Gedichtbandes zufrieden sein werden (in Amerika z. B. setzte man ein Ungeheuer auf den Deckel mit der Anmaßung oder Behauptung, das sollte ich sein), wenn ferner die Vorzeichen der Aufnahme Ihnen einen günstigen Eindruck machen werden, wenn, mit einem Wort, das Präsent etwas taugen wird und nicht beleidigend nichtig den Empfängern erscheinen wird, möchte ich Sie bitten, den Verlag zu bewegen, das Buch in meinem Namen an eine Menge der führenden Personen am Hamburger Theater zu versenden. An Fr. Ella Büchi, an Frau Elisabeth Göbel, an Fr. Ehmi Bessel und Herrn Werner Hinz (das sollen Eheleute sein, wie ich höre). An Herrn Gustaf Gründgens. Wann hoffen Sie, die ›Gedichte‹ gedruckt und erschienen zu sehen? Ich breche den Brief unerwarteter Weise ab.

Dankbar und ergebenst –   B. Pasternak«

»Den 18. Dezember 1959
Liebe gnädige Frau, das ist eine Ergänzung zu meinem vorgestrigen Briefe, besser gesagt eine Fortsetzung meines steten aufdringlichen Bettelns. Verzeihen Sie mir, daß ich Sie so oft belästige. Aber den Brief vom 16. schrieb ich Ihnen nach der Faustaufführung, einen Tag vor dem, daß ich den ›Zerbrochenen Krug‹ und einen Akt aus ›Wallensteins Tod‹ sah.

Die szenische Kunst, die Kunst des Dramenschreibens und der Dramenaufführungen ist ein besonderes Gebiet an und für sich. Das hätte ich noch vorgestern verneinen wollen, das muß ich heute eingestehen.

Es war erschütternd, Zeuge zu sein, was für reiche, farbige, lebensgesättigte, (folgerichtig-klare, wie der Zickzackweg eines Blitzes) Wirkungen Kleists Einakter und ein abgesonderter fragmentarischer Aufzug Schillers erreichen im Vergleich mit der Dürftigkeit und Schwäche des nur *einteiligen*, des nur erstteiligen Faust!! Als ich ihn übersetzte, habe ich im Strudel der Arbeit vergessen, daß der zweite Teil nicht zu verstehen ist. So habe ich aus Vergessen ihn unversehens verstanden. Wenn, der Unbescheidenheit abgesehen, ich ein Glied in der Entwicklung der russischen Dichtung, der russischen Dichtungsformen bilde, muß eben dasselbe über meine Faustübersetzung anerkannt sein. Diese Faustarbeit ist eine abgelegte Riesenzwischenstrecke auf diesem Wege. Dieselben Gesetze der Originalität (derjenigen Originalität, die überpersönlich ist und deren Ursprünge und Möglichkeiten der Natur jeder großen reichen Muttersprache zugrunde liegen), dieselben Gesetze, welche vielleicht meine eigenen anspruchslosen Versuche leiteten, galten mir auch bei dieser Arbeit, da Goethes Text nicht Literatur für mich war, sondern ein rohes und tiefes Elementardokument, der Natur wirklichkeitsgleich. Also für Goethe braucht man mich nicht zu gewinnen suchen.

Aber was ist der erste Teil allein, als selbständiges abgeschlossenes Ganzes, ohne Anspielung auf den zweiten, ohne Beimischung dessen Vorgefühls? Ein schlichtes Kind aus dem Volke wird von einem Gebildeten bis zu seiner Hinrichtung ins Verderben gestürzt und umgebracht. Darüber schwömmen wir unaufhaltsam in unseren heißesten Tränen. Daß es aber uns leichter und dem Mädchen schwerer wird, hängt man ihr beim Untergang einen Mühlstein genialer lyrisch-philosophischer Zwiegespräche und Monologe des Täters an den Hals. Und ein Wunder nimmt, daß es solcher Anstrengung, solchen Hilfs- und Reizmittels, einer Teufelswirkung und vieler Zauberkünste bedarf, um sich in ein Mädchen zu verlieben und es in Versuchung zu führen. Ich konnte nicht verstehen, wie diese Unvollständigkeit, die den beiden Darstellern der Hauptrollen ihr Werk bis ins Unendliche erschwert, von der Regie gelitten wird. Nur *heute* erfuhr ich, daß in Hamburg beide Teile aufgeführt werden, daß man hierher den ersten Teil als die große Hälfte, als ein riesiges, einabendliches Bruchstück der vollständigen Aufführung mitgebracht hat ...

Was bedeutet das Merkzeichen: Suhrkamp Verlag vorm. S. Fischer, das ich in einem Buch fand? Wollen Sie jemandem Ihr Unternehmen übergeben? O wie hätte ich es bedauert! Da diese beiden Briefe geeignet scheinen, verloren zu gehen, drahten Sie mir bitte unverzüglich, wenn ein Gegenfall statthat.

Grollen Sie mir bitte nicht, daß ich Sie so ermüdet habe.

Ihr B. Pasternak«

»Den 14. Februar 1960

Liebe Freunde, Frau Brigitte und Herr Gottfried, Goethes eigenhändiges Schreiben ist angekommen*. Ich stutze und finde Worte zum Danke nicht. Das sollten Sie nicht tun. Obwohl natürlich ich die Urschrift unter Glas setzen und einrahmen lassen werde und sie in meinem Arbeitszimmer an der Wand aufhängen werde, bin ich nicht derjenige, in wessen Leben es wichtig eignete und solcher Seltsamkeit nicht (meiner Art nach) würdig. Sie sind viel zu hoher und edler Meinung von mir. Und dann kümmert mich, daß Sie für mich so viel Mühe im Aufsuchen und Geld im Erwerben verbraucht haben!

Ich bin von neuem nach langer Unterbrechung und Aufschub an meiner eigenen Arbeit.

Ihr B. Pasternak«

»Den 16. Februar 1960

Meine lieben Herr und Frau Fischer, heute erhielt ich das ›Wenn es aufklart‹. Ich bin überglücklich. Danke, Danke. Erlauben Sie, daß ich Sie Beide umarme. Und wie immer, trifft es mich in einer fürchterlichen Hast und Eile. Ich muß morgen früh nach der Stadt, manches zu besorgen, und für das benachbarte Haus der Ivanows (er hat den ›Panzerzug‹ geschrieben und sehr farbenreiche Erzählungen in unserer Expressionistenzeit am Anfang der Revolution).

Nun also, für das Haus Ivanow, die sehr nette Leute sind und morgen ein Familienfest feiern, Geschenke auszuwählen, was bei

* Es handelt sich um ein Goethe-Autograph.

uns eine bei weitem nicht leichte Aufgabe ist. Und da werde ich um sechs Uhr früh aufstehen. –

Das ist schon vorüber, die Stadteinkäufe, aber nicht das Fest, das noch am Abend bevorsteht. Ich bin von der Stadt zurückgekehrt und nehme den Brief wieder auf. Finden Sie nicht, daß Keil genial ist? Ich schwimme in Tränen, indem ich es lese. Das bin ich, von einer meisterhaften vertrauenswerten Hand in Empfang genommen. Keil schickte mir das erste Kapitel des Eugen Onegin*. Ich las zwei, drei Strophen daraus Leuten, die des Deutschen gar nicht so mächtig sind. Ich fragte, was es ist. Die erkannten augenblicklich das Werk an dem Gange der Redeführung, an dem Zickzack der Syntax, an dem Satzbaugeräusch. Jedes Urteil über ›Wenn es aufklart‹ wird ein Urteil über mich sein: im Original ist es nicht besser, nicht anders: die Hauptsache, das Wesen ist getroffen und königlich wiedergegeben. Alles, was er tut, ist den Gesetzen seiner Begabung gemäß und dadurch glänzend und richtig. So muß man übersetzen. Ich errate, was bei ihm früher gestanden haben muß und was er gestrichen hat, so lebendig, so natürlich ist der Verlauf, die Entstehung auch seiner Arbeit. Das verbürgt ihm eine höhere Einsicht des Sinnes, der Bestimmung des Originaltextes bei mir, in den Shakespeare-Sonetten und angesichts Puschkins, als nur Versifikationsfähigkeit und Sprachkenntnis gewährleisten können. Er ist berufen das Spiel, das Leben des Originals zu ergreifen, zu beherrschen und fortzusetzen. Denn ein Dichtungswerk (eine strömende, dahinrollende Urkunde) zum Stehen zu bringen, das heißt, es zu töten. –

Daß das Urteil über Keil ein Urteil über mich sein wird, hat auch einen negativen Sinn. Es ist so überzeugend dem Inhalte nach und sinngetreu, daß, angenommen daß mein Weg ein Irrweg ist, er die Sache vollständiger entblößt, als ich es selbst täte.

Die Grenze zwischen dem Leben und der Kunst scharf zu ziehen, ist die Seele des Schaffens, Geschmackstugend, ästhetisches Gebot. Sie war bei den Symbolisten sehr hoch und stimmungsvoll

---

* Dichtung von Alexander Puschkin.

gezogen, die nachexpressionistischen Strömungen vertieften, nach ihrer eigenen Art, ganz anders den Graben. Die erste Hälfte meiner Tätigkeit war sehr diesem Gefühle des ›Andersseins‹ der Kunst untergeordnet. Aber das alles war sehr schön vor uns, bei den Anfängern, wo diese Markscheidung noch auf Entdeckungen, Offenbarungen fußte und ernst und dramatisch war. Aber nachher wurde es viel zu viel Manier. Das Einmalige, Aufrührerische gab seine eigene Nachfolge und Überlieferung. Es ist doch arm und kleinlich, wenn z. B. die dadaistische Unart Tradition wird.

Kurz vor dem Kriege und besonders in der Nachkriegszeit wurde der Drang bei mir unwiderstehlich, das alles, diese Geschmacksgeübtheiten, diese Zeitbräuche umzuwerfen. Das tat ich im Roman. In der Prosa ist dieser Anschlag nicht so fühlbar. In den Gedichten ist es klarer, durchsichtiger. Was meinen Sie, ist es nicht zu weit getrieben? Wird diese lebensmutige Einfachheit nicht leer, prosaisch, banal? Die Übersetzung, um lebendig zu sein, dürfte nicht geometrisch auf dem Punkte bleiben, wo das Original Halt macht. Stellenweise ist der Ton der geselligen Familiarität in den Übersetzungen gesteigert, wo er im Original bescheiden ist oder fehlt. Aber das ist nicht Keils Schuld. Anders konnte und durfte es nicht sein. Schreiben Sie bitte Keil, wie groß mein Entzücken ist. Ich weiß nicht, wann ich Zeit finde, es selbst zu tun. Schreiben Sie mir bitte auch, was Sie über diese Art Poesie aufrichtig denken.

Den Dank unendlich vermehrend –   Ihr B. Pasternak«

Das waren seine letzten Worte an uns; nie mehr sollte seine Stimme zu uns sprechen. Drei Monate später hatte dieses große Herz aufgehört zu schlagen, diese Dichterstimme sprach nicht mehr! Seine kaum begonnenen neuen Werke, die vom Schicksal seines Volkes aussagen sollten, versanken mit ihm in der russischen Erde. Die Nachricht von seinem Tode verbreitete sich in Rußland von Mund zu Mund, und viele Hunderte pilgerten zu Fuß zu seiner Datscha und begleiteten ihn auf dem letzten Wege trotz offiziellen Verbots. Doch wird er nicht nur in unserem Herzen weiterleben.

Nachspruch

1954, während eines Sommeraufenthaltes in Italien an der toskanischen Küste, machten wir kleine Entdeckungsfahrten ins Innere
des Landes, den lockenden und pittoresken Bergen entgegen, die
in den blauen Himmel ragten. So standen wir eines Tages auf dem
Plateau eines Hügels, einem verwilderten Weinberg mit weitem
Rundblick auf das Tal unter uns bis hinunter zum Mittelmeer.
Wir verstummten im Anblick dieser harmonischen Schönheit.
Hinter uns Olivenwälder bis hinauf zu den felsig-alpinen Höhen,
vor uns die lieblichen, terrassenförmigen Weinhügel und der alte
Kirchturm des Dorfes, ringsum die alten, aus Felsgestein erbauten
Bauernhäuser, das war das Land um uns. Wir wußten: hier wol-
len, – hier müssen wir bleiben!

Es gelang uns, dieses Stück Erde zu erwerben, und ein paar
Jahre später hatten wir dort unser Haus erbaut. Es war ein An-
wesen geworden mit Mauern und Höfen, mit einem Patio im
Zentrum des Hauses, in dem ein Baum gepflanzt wurde.

Wir verbrachten jede freie Zeit, die uns die Arbeit im Verlage
ließ, fortan in dieser neuen Heimat. Mit unseren Mitarbeitern
planten wir hier neue Verlagsprojekte in der freien Atmosphäre
unserer »collina«, die fruchtbar und anregend war.

1965 nahm ich Abschied von meinem Arbeitsplatz im Verlag,
dem alten Bauerntisch, den ich zu meinem Schreibtisch erkoren
hatte, und damit auch Abschied von meinen Mitarbeitern und

Autoren. Die Freunde unter ihnen blieben meine Freunde, und »sie schrieben mir«.

Ein neues Leben begann für uns in einer neuen Welt. Dieses Leben auf den Hängen der toskanischen Berge, seit prähistorischer Zeit von menschlichen Wesen besiedelt, war voller Wunder. Ich entdeckte, was es heißt, ein Stück Erde zu besitzen, eine fruchtbare Erde wie diese, die es zu pflegen galt, um ihr das Äußerste abzugewinnen. Nach und nach lernte ich die Eigenart und den Charakter dieses Bodens kennen. Es gab kaum etwas, was hier nicht gedeihen konnte. Wir pflanzten Bäume aller Art, Zypressen vor allem, die in der Toscana das Wahrzeichen einer menschlichen Siedlung sind. Aber wir pflanzten auch Zedern, Pinien, Oliven, Ginkgo und Oleander, und das ganze Haus war bald von einem wohlduftenden Jasmin bewachsen. Die Mimosen begannen schon im Januar zu blühen und zu duften, im April blühte der Glycinienbaum, der mit seinen langen, ganz verknöcherten Armen sich von Hof zu Hof schlang und rankte. Wir pflanzten Zitronen entlang der nach Süden gelegenen Mauer, die unseren Hügel befestigt, und ich lernte mit Staunen das Wunder dieser sich stets erneuernden Frucht kennen. Wir pflanzten Orangenbäume, Äpfel, Birnen und Pfirsiche. Wir ernten fast alle Beerenarten und das meiste Gemüse aus nördlichen und südlichen Gefilden, und wir freuen uns an allem, was das Haus und den Hof mit Duft, Blüten und Früchten umgibt. Unser Weinberg liefert uns guten roten und weißen Wein, den wir selbst zu keltern gelernt haben.

Ich lernte die Menschen dieser Erde kennen und sie lieben. Unser Bauer, der Weinberg und Gemüseland betreut, und seine Frau, die das Brot nach alter Weise für uns bäckt, leben heute noch in patriarchalischer Weise mit ihren Kindern eng verbunden, und diese, obwohl schon erwachsen, hängen mit allen Fasern am Elternhaus. Hier hat das Leben noch etwas Erhaltendes inmitten einer sich selbst zerstörenden Welt.

Auf unserem toskanischen Hügel schließt sich für mich der Kreis meines Lebens. Von hier blicke ich zurück zum Elternhaus im Grunewald, dem Platz meiner glücklichen Kindheit und Jugend, wo der Kreis der elterlichen Freunde mir zu schreiben begann. Und ich blicke zurück zu den späteren Jahren an der Seite meines Mannes und inmitten der eigenen Familie, als Verlegerin und Frau des Verlegers, mit ihm verfolgt, hinausgestoßen in fremde Länder, wo es galt, sich zu behaupten und den Verlag, unser Erbgut, zu erhalten, beheimatet in der »Neuen Welt«, umgeben von neuen Freunden, neuen Autoren, wo Deutschland uns zur Fremde wurde, zur Rückkehr nach Europa, zum Wiedersehen mit den alten Freunden und dem glücklichen Neuaufbau des Verlages.

Ich fühle, daß das »Stundenglas« sich leert. Die Bedrohung unseres Lebens durch die sich so schnell verändernde Umwelt wird immer deutlicher, die Zeit rast, und Wasser, Luft und Stille, jene köstlichen Werte, die die Menschheit als ihren selbstverständlichen Besitz für unverlierbar hielt, schwinden mehr und mehr. Das Überleben wird immer schwerer.

Was bleibt da für die Jugend zu tun? Was kann man den Enkeln raten? Haben sie noch eine Aufgabe vor sich? Wie können sie helfen, das Schlimmste zu verhüten? Wie können sie sich vor einem über alle Einsicht und alles Verständnis hinausrasenden »Fortschritt« schützen?

Sie sind die Generation, die entscheiden wird, ob es ein Überleben des Menschen noch geben kann. Durch den Verzicht auf den »Wahn« nach »Mehr« mögen sie eine neue Freiheit finden, mit der sie vielleicht ihre Zukunft retten können.

ANHANG *Photographien*

Berlin-Grunewald, Erdenerstraße 8

Sonntag Mittag, 1910

Mama empfängt Gäste in der Diele

Vor meinem Elternhaus im Benz, 1908

*Mit meinen Eltern und meinem Bruder Gerhart
auf der Gartenterrasse, 1908*

Mit meiner Mutter und Gerhart, Berghof, 1911

Mit meinem Bruder, Gerhart Hauptmann, Margarete Hauptmann,
Benvenuto Hauptmann und meinem Vater, Santa Margherita, 1912

Meine Mutter, 1920

Mein Vater, 1909

Mit meinem Vater, 1911

Mit 12 Jahren, 1917

Moritz Heimann im Badeort Altheide, 1923

Mit Otto Flake in Oberstdorf, 1915

Mit meinem Vater, Thomas Mann, Hans Reisiger und Annette Kolb in Partenkirchen, 1914

Felix Salten, 1911

*Arthur Schnitzler im Engadin,
1930*

*S. Fischer und
Jakob Wassermann,
1926*

Kirtag in Unterach am Attersee, Sommer 1911. Mit Franz Blei (oben)
und mit meinen Freunden Paul und Annerle Salten (unten).
Im Hintergrund meine Mutter und Bertha Seele (die »Lau«).

*Franz Blei und
Annette Kolb, 1911*

*Mit Rainer Maria Rilke, meiner Mutter, meinem Vater,
dahinter Jakob Wassermann, Rom 1910*

Hugo von Hofmannsthal und Tochter Christiane in Rodaun, 1917

Thomas Mann, Weißer Hirsch, Dresden, 1905

Thomas Mann in Glücksburg, Sommer 1919. Hier erreichte ihn die Nachricht von der Verleihung des Ehrendoktors der philosophischen Fakultät der Universität Bonn.

Gottfried, 1925

Mit Gottfried, 1927

Nach der Heirat, 1927

Mein Vater, 1933

Unsere Töchter Gaby, Annette und Gisi

Haus Berg Dalarö, Sommer 1938

Zeichnung von Hendrik Willem van Loon: Dalarö,
Blick auf den Skärgarden

Zeichnung von Gottfried B. Fischer: Blick aus der Zelle 127, 3. Juni 1940

Vor unserem neuen Heim in Old Greenwich, Connecticut, 1940

Mit den Kindern in Old Greenwich, Conn., in unserem Garten am »Long Island Sound«, 1944

Franz Werfel in seinem Haus in Beverly Hills, 1945

Auf dem Rockefeller Center New York, 1951

Mit Hendrik Willem van Loon und zwei Freundinnen, Old Greenwich, Conn., 1943

Mit Hermann Hesse,
Montagnola, 1933

Mit meiner Schwester Hilde, Gottfried und Manfred Hausmann,
Grunewald, Mai 1932

Joachim Maass, 1929 · · · · · · Ilse Aichinger, Wien, August 1947

Eingang Hotel
»Frankfurter Hof«,
1947

*Carl Zuckmayer,
Grunewald, Pfingsten 1935
und an seinem Schreibtisch
in Saas-Fee, 1964*

Albrecht Goes, 1954

Gottfried B. Fischer, 1960

Thornton Wilder, 1961

Mit James Jones, 1953

Kurt Heuser,
Mai 1930

S. Fischer, Kurt Heuser, G. B. Fischer, Manfred Hausmann, 1930

Pierre Bertaux mit S. Fischer in Berlin, 1933; als junger Hölderlin-Forscher, 1925; als Kommissar der Republik in Toulouse mit General de Gaulle, September 1944, nach Rückzug der deutschen Truppen.

Englischer Originaltext der Briefe
von Hendrik Willem van Loon und Thornton Wilder

Seite 149:

Old Greenwich, Conn., 1938

We shall break with Germany, it would be the best thing that possibly can happen. – Why does not somebody shoot them – him – them? – I have given up all my literary work to devote myself entirely to the anti-Hitler agitation ... There is only one thing to do ... get us into war with Germany. Chamberlain betrayed the civilization in Munich. We will have to save it ... but it will be a difficult job ... all our love and deepest understanding, yours   HWvL.

Seite 149:

Old Greenwich, Conn., April 10, 1939

Monday morning April tenth and we are getting ready for war ... unless Chamberlain and Daladier sell us out deliberately we will have war this week and this is that. It has better come or all of us shall go completely and hopelessly crazy ... which is undoubtedly part of the Hitler scheme. I have sent long and complicated cables ... let me know if you have received the permission to come ... if not I shall go over the heads of all officials and go directly to the Prime Minister. Please let me know, for your silence frightens me that something may have gone wrong ... I do very little writing being too busy trying to make our people wake up and get ready for the war which we will have to fight ... So here is merely that we love you as always and when everything goes wrong, we have room enough to take you all in ... we have enough places for beds and an icebox full of food and a cat and a dog for the kids ... all our love   Hendrik.

Seite 150:

Old Greenwich, Conn., November 27, 1939
... It will have to come to open warfare and we are doing everything we can do to reach that point as soon as possible. I never realized that one could be as tired as I am just now, but I will have to get my rest afterwards. The situation is too ghastly ... God help us all ... All our love to you and our deepest understanding. Hendrik Willem.

Seite 163:

Old Greenwich, Conn., June 1940
Dear Friends, for the moment ... all is well that ends well and you are here and you are safe and we shall see you soon and then we can talk about all the endless adventures of these incredible days ... The Swedes have lost everything they had ever gained by way of Good Will ... they have been about as materialistically selfish as any race ever could be and to hell with them says America ... all their fine trade relations with America and their goodwill in the matter of »Fremdenindustry« is gone ... but for this we can talk when we meet you here ... I am working day and night ... we have got to get America into the war and then all is won ... otherwise I fear we all will be lost ... I am glad our friends functioned ... there is so little one can do these days ... I can send cables to officials but primo do they arrive and secundo what can the officials do? Not a damn thing ... so it is mostly good luck and »der große Jehovah«, who brought you here and the rest vivavissima voce when we meet you here ...   affectionate regards H. W.

Seite 164:

Old Greenwich, Conn., August 21, 1940
I will tell you what Lady ... you had better come to New York before the rest of the tribe, for you know what you want and can afford and how far you want to live away from New York ... of course there are endless little suburbs but personally I would advise you to go as far as Stamford and rather far away from the main road ... but when you will come we will

take you for a day's ride and then you can see for yourself what is what ...
which is never possible in a letter ...

Of course you are living now in the loveliest and most useless part of
America ... not an idea in a carload ... nothing but climate and movies ...
but my own guess is that another three weeks will see us in the war ...
that we have made absolutely no preparations ... yes that too is true but
we are a bit further removed from the scene of activities and we will have
a chance to set the engines going ... and once they go they go very fast ...
let us know when you want to come East and then we will find a house for
you MIT you ... love to the family and as ever yours   Hendrik Willem.

Seite 259:

Princeton, N. J., March 24, 1948

Dear Mrs. Fischer:

It was a great pleasure receiving your generous and thoughtful words. So
few readers seem to have felt that the book was also an earnest book. –
It will be a proud day for me when I see your father's name on a book of
mine and feel that I am taking a small part in that procession which he
assembled and directed – – – and from which I derived so many rewarding
hours.

Kindly convey my regard to your husband, and again accept my thanks
for your letter.

Sincerely yours

Thornton Wilder

Seite 260:

Paris, Hotel Continental, April 29, 57

Dear Mrs. Bermann Fischer:

Many thanks for your letter. I have been seeing many of Picasso's pigeons
here and, like you, I rejoice in them for their own sake rather than as
symbols of the Kremlin's peaceful intentions ...

Sincerely yours

Thornton Wilder

Seite 260:

Bonn, May 31, 1957

Dear friends:

Long ago I should have thanked you for your most friendly letter on my birthday. I hear that one of you is also about to cross that decade-line. I send all my cordial best wishes. And I like to point out that one's age is a »statistical fiction« and that I know many joyless thirty-years olds who are far older than we are …

Again a world of thanks – – – of felicitations – – –

and regards

Sincerely ever Thornton Wilder

Seite 260:

Hotel Colombia Excelsior, Genova, July 4, 1957

Dear Gottfried –

In a few hours I get on the Giulio Cesare for an eleven-days crossing.
I've just finished sending Herbert Herlitschka the last of several hundred addenda and corrigenda (and delenda!) toward the revised acting edition of ›Die Alkestiade‹ (Much ignored by certain suggestions of Gustav Gründgens). As to the Sisters, I dont't know what to do about that: Lindtberg thinks that Herlitschka translated Alkestiade admirably and the Sisters very badly. Of course I am not competent to judge in such verbal matter …

All in all I am very pleased with the work in Zürich. I still believe that the Satyr-play will go well, if it is simply and attractively and rapidly presented.

I take on the boat with me my precious Picasso Täubchen – please thank all who had any part in making this beautyful present to me. And very many regards also to your gnädige Frau,   Cordially yours Thornton

Neues Posthotel, St. Moritz,
Sunday, November 8, 1959
here until Nov. 20 – then weiß nicht wo
best c/o American Expr. Zürich

Dear Brigitte –

First: thanks for the salon in your home on Wednesday night.

And suddenly I remembered that I had forgotten to thank you for the beautyful flowers you and Gottfried sent me to the Hotel in Hamburg. They were still d'une beauté when I had to leave Hamburg and I gave them to Margot Schrepfer of the »F. d. K. Freiheit der Kultur«. As I have a bad character I did not tell her that I had first received them from valued friends in Frankfurt; so I received a thousand thanks from her which I now redirect to you.

I am still covered with confusion about missing the appointment at Bienenkorbhaus. – I can not even remember making the engagement and I never miss engagements. I suppose I must have thought that when I heard that I would meet Der Gute Hirsch at your house – having already seen Frau Hunzinger – that it was the same as a Zeile-visit. Anyway, I deeply apologize.

St. Moritz is absolutely dead. The first class Hotels are closed. All the several class Hotels are closed except this. All the bars are closed except one, so modest that it thinks a Martini is a glass of Italian Vermouth.

But I am as happy as I can be. The sun poured into my room all day – hot hot hot. The mountains and lake are glorious. In the absence of tourists the Gemse comes right down to the water to drink.

Give my best to Gottfried, den lieben Töchtern, dem gekrönten Schwiegersohn, to Steffi Hunzinger, dem Dr. Hirsch der erlaubt sich kein Urlaub and to the charming poet who was with us.

And to yourself

devoted regards Thornton

The Claridge Hotel
Atlantic City, N. J.
Election Day Nov. 8, 1960

Dear Brigitta:

In Europe you produce Dichter and hommes de lettres; and they can produce many kinds of literature. Von Hofmannsthal could do Der Schwierige and beautiful critical articles like the letter to the Duke of Chandos
and many essays; and Gide could do Faux-Monnayeurs and a book on
Dostoievski.

But we in America don't have that practice.

O'Neill was a great dramatist, but it never occured to him to write
an essay about Strindberg who influenced him powerfully. I worship
Faulkner but I would not expect (nor highly anticipate) a work by him on
his Dostoievski.

Similarly I am not a critic nor an essayist. The few attempts I've made
cost me endless work and they arnt good. It's hard to explain this to Euro-
peans. They dont believe me. The editor of Corriere della Sera, supported
by Prof. Cecchi of Rome, have recently asked me to do something for
their feuilleton page. I'd love to! I think that page is of a very high order –
almost as good as those in the golden days of Vienna – but I can't. I sat up
almost all night trying to do a charming light essay … but the sun rose
and I saw that it was all forced and voulu.

I am sorry to send you this disappointing answer, but I am pretty sure
you know what I mean.

But this gives me an opportunity to send you all my deep regards and my
pride in being a member of the HAUS.   devotedly Thornton

50 Deepwood Drive, Hamden 17, Conn.
October 15, 1961

All cordial greetings to the great house of Fischers on its seventyfifth
birthday, and to all connected with it – – –
and particularly to my friends Brigitte and Gottfried

ever cordially
Thornton Wilder

> Just crossed from Genova
> to Curaçao by S. S. Rossini
> last day in Miami, Florida, June 3, 1964

Dear Gottfried:

Many thanks for your letter and greetings. Yes, I went to Italy for a retired corner … but spring was so late this year – snow and rain in Milan at the end of March that I became discouraged. I'm returning to Hamden for the quiet summer months, but I'll be going back to the desert soon after.
I heard that there were many conflicting stories about reorganization in your firm, but I've never understood anything about business and I leave that to others or I'd never get anything done.
Tell Brigitte that I've been working well on a novel – its showing a tendency to grow into a rather long novel, which I dont like! I'm going to try to keep it down.
Please give my best to your delightful young people. And to Frau Stefi.
I hope I thanked you for your kind invitation to visit Forte di Marmi (I'm afraid I've spelled that incorrectly), next trip I shall plan the season better for visiting Italy.

> With all cordial regards to you both
> Euer Thornton

> Camaiore, April 12, 1967

Dear Thornton,

congratulations and all our best wishes to your 70th birthday, a fate, which I, Gottfried, will have in common with you within a few months.
Our wishes are accompanied by same mail of a first or very early print of Mozart's second Sonata for four hands, a »ricordo« of our four hand playing in your house in Hamden.
This special copy of this rare edition, published by Pleyel in Paris, has its own history. It's an old family property which was stolen by the Nazis together with our other books and music in Vienna in 1938, then handed over by the Nazis to the National Library in Vienna and returned to us after the war, as you can see from the rather gruesome blue marks.

We hope very much, that you will enjoy it.

A short time ago we learned from the Fischer Verlag in Frankfurt, that the sheets of your new novel have arrived. We have received so far the first 40 pages only, which we enjoyed reading tremendously. Already after these first pages we can feel the hand of the master with his humor and wisdom and the tension of a detective novel. Congratulations!

We are very anxious to hear from you after three years of silence! We are living now most of the time in our house here in Camaiore (Tuscany) and we are still hoping, that one day you might visit us here.

Love yours G. T.

Seite 266:

50 Deepwood Drive, Hamden, Conn. 06517

April 16, 1967

Dear Brigitte and Gottfried:

Many thanks for your kind greeting –

and for the rare and delightful ricordo that you tell me is to arrive. That is wonderfully kind of you – I shall leave it in my will to the library of the Yale School of Music – which has many early editions of the great composers, but almost nothing of Mozart.

But while I live I shall treasure it as a precious icon – then it will enrich the minds of the students.

During the last year of writing the novel, I withdrew (even more than usual) from all the world about me; since then I was aware of a deep fatigue – from which I am only now emerging.

Spring is late arriving here. I hope you are in the full beauty of a Tuscan spring.

With deep regards and many many thanks
your old friend Thornton

50 Deepwood Drive, Hamden, Conn. Again in hermit-retirement on the Island of Martha's Vineyard, Mass., May 14, 1967

Cari Amici:

Many thanks for your generous and thoughtful letter. Yes, the work was planned consciously on musical forms. I have recently read Professor Adorno's remarkable essay on Gustav Mahler: he finds that those symphonies have often the form of a novel – he instances Jens Peter Jacobsen's way of introducing characters late in his story who bring the themes of the preceding narration together. (But I've only learned to know Mahler's major works since writing the novel – and was deeply impressed.)
I hope my little sketch of the Hamburg milieu sounded fairly all right. I know nothing about such lives; I merely »invent« – as I did Chile – solche Freschheit! (sic)
All cordial best to you and the children – and again many thanks
your old friend Thornton

yes, indeed, the Mozart arrived – to my great joy –
Herzlichen Dank   TNW

Dec. 27: Semmering,
then January 3, American Express, Vienna,
then I don't know where
Dear friends: Many thanks for beautiful card and kind words. Have been working so well that I may go home earlier than thought … but have no idea where I shall go for late January and February … maybe Baden-Baden, maybe Engadin … I've been working fine – but you know me: I'm never working at the thing I ought to be working at. (So I never dare to write to Cas Canfield of Harpers or to you!)
I came to Europe to settle down to work at Bad Gastein – and within two days I hated Bad Gastein – so where to go I do not know. Maybe I shall be seeing you both soon.

Your old friend Thornton

Namensregister

Nobelpreisträger
bei Fischer Klassik

Ernest Hemingway
Wem die Stunde schlägt
Aus dem Amerikanischen
von Paul Baudisch
Band 90322

Elias Canetti
Die Blendung
Band 90321

William Golding
Herr der Fliegen
Aus dem Englischen
von Hermann Stiehl
Band 90323

Thomas Mann
Buddenbrooks
Band 90305

Selma Lagerlöf
Gesammelte Erzählungen
Aus dem Schwedischen
von Marie Franzos
Band 90383

Boris Pasternak
Doktor Shiwago
Aus dem Russischen
von Thomas Reschke
Band 90329

Pearl S. Buck
**Die Frauen
des Hauses Wu**
Aus dem Amerikanischen
von Justinian Frisch
Band 90398

Fischer Taschenbuch Verlag

fi 666 067 / 1

Thomas Mann

Das Werk in der Fassung der Großen kommentierten Frankfurter Ausgabe

Herausgegeben von Heinrich Detering,
Eckhard Heftrich, Hermann Kurzke, Terence J. Reed,
Thomas Sprecher, Hans R. Vaget und
Ruprecht Wimmer in Zusammenarbeit mit dem
Thomas-Mann-Archiv der ETH Zürich

Buddenbrooks
Verfall einer Familie
Band 90400

Königliche Hoheit
Band 90401

Lotte in Weimar
Band 90402

Frühe Erzählungen
1893–1912
Band 90405

Bekenntnisse des
Hochstaplers Felix Krull
Band 90417

Doktor Faustus
Das Leben des
deutschen Tonsetzers
Adrian Leverkühn, erzählt
von einem Freunde
Band 90403

Die Entstehung des
Doktor Faustus
Roman eines Romans
Band 90404

Der Zauberberg
Band 90416

Das gesamte Programm gibt es unter
www.fischerverlage.de

fi 555 117 / 4

Boris Pasternak –
Werkausgabe in drei Bänden
in der Fischer Klassik

Herausgegeben von Christine Fischer

Band 1
Meine Schwester – das Leben
Band 95018 / Frühjahr 2015

Band 2
Zweite Geburt
Band 95021 / Frühjahr 2016

Band 3
Wenn es aufklart
Band 95022 / Frühjahr 2017

Als 1958 ›Doktor Shiwago‹ mit dem Nobelpreis ausgezeichnet wurde, fehlte einer: sein Schöpfer. Boris Pasternak wurde von den russischen Behörden die Ausreise verwehrt, sein Autor blieb im Dunkeln. Dabei erzählt Pasternaks Leben das gesamte letzte Jahrhundert: Als 16jähriger spielte er Skrjabin vor, er studierte in Marbach Philosophie, wechselte Briefe mit Rilke und war mit Zwetajewa, Majakowski und Mandelstam befreundet. Im Gegensatz zu ihnen überlebte er den stalinistischen Terror und rächte sich im ›Doktor Shiwago‹. – In einer dreibändigen Ausgabe seiner Gedichte, Erzählungen und Briefe stellen wir das unbekannt gebliebene Werk eines der größten Dichter Russlands vor.

Das gesamte Programm gibt es unter
www.fischerverlage.de

fi 666 083 / 1

Rainer Maria Rilke
Das große Lesebuch
Herausgegeben von Michael Lentz
Band 90334

Die Liebe, die Kunst, das Leben – für keinen anderen Autor des 20. Jahrhunderts ist dieser Dreiklang so charakteristisch wie für Rainer Maria Rilke. Vor allem Rilkes Idee einer »besitzlosen Liebe« und seine Sehnsucht nach einem Leben, das so offen und intensiv wie ein großes Kunstwerk ist, machen Rilke für all die Sinn- und Glückssucher unter uns bis heute interessant.

Herausgegeben und eingeleitet von Michael Lentz, bietet diese Auswahl einen Überblick über Rilkes Gesamtwerk und wirft neue Blicke auf einen der faszinierendsten Dichter der Moderne.

Das gesamte Programm von Fischer Klassik
finden Sie unter:
www.fischer-klassik.de

Fischer Taschenbuch Verlag